高校创新创业
教育改革与探索

周冠怡彤　蒋笑阳　刘　洋　著

九州出版社
JIUZHOUPRESS

图书在版编目（CIP）数据

高校创新创业教育改革与探索 / 周冠怡彤，蒋笑阳，
刘洋著. -- 北京：九州出版社，2022.9
ISBN 978-7-5225-1168-9

Ⅰ. ①高… Ⅱ. ①周… ②蒋… ③刘… Ⅲ. ①高等学
校－创造教育－研究－中国 Ⅳ. ①G640

中国版本图书馆CIP数据核字(2022)第169503号

高校创新创业教育改革与探索

作　　者	周冠怡彤 蒋笑阳 刘 洋 著
责任编辑	杨鑫垚
出版发行	九州出版社
地　　址	北京市西城区阜外大街甲 35 号 (100037)
发行电话	(010)68992190/3/5/6
网　　址	www.jiuzhoupress.com
印　　刷	北京市北方华天彩色印刷有限公司
开　　本	720 毫米×1020 毫米　16 开
印　　张	12.5
字　　数	220 千字
版　　次	2022 年 11 月第 1 版
印　　次	2022 年 11 月第 1 次印刷
书　　号	ISBN 978-7-5225-1168-9
定　　价	78.00 元

前　言

当前我国经济下行压力加大，经济增长的传统动力减弱，互联网成为经济转型升级的重要动力。以"互联网＋"为驱动推进我国经济社会创新发展，可以为推进"大众创业、万众创新"提供有效的政策保障。

创新是国家经济社会发展的动力。为了实施国家创新驱动发展战略，全国掀起了"大众创业、万众创新"的热潮。为了应对这种热潮，教育需要深化改革，培养学生的创新思维和创新能力。

第一，要提高对创新创业的认识。当今世界，科学技术迅猛发展，国际竞争日益激烈。国际竞争说到底是创新的竞争，人才的竞争、世界各国纷纷把培养创新人才作为第一要务。各国的教育改革也围绕着教育质量展开，以提高人才培养的质量为核心，以创新人才培养机制为重点，加快培养创新人才。

第二，要在学科创建、课程改革上下功夫。老的学科分类对学科的发展起过重要的作用，当今新的科学技术革命已经打破了传统的学科分类，跨学科研究有利于创新。人工智能的发展需要脑科学、生命科学、电子学、材料学、工程学等学科的综合运用与发展。所以，STEAM 课程在国外开始流行起来。

第三，要把理论研究和实际应用结合起来，将创新和创业相结合。我国已有不少大学的实验室、研究室与企业结合，促进研究成果较快地转化为产品。国外早在 20 世纪中叶就已经建立起了大学与企业的联系，美国的硅谷、工程研究中心就是最典型的例子。

第四，重视基础理论研究。许多创新往往是在基础理论研究上得以突破的，原子能的发现和应用就是在爱因斯坦相对论的基础上实现的。忽视基础理论研究，会使创新缺乏底蕴和后劲。

第五，创新教育要从学生抓起。每个学生都具有好奇心，这是创新思维的源头。要保护他们的好奇心，培养他们学习的兴趣，从小培养他们热爱科学的精神，在探究学习、科学实验的过程中，帮助他们养成钻研的习惯、顽强的意志。

笔者正是基于以上思考，结合自身多年教学及实践经验，对高校创新创业人才培养教育进行全面研究，通过国内外创新创业教育对比，论述了我国当前创新创业教育的现状，人才培养模式与教育体系构建以及创新创业教育的内容、方法与评价等内容，同时分析了中国高校创新创业教育发展面临的挑战和问题，并提出解决之道，以期能找出为高校所用、为社会所用的创新创业教育方法，为当前创新创业教育领域研究略尽绵薄之力。

笔者在撰写过程中参考借鉴了相关专家学者的著作与研究成果，在此谨表谢意。由于笔者水平有限，书中不足之处在所难免，还望各位专家和同行及时指正，不胜感激。

目　录

第一章 大学生创业教育的时代背景

第一节 大学生创业面临的社会环境

一、政策扶持

党的十八大明确提出，要加大创新创业人才培养支持力度。习近平总书记多次作出重要指示，要求加快教育体制改革，注重培养学生创新精神，造就规模宏大、富有创新精神、敢于承担风险的创新创业人才队伍。李克强总理多次强调，"大众创业、万众创新"的核心在于激发人的创造力，尤其在于激发青年的创造力。教育部 2017 年 2 月 4 日公布新修订的《普通高等学校学生管理规定》（教育部令第 41 号），并向各地教育行政部门及部属高校征求意见。新规定要求学生应履行恪守学术道德、坚守学术诚信的义务。此外，针对近年来兴起的大学生创业潮，规定也给予了支持，明确大学生创新创业可折算成学分。

对于那些初出校门怀揣创业梦想的年轻人来说，创业该怎么开始？国家又为他们准备了哪些创业优惠政策？又有哪些大学生创业扶持政策呢？

（一）总体要求

以习近平新时代中国特色社会主义思想为指导，深入贯彻党的十九大和十九届二中、三中、四中、五中全会精神，全面贯彻党的教育方针，落实立德树人的根本任务，立足新发展阶段、贯彻新发展理念、构建新发展格局，坚持创新引领创业、创业带动就业，支持在校大学生提升创新创业能力，支持高校毕业生创业就业，提升人力资源素质，促进大学生全面发展，实现大学生更加充分更高质量的就业[①]。

（二）国家出台鼓励大学生创业的扶持政策

按照《国务院关于进一步做好普通高等学校毕业生就业工作的通知》（国办发〔2021〕35 号）、《国务院办公厅转发人力资源社会保障等部门关于促进以创业带动就业工作指导意见的通知》（国办发〔2008〕111 号）等文件规定：各地区、各有关部门要进一步落实

---

① 梁平. 职业院校创新创业教育研究分析［M］. 天津：天津大学出版社，2020.

和完善各项创业扶持政策，改善创业环境，积极引导高校毕业生创业。持"就业失业登记证"（注明"自主创业税收政策"或附着"高校毕业生自主创业证"）的高校毕业生在毕业年度内（指毕业所在自然年，即1月1日至12月31日）从事个体经营的，3年内按每户每年8000元为限额依次扣减其当年实际应缴纳的营业税、城市维护建设税、教育费附加和个人所得税。发挥小额担保贷款政策促进就业的积极作用，规定符合条件的高校毕业生自主创业的，可在创业地按规定申请小额担保贷款；从事微利项目的，可享受不超过10万元贷款额度的财政贴息扶持。对合伙经营和组织起来就业的，可根据实际需要适当提高贷款额度。

进一步改进和完善"小额担保贷款＋信用社区建设＋创业培训"联动工作机制。有条件的地区要加大财政投入，并积极引入风险投资资金，探索财政资金、风险投资等与大学生创业赛事的对接模式，规范发展民间融资，多渠道加大创业资金投入。要进一步完善和落实行政事业性收费减免等优惠政策，按照法律法规的规定，适当放宽市场准入条件，鼓励高校毕业生创业[①]。

（三）高校毕业生自主创业税收优惠政策

高校毕业生自主创业的税收优惠是：持就业失业登记证（注明"自主创业税收政策"，或附着"高校毕业生自主创业证"）的高校毕业生在毕业年度内（指毕业所在自然年，即1月1日至12月31日）从事个体经营的，3年内按每户每年8000元为限额依次扣减其当年实际应缴纳的营业税、城市维护建设税、教育费附加和个人所得税。对高校毕业生创办的小型微利企业，按国家规定享受相关税收支持政策。

（四）高校毕业生自主创业小额担保贷款和贴息支持政策

按照《国务院关于进一步做好普通高等学校毕业生就业工作的通知》（国发〔2011〕16号）、《国务院办公厅转发人力资源社会保障等部门关于促进以创业带动就业工作指导意见的通知》（国办发〔2008〕111号）等文件规定，高校毕业生自主创业的小额担保贷款和贴息支持政策：符合条件的高校毕业生自主创业的，可在创业地按规定申请小额担保贷款；从事微利项目的，可享受不超过10万元贷款额度的财政贴息扶持。合伙经营和组织起来就业的，可根据实际需要适当提高贷款额度。

（五）高校毕业生自主创业免收费政策

文件规定，高校毕业生自主创业的，免收有关行政事业性收费，毕业2年以内的普通高校毕业生从事个体经营（除国家限制的行业外）的，自其在工商部门首次注册登记之日起3年内的，免收管理类、登记类和证照类等有关行政事业性收费。

（六）国家鼓励大学生创业的相关服务

各高校要广泛开展创业教育，积极开发创新创业类课程，完善创业教育课程体系，将

---

① 赵连根. 学校教育改革视界与设计［M］. 桂林：广西师范大学出版社，2020.

创业教育课程纳入学分管理。积极推广成熟的创业培训模式，鼓励高校毕业生参加创业培训和实训，提高创业能力。对在毕业年度内参加创业培训的高校毕业生，根据其获得的创业培训合格证书或就业、创业情况，按规定给予培训补贴。要根据高校毕业生的特点和需求，组织开展政策咨询、信息服务、项目开发、风险评估、开业指导、融资服务、跟踪扶持等"一条龙"创业服务。在充分发挥各类创业孵化基地作用的基础上，因地制宜建设一批大学生创业孵化基地，并给予相关政策扶持。对基地内大学生创业企业要提供培训和指导服务，落实扶持政策，努力提高创业成功率，延长企业存活期。

（七）创业优惠政策

1. 自主创业可享受的税收优惠政策

高校毕业生从事个体经营的，在 3 年内按每户每年 9600 元为限额依次扣减其当年实际应缴纳的营业税、城市维护建设税、教育费附加、地方教育附加和个人所得税。

由高校毕业生创办的年应纳税所得额低于 10 万元（含 10 万元）的小型微利企业，其所得扣减按 50% 计入应纳税所得额，按 20% 的税率缴纳企业所得税。高校毕业生从事个体工商经营的，营业税按期纳税的起征点上调到月营业额 20000 元，按次纳税的起征点上调到每次（日）营业额 500 元。

2. 申请创业贷款政策

自主创业申请贷款需要哪些手续？高校毕业生自主创业申请贷款需要提供身份证、毕业证、就业失业登记证、营业执照（不需要营业执照的提供其他资格认证）、经营场所、反担保措施等。

对符合条件的高校毕业生贷款可享受财政全额贴息补助。在电子商务网络平台开办"网店"的高校毕业生，也可享受小额担保贷款和贴息政策。

创业申请贷款的额度是多少？毕业 2 年以内的高校毕业生，其创业担保贷款额度最高不超过 15 万元，超过 2 年的贷款额度一般最高不超过 10 万元，业担保贷款期限一般不超过 2 年。

反担保可采取实物抵（质）押和第三人保证担保等方式。

高校毕业生如何申请办理创业贷款？由贷款申请人向担保机构提出贷款申请，填写"创业担保贷款申请表"，并提交有关材料；担保机构对贷款申请人提交的材料进行审查。

担保机构与经办银行联合对贷款申请人、反担保人或抵（质）押物进行调查和现场审核，并出具调查审核意见书；对经担保机构和经办银行联合审核合格的贷款申请人，按有关规定依法签订"反担保合同""担保合同""借款合同"后，由经办银行发放贷款。

3. 档案及人事政策

申请自主创业的高校毕业生，其档案应该如何保管？按照国家的有关规定，申请自主创业的高校毕业生，可以将自己的档案免费交给自己入学前户口所在地的政府所属人才交流机构或省内任何一家政府所属人才交流机构托管。

高校毕业生档案存放在人才服务机构的可享受以下服务：负责人事档案关系接转相关手续；为毕业生办理转正定级；档案工资的晋升；专业技术职务任职资格的申报；办理落户手续；接转党组织关系，办理预备党员转正，培养发展新党员；出具落户证明、购房工龄证明、计划生育证明、出国政审等；代收代缴五险一金；为暂未就业毕业生推荐就业。

自主创业可享受哪些优惠人事政策？自主创业的高校毕业生，参加基本养老保险的，考录或招聘到国家机关、事业单位或国有企业工作的，其缴费年限可合并计算为工龄。自主创业的高校毕业生，在专业技术职称评定、科研项目经费申请、科研成果或荣誉称号申报等方面，享受国有企事业单位同类人员同等待遇。

可享受哪些行政事业性收费减免政策？毕业 2 年以内的高校毕业生从事个体经营的（除国家限制的行业外），自工商行政管理部门登记注册之日起 3 年内免交登记类、管理类和证照类行政事业性收费；高校毕业生注册资本在 50 万元以下的公司制企业，允许注册资本零首付，6 个月内注册资本到位 20%，其余部分 2 年内到位；高校毕业生创业实体（除国家限制的行业外）自进入省级主管部门认定的创业园（孵化基地）之日起 3 年内，免除登记类、证照类和管理类等各项行政事业性收费；高校毕业生创业实体进入创业孵化园（基地）进行孵化的，对场所等有关费用方面给予适当资金补助：对创业实体场租费补贴 50%；水电费按实际缴纳金额补贴 50%。

可享受哪些社会保险优惠政策？高校毕业生自谋职业或自主创业的，可比照灵活就业困难人员享受不超过 3 年的社会保险补贴；对高校毕业生创办的小微企业，3 年内可比照个体工商户缴纳养老、失业保险费；自主创业并参加社会保险的贫困高校毕业生，按照其当年实际缴纳社会保险费数额的 50% 给予社会保险补贴，所需资金从当地就业资金中支出。

对持就业失业登记证的离校未就业高校毕业生实现灵活就业、并按规定缴纳社会保险费的，给予最长不超过 2 年的社会保险补贴。社会保险补贴标准按个人实际缴纳基本社会保险费的 50% 计算，所需资金从就业专项资金中列支。符合条件的高校毕业生可向当地人力资源社会保障部门所属就业服务机构申请社会保险补贴。

（八）国务院"十四五"促进就业规划

1. 指导思想

以习近平新时代中国特色社会主义思想为指导，深入贯彻党的十九大和十九届二中、三中、四中、五中全会精神，统筹推进"五位一体"总体布局，协调推进"四个全面"战略布局，坚持稳中求进工作总基调，立足新发展阶段，完整、准确、全面贯彻新发展理念，构建新发展格局，统筹发展，以实现更充分更高质量就业为主要目标，深入实施就业优先战略，健全有利于更充分更高质量就业的促进机制，完善政策体系、强化培训服务、注重权益保障，千方百计扩大就业容量，努力提升就业质量，着力缓解结构性就业矛盾，切实防范和有效化解规模性失业风险，不断增进民生福祉，为推动全体人民共同富裕迈出坚实步伐。

2. 基本原则

——坚持就业导向、政策协同。作为保障和改善民生头等大事，政府要继续把就业摆在经济社会发展和宏观政策优先位置，把稳定和扩大就业作为宏观调控的优先目标和经济运行合理区间的下限，根据就业形势变化，及时调整宏观政策取向、聚力支持就业。

——坚持扩容提质、优化结构。兼顾容量、质量与结构，抓住主要矛盾，在多措并举创造更多高质量就业岗位的同时，更加重视日益凸显的结构性就业矛盾，聚焦劳动者技能素质提升，突出抓好技术技能人才培养培训，推动形成劳动力市场更高水平的供需动态平衡。

——坚持市场主导、政府调控。推动有效市场和有为政府更好结合，既要坚持市场化社会化就业方向，加快破除制约就业的体制机制障碍，充分发挥市场配置劳动力资源的决定性作用，又要强化政府责任，优化整合各类资源，为促进就业提供强有力的政策支持和基础性服务保障。

——坚持聚焦重点、守住底线。紧盯就业领域关键环节和突出问题，瞄准重点地区、重点行业和重点群体，制定更加精准有效的举措，做到因地、因企、因人、强化分类帮扶援助，切实兜牢民生底线。

3. 主要目标

到 2025 年，要实现以下目标：

——就业形势总体平稳。城镇新增就业 5500 万人以上，努力实现更大规模，城镇调查失业率控制在 5.5％以内，重点群体就业保持稳定。城乡、区域就业机会差距逐步缩小，劳动力市场供求基本平衡。

——就业质量稳步提升。劳动报酬提高与劳动生产率提高基本同步，覆盖城乡劳动者的社会保障体系更加健全，劳动权益保障进一步加强，劳动关系和谐稳定，更多劳动者实现体面劳动。

——结构性就业矛盾有效缓解。人力资源质量大幅提升，更加匹配产业转型升级和高质量发展的需要。全国高技能人才总量稳步扩大，劳动年龄人口平均受教育年限达到 11.3 年，新增劳动力受过高等教育的比例达到 55％。

——创业带动就业动能持续释放。创业引领作用更加凸显，对高质量就业的带动能力不断增强。创业环境更加优化，政策服务体系更加完备，创业机会更多、渠道更广，更多人可以通过创业实现人生价值。

——风险应对能力显著增强。就业领域风险监测预警和应对处置机制不断健全，失业人员保障范围有效扩大、保障水平进一步提高，困难群体得到及时帮扶，就业安全保障更加有力。

4．坚持经济发展就业导向，不断扩大就业容量

落实就业优先战略，强化就业优先政策，推动形成高质量发展与就业扩容提质互促共进的良性循环。

（1）全面增强就业吸纳能力，强化就业优先导向的宏观调控

将就业优先政策置于宏观政策层面并持续强化，完善调控手段，充实政策工具箱，强化财政、货币、投资、消费、产业、区域等政策支持就业的导向，实现与就业政策协同联动。深入实施扩大内需战略，持续促进消费、增加有效投资从而拉动就业，通过保市场主体保就业。健全就业影响评估机制，制定实施宏观政策时要充分考虑对就业的影响，提升重大政策规划、重大工程项目、重大生产力布局对就业的促进作用。健全就业目标责任考核机制，建立更加充分更高质量的就业考核评价体系，探索开展高质量就业地区试点工作。

通过支持中小微企业和个体工商户持续稳定发展增加就业。完善促进中小微企业和个体工商户发展和用工的制度环境和政策体系，构建常态化援企稳岗帮扶机制，持续减轻中小微企业和个体工商户负担，激发中小微企业和个体工商户活力，增强就业岗位创造能力。优化中小微企业发展生态，取消各类不合理限制和壁垒。支持劳动者创办投资小、见效快、易转型、风险小的小规模经济实体。加大对中小微企业和个体工商户融资支持力度，加强普惠金融服务。

（2）培育持续有力的就业新动能，促进数字经济领域就业创业

加快发展数字经济，推动数字经济和实体经济深度融合，催生更多新产业新业态新商业模式，培育多元化多层次就业需求。健全数字规则，强化数据有序共享和信息安全保护，加快推动数字产业化，打造具有国际竞争力、就业容量大的数字产业集群。深入实施"上云用数赋智"行动，为传统线下业态数字化转型赋能，创造更多数字经济领域就业机会。促进平台经济等新产业新业态新商业模式规范健康发展，带动更多劳动者依托平台就业创业。

支持多渠道灵活就业和新就业形态发展。破除各种不合理限制，建立多渠道灵活就业机制，支持和规范发展新就业形态。鼓励传统行业跨界融合、业态创新，增加灵活就业和新就业形态就业机会。加快落实《关于维护新就业形态劳动者劳动保障权益的指导意见》，建立完善适应灵活就业和新就业形态的劳动权益保障制度，引导支持灵活就业人员和新就业形态劳动者参加社会保险，提高灵活就业人员和新就业形态劳动者社会保障水平。规范平台企业用工，明确平台企业劳动保护责任。健全职业分类动态调整机制，持续开发新职业，发布新职业标准。

（3）提高区域就业承载力，推动区域就业协调发展

支持东部地区发挥创新要素集聚优势，率先实现产业升级，开拓高质量就业新领域，

培育高质量就业增长极。加快完善中西部和东北地区基础设施，提升产业集聚区公共服务效能，引导产业向中西部和东北地区有序梯度转移，推动就业机会向中西部和东北地区扩散。支持中西部和东北地区根据国家战略导向和发展重点，对接先进生产要素和创新资源，发展特色优势产业，改造提升传统产业，积极布局新兴产业，厚植就业创业沃土。

实施特殊类型地区就业促进行动。健全巩固拓展脱贫攻坚成果长效机制，统筹各类政策资源，强化后续扶持，以脱贫地区为重点，支持欠发达地区因地制宜发展吸纳就业效果好的富民产业。支持革命老区、边境地区等发展本地特色产业，推进资源型地区加快培育发展接续替代产业，完善就地就近就业配套设施，做好边民、少数民族劳动者和失地农民、下岗矿工、停产企业员工等困难群体就业帮扶。对高失业率地区开展专项就业援助，针对性开发和推荐就业岗位，促进失业人员再就业。

5. 强化创业带动作用，放大就业倍增效应

深入实施创新驱动发展战略，营造有利于创新创业创造的良好发展环境，持续推进双创，更大激发市场活力和社会创造力，促进创业带动就业。

（1）不断优化创业环境，深化创业领域"放管服"改革

全面实行《优化营商环境条例》和政府权责清单制度，分类推进行政审批制度改革，打造市场化、法治化、国际化营商环境。实行全国统一的市场准入负面清单制度，健全清单动态调整机制，定期评估、排查、清理各类显性和隐性壁垒，最大限度解除对创业的束缚。提升企业开办标准化、规范化、便利化水平，建立便利、高效、有序的市场主体退出制度。实行以公平为原则的产权保护制度。

加强创业政策支持。加大对初创实体的支持力度，进一步降低创业成本，提升初创企业持续发展能力。落实创业担保贷款及贴息政策，提高贷款便利度和政策获得感。拓展创业企业直接融资渠道，健全投资生态链，更好发挥创业投资引导基金和私募股权基金作用，加大初创期、种子期投入。提升创业板服务成长型创业企业功能，支持符合条件的企业发行企业债券。

实现创业资源开放共享。强化大企业在市场拓展、产业链协调、带动中小企业创业方面的作用，实施大中小企业融通创新专项行动，鼓励大企业向中小企业开放资源、场景、应用、需求，打造基于产业链供应链的创新创业生态。推动国家科研平台、科技报告、科研数据、科研仪器设施、高校实验室进一步向企业、社会组织和个人开放，创造更多创业机会。促进国家级新区、国家自主创新示范区开放企业（项目）资源，建立项目对接机制，吸纳人才创业。

（2）鼓励引导各类群体投身创业。激发劳动者创业的积极性、主动性

实施农村创业创新带头人培育行动，壮大新一代乡村企业家队伍。实施大学生创业支持计划，留学人员回国创业支持计划。鼓励引导有创业意愿和创业能力的农民工、大学生、退役军人等人员返乡入乡创业。建立科研人员入乡兼职兼薪和离岗创业制度，完善科

研人员职务发明成果权益分享机制。激发和保护企业家精神，倡导敬业、精益、专注、宽容失败的创新创业文化。

全方位培养、引进、用好创业人才。大力发展高校创新创业教育，培育一批创业拔尖人才。面向有创业意愿和培训需求的城乡各类劳动者开展创业培训。实施更加积极更加开放更加有效的人才政策，加大创业人才引进力度，为外籍高层次人才来华创业提供便利。健全以创新能力、质量、实效、贡献为导向的创新创业人才评价体系，加强创新创业激励和保障。

（3）全面升级创业服务，打造全生态、专业化、多层次的创业服务体系，加快完善创业服务网络

加强服务队伍建设，为创业者提供政策咨询、项目推介、开业指导等服务。推广创业导师制，推行科技特派员制度，支持科技领军企业、高技能人才、专业技术人才等到基层开展创业服务。实施创业带动就业示范行动，组织各类创业大赛和创业推进活动，办好全国双创活动周，开展创业型城市示范创建，营造浓厚的创业氛围。

建设特色化、功能化、高质量的创业平台载体。构建众创空间、孵化器、加速器、产业园相互接续的创业平台支持链条。创新创业孵化载体建设模式，支持大企业与地方政府、高校共建，提高利用率。实施全国创业孵化示范基地改造提升工程，强化服务质量管理，提升孵化服务功能，新认定一批国家级创业孵化示范基地。优化双创示范基地建设布局，充分发挥双创示范基地示范带动作用。鼓励地方开辟退役军人创业专区和退役军人就业创业园地，依托各类产业园区建设一批返乡入乡创业园，加强大学生创业园等孵化载体建设。支持地方进一步加快建设留学人员创业园，持续推动省部共建。

6. 完善重点群体就业支持体系，增强就业保障能力

聚焦高校毕业生等重点群体，坚持市场化社会化就业与政府帮扶相结合，促进多渠道就业创业。

（1）持续做好高校毕业生就业工作，拓宽高校毕业生市场化社会化就业渠道

结合国家重大战略布局、现代产业体系建设、中小企业创新发展，创造更多有利于发挥高校毕业生专长和智力优势的知识技术型就业岗位。健全激励保障机制，畅通成长发展通道，引导高校毕业生到中西部、东北、艰苦边远地区和城乡基层就业。围绕乡村振兴战略，服务乡村建设行动和基层治理，扩大基层教育、医疗卫生、社区服务、农业技术等领域就业空间。为有意愿、有能力的高校毕业生创新创业提供资金、场地和技术等多层次支持。

强化高校毕业生就业服务。健全校内校外资源协同共享的高校毕业生就业服务体系，完善多元化服务机制，将留学回国毕业生及时纳入公共就业人才服务范围。加强职业生涯教育和就业创业指导，加大就业实习见习实践组织力度，开展大规模、高质量高校毕业生职业技能培训，提高高校毕业生就业能力。实施常态化高校毕业生就业信息服务，精准组

织线上线下就业服务活动，举办行业性、区域性、专业性的专场招聘，加强户籍地、求职地、学籍地政策服务协同，提高供需匹配效率。对离校未就业高校毕业生开展实名制帮扶，健全困难高校毕业生就业援助机制。开展"最美基层高校毕业生"学习宣传活动。强化择业就业观念引导，推动高校毕业生积极理性就业。

（2）高度重视城镇青年就业，为城镇青年创造多样化就业机会

聚焦城镇青年（主要包括未继续升学初高中毕业生、城镇失业青年、转岗青年职工等，下同），完善就业支持体系。在推动先进制造业、现代服务业和劳动密集型产业发展中，开发更多适合城镇青年的就业岗位，带动更多城镇青年到新产业、新业态、新商业模式领域就业创业。对接产业优化布局、区域协调发展和重点行业企业人才需求，完善人力资源需求发布、要素配置、协同发展机制，支持城镇青年到人才紧缺领域就业。

（3）加强退役军人就业保障，改革完善退役军人安置制度

科学制定安置计划，改进岗位安置办法，推进落实安置政策，压实属地安置责任，规范接收安置程序，提高安置质量。优化安置方式，探索市场化安置改革，实现多渠道、多元化安置。推广"直通车"式安置，健全"阳光安置"工作机制，鼓励到艰苦边远地区和城乡基层安置，加强各种安置方式统筹协调，强化政策制度衔接。

（4）推进农村劳动力转移就业，稳定和扩大农村劳动力外出就业规模

广泛开展区域间劳务协作，健全劳务输入集中区域与劳务输出省份对接协调机制，加强劳动力跨区域精准对接，发展劳务组织和经纪人，有序组织输出地农村劳动力外出务工。培育一批有地域特色、行业特征、技能特点，带动农村劳动力就业效果好的劳务品牌。实施农民工素质提升工程，推进新生代农民工职业技能提升计划，创建一批农村劳动力转移就业示范县。

促进农村劳动力就地就近就业。依托县域经济、乡村产业发展，为农村劳动力创造更多就地就近就业岗位。重大投资项目、各类基础设施建设积极吸纳更多当地农村劳动力参与。加大以工代赈实施力度，在农业农村基础设施建设领域积极推广以工代赈方式，广泛组织当地农村劳动力，优先吸纳农村低收入人口参与工程建设中以及建成后的维修养护，并及时足额发放以工代赈劳务报酬。

（5）统筹其他重点群体就业，稳定脱贫人口就业

健全脱贫人口、农村低收入人口就业帮扶长效机制，保持脱贫人口就业领域的扶持政策、资金支持、帮扶力量总体稳定。健全有组织劳务输出工作机制，将脱贫人口作为优先保障对象，稳定外出务工规模。支持脱贫地区大力发展当地优势特色产业，继续发挥就业帮扶车间、社区工厂、卫星工厂等就业载体的作用，为脱贫人口创造就地就近就业机会。聚焦国家乡村振兴重点帮扶县、易地扶贫搬迁安置区，积极引进适合当地群众就业需求的劳动密集型、生态友好型企业（项目），增加本地就业岗位，组织专项就业服务活动，实施集中帮扶。

持续开展困难群体就业援助。完善就业困难人员认定办法，建立的动态调整机制，对零就业家庭人员、残疾人等困难群体，提供"一人一档""一人一策"精细化服务，扩大公益性岗位安置，加强对就业帮扶效果的跟踪与评估，确保零就业家庭动态清零。落实残疾人按比例就业制度，开展就业援助月等各类帮扶活动，及时将符合条件的就业困难人员纳入最低生活保障、临时救助范围，落实乡镇（街道）临时救助备用金制度。

促进其他群体就业。实施积极应对人口老龄化国家战略，强化大龄劳动者就业帮扶和权益保护，制定完善保障措施，及时提供就业创业服务、技能培训等支持，促进人力资源的充分利用。持续做好产业结构调整，妥善解决好长江流域生态环境保护修复工作人员的转岗再就业。

7. 提升劳动者技能素质，缓解结构性就业矛盾

把技术技能人才培养培训放在更加突出的位置，着力改善劳动力要素质量，建设一支符合高质量发展要求、适应现代化经济体系、具备较高职业技能和道德素质、结构比较合理的劳动者队伍。

（1）大规模多层次开展职业技能培训，完善职业技能培训政策体系

面向市场需求，加强职业技能培训，健全终身职业技能培训制度，制定"十四五"职业技能培训规划，深入实施职业技能提升行动。稳步扩大培训规模，重点加强高校毕业生和城镇青年、退役军人、农村转移就业劳动者、脱贫人口、失业人员、个体工商户、就业困难人员（含残疾人）等技能培训，支持企业开展职工在岗培训，突出高技能人才培训、急需紧缺人才培训、转岗转业培训、储备技能培训、通用职业素质培训，积极发展养老、托育、家政等生活服务业从业人员技能培训，广泛开展新业态新商业模式从业人员技能培训，确保"十四五"期间开展补贴性职业技能培训达到7500万人次左右。强化安全生产技能培训，提高劳动者安全生产素质，完善职业技能竞赛体系，推动职业技能竞赛科学化、规范化、专业化发展。

实现培训供给多元化。构建以公共实训基地、职业院校（含技工院校）、职业技能培训机构和行业企业为主的多元培训载体。推动培训市场全面开放，采取优化审批服务、探索实行告知承诺等方式，激发培训主体积极性，有效增加培训供给。充分发挥企业职业技能培训的主体作用和职业院校培训的资源优势，政府补贴的职业技能培训项目全部向具备资质的职业院校开放。新建一批公共实训基地，并优化功能布局，提高开放性，完善企业利用公共实训基地开展实训有关制度。实施职业技能培训共建共享行动，健全职业技能培训共建共享机制，开展县域职业技能培训共建共享试点。

切实提升职业技能培训质量。引导培训资源向市场急需、企业生产必须等领域集中，动态调整政府补贴性培训项目目录。采取政府按规定补贴培训、企业自主培训、市场化培训等多样化的培训方式，广泛开展订单式、套餐制培训，探索"互联网＋职业技能培训"。统筹各级各类职业技能培训资金，加强集约化管理和使用，健全分层分类的培训补贴标准

体系，畅通培训补贴直达企业和培训者渠道。健全职业技能培训监督评价考核机制。建立个人培训账户，形成劳动者职业技能培训电子档案，实现与就业、社会保障等信息联通共享。

提高劳动者职业素养。大力弘扬劳模精神、劳动精神、工匠精神，营造劳动光荣的社会风尚和精益求精的敬业风气。鼓励劳动者通过诚实辛勤劳动、创新创业创造过上幸福美好生活。加强职业道德教育，引导劳动者树立正确的人生观、价值观、就业观，培养敬业精神和工作责任意识。推进新型产业工人队伍建设，提高产业工人综合素质。

（2）构建系统完备的技术技能人才培养体系

推动职业技术教育提质培优。突出职业技术教育类型特色，深入推进改革创新，优化结构与布局。完善职业技术教育国家标准，推行"学历证书＋职业技能等级证书"制度，实施现代职业技术教育质量提升计划，建设一批高水平职业技术院校和专业。健全职普融通机制，稳步发展职业本科教育，实现职业技术教育与普通教育学习成果双向互通互认、纵向流动。支持和规范社会力量兴办高质量职业技术教育，增强职业技术教育适应性，大力发展技工教育，建设一批优质技工院校和专业。探索中国特色学徒制，深化产教融合、校企合作。

提高人才培养质量。强化人才培养就业导向，健全人才培养与产业发展联动预警机制，增强人才培养前瞻性。深化教育教学改革，实施教育提质扩容工程，着力培养创新型、应用型、技能型人才。优化高校学科专业布局，推进专业升级和数字化改造，及时减少、撤销不适应市场需求的专业。加快重点领域急需紧缺人才培养，实施专业技术人才知识更新工程。加强重点专业学科建设，研究制订国家重点支持学科专业清单，大力发展新兴专业。加大数字人才培育力度，适应人工智能等技术发展需要，建立多层次、多类型的数字人才培养机制。

完善终身学习体系。建设学习型社会，构建服务全民、终身学习的教育体系。推动高水平大学开放教育资源，完善注册学习和弹性学习制度。健全终身教育学习成果转换与认证制度，推进"学分银行"试点，探索学分积累转换制度。促进继续教育高质量发展，建立统一的高等学历继续教育制度，畅通在职人员继续教育与终身学习通道。规范发展非学历继续教育。积极发展在线教育，完善线上、线下课程学分认定和转换机制。创新发展城乡社区教育。

深化技能人才管理制度改革。实施"技能中国行动"，完善技能人才培养、使用、评价、激励机制。推进职业资格制度改革，压减准入类职业资格数量。完善职业技能等级制度，建立职业技能等级认定与相关系列职称评审贯通机制。推行社会化职业技能等级认定，鼓励企业在国家职业技能等级框架范围内增加技能岗位等级层次。加快构建国家资历框架，畅通管理人才、专业技术人才及技能人才的职业发展通道。

8. 推进人力资源市场体系建设，健全公共就业服务体系

持续加强统一规范的人力资源市场体系建设，着力打造覆盖全民、贯穿全程、辐射全

域、便捷高效的全方位公共就业服务体系，提升劳动力市场供需匹配效率。

（1）建设高标准人力资源市场体系

加快人力资源服务业高质量发展。推动人力资源服务与实体经济融合发展，引导人力资源服务机构围绕产业基础高级化、产业链现代化提供精准专业服务。鼓励人力资源服务业管理创新、技术创新、服务创新和产品创新，大力发展人力资源管理咨询、高级人才寻访、人才测评等高技术、高附加值业态。实施人力资源服务业领军人才培养计划。开展"互联网＋人力资源服务"行动，深化人力资源服务领域对外开放，探索建设国家人力资源服务出口基地。

（2）健全全方位公共就业服务体系

完善公共就业服务制度。健全户籍地、常住地、参保地、就业地公共就业服务供给机制，推动就业创业政策咨询、就业失业登记、职业介绍等服务覆盖全体城乡劳动者。支持各类市场主体在注册地、经营地、用工地免费享受劳动用工咨询、招聘信息发布等服务。推动公共就业服务向农村延伸，实现城乡公共就业服务便利共享。持续改善革命老区、边境地区等公共就业服务水平和质量，缩小区域间差距。

9. 优化劳动者就业环境，提升劳动者收入和权益保障水平

提高劳动者工作待遇，加强劳动者权益保障，提升劳动者获得感和满意度，让广大劳动者实现体面劳动、全面发展。

（1）改善劳动者就业条件，合理增加劳动报酬

坚持按劳分配为主体、多种分配方式并存，提高劳动报酬在初次分配中的比重。健全工资决定、合理增长和支付保障机制，增加劳动者特别是一线劳动者的劳动报酬，实现劳动报酬与劳动生产率基本同步提高。完善工资指导线、企业薪酬调查和信息发布制度，健全最低工资标准调整机制，实施企业薪酬指引计划。积极推行工资集体协商制度，健全劳动、知识、技术、管理等生产要素由市场评价贡献、决定报酬的机制。改革完善了体现岗位绩效和分级分类管理的事业单位薪酬制度。深化国有企业工资分配制度改革，建立完善国有企业市场化薪酬分配机制。

（2）促进平等就业，畅通劳动力和人才社会性流动渠道

深化劳动力要素市场化配置改革，同步推进户籍制度、用人制度、档案服务改革，加快破除妨碍劳动力和人才市场化配置和自由流动的障碍，搭建横向流动桥梁、纵向发展阶梯，形成合理、公正、畅通、有序的社会性流动格局。拓展基层人员发展空间，加大对基层一线人员奖励激励力度。

（3）维护劳动者合法权益

扎实做好劳动权益保障。开展清理整顿人力资源市场秩序专项行动，依法查处招聘过程中的虚假、欺诈现象，强化劳务派遣用工监管。健全劳动合同制度，鼓励企业与劳动者签订长期或无固定期限劳动合同。加强对劳动密集型企业、中小微企业劳动用工指导。督

促企业依法落实工时制度，保障劳动者休息休假权益。完善欠薪治理长效机制，持续推进根治拖欠农民工工资工作。推进智慧劳动保障监察系统建设，强化大数据分析能力和监控预警功能，提高执法效能。

10. 妥善应对潜在影响，防范化解规模性失业风险

加强风险监测预警和应对处置，及时制定完善应对重大公共安全、卫生等事件的稳就业预案，切实做好失业保障。

（1）健全监测预警机制，完善就业失业统计监测调查体系

加快构建系统完备、立体化的就业失业监测网络，实现劳动力市场、企业用工主体和劳动者个体全覆盖，全面反映就业增长、失业水平、市场供求状况。完善就业统计指标体系和调查统计方法，探索进行就业质量、就业稳定性等方面的分析。推进大数据在就业统计监测领域的应用。

（2）全面强化风险应对处置，健全风险应对处置机制

制定分级政策储备和风险应对预案制度。加强规模性失业风险应急处置，有条件的地方可设立就业风险储备金。允许困难企业在与职工协商一致的基础上，采取依法调整工作时间安排、薪酬等方式，稳定工作岗位。依法依规裁员。

11. 实施更加有力的保障措施，确保规划任务落地落实

（1）加强党的领导

深入学习贯彻习近平新时代中国特色社会主义思想，增强"四个意识"、坚定"四个自信"、做到"两个维护"，把党的领导贯彻到促进就业工作的各领域、各方面、各环节，确保党中央、国务院关于促进就业的各项决策部署落到实处，规划实施中的重大事项和重大调整报党中央、国务院审定。

（2）强化资金保障

对规划确定的重点任务，按照中央与地方财政事权和支出责任划分原则，落实各级政府的投入责任。按规定统筹各类就业资金，提高使用效率。健全就业领域投融资机制，进一步拓宽资金渠道，引导带动金融资本和社会资本在返乡入乡创业、技能培训、职业技术教育、就业服务等方面发挥更大作用。

二、时代发展

（一）"大众创业、万众创新"活动的开展

2015 年 6 月，《国务院关于大力推进大众创业、万众创新若干政策措施的意见》（国发〔2015〕32 号），根据 2015 年《政府工作报告》部署，为改革完善相关体制机制，构建普惠性政策扶持体系，推动资金链引导创业创新链、创业创新链支持产业链、产业链带动就业链，提出了以下意见。

1. 充分认识推进大众创业、万众创新的重要意义

（1）推进大众创业、万众创新，是培育和催生经济社会发展新动力的必然选择

随着我国资源环境约束日益强化，要素的规模驱动力逐步减弱，传统的高投入、高消耗、粗放式发展方式难以为继，经济发展进入新常态，需要从要素驱动、投资驱动转向创新驱动。推进大众创业、万众创新，就是要通过结构性改革、体制机制创新，消除不利于创业创新发展的各种制度束缚和桎梏，支持各类市场主体不断开办新企业、开发新产品、开拓新市场，培育新兴产业，形成小企业"铺天盖地"、大企业"顶天立地"的发展格局，实现创新驱动发展，打造新引擎、形成新动力。

（2）推进大众创业、万众创新，是扩大就业、实现富民之道的根本举措

我国有 14 亿多人口、9 亿多劳动力，每年高校毕业生、农村转移劳动力、城镇困难人员、退役军人的数量较大，人力资源转化为人力资本的潜力巨大，但就业总量压力较大，结构性矛盾凸显。推进大众创业、万众创新，就是要通过转变政府职能、建设服务型政府，营造公平竞争的创业环境，使有梦想、有意愿、有能力的科技人员、高校毕业生、农民工、退役军人、失业人员等各类市场创业主体"如鱼得水"，通过创业增加收入，让更多的人富起来，促进收入分配结构调整，实现创新支持创业、创业带动就业的良性互动发展[①]。

（3）推进大众创业、万众创新，是激发全社会创新潜能和创业活力的有效途径

目前，我国创业创新理念还没有深入人心，创业教育培训体系还不健全，善于创造、勇于创业的能力不足，鼓励创新、宽容失败的良好环境尚未形成。推进大众创业、万众创新，就是要通过加强全社会以创新为核心的创业教育，弘扬"敢为人先、追求创新、百折不挠"的创业精神，厚植创新文化，不断增强创业创新意识，使创业创新成为全社会共同的价值追求和行为习惯。

2．总体思路

按照协调推进"四个全面"战略布局，坚持改革推动，加快实施创新驱动发展战略，充分发挥市场在资源配置中的决定性作用和更好发挥政府作用，加大简政放权力度，放宽政策、放开市场、放活主体，形成有利于创业创新的良好氛围，让千千万万创业者活跃起来，汇聚成经济社会发展的巨大动能。不断完善体制机制、健全普惠性政策措施，加强统筹协调，构建有利于大众创业、万众创新蓬勃发展的政策环境、制度环境和公共服务体系，以创业带动就业、创新促进发展。

（1）坚持深化改革，营造创业环境

通过结构性改革和创新，进一步简政放权、放管结合、优化服务，增强创业创新制度供给，完善相关法律法规、扶持政策和激励措施，营造均等普惠环境，推动社会纵向流动。

---

① 张晓华. 大学生创新创业教育路径探究 [M]. 北京：北京航空航天大学出版社，2021.

（2）坚持需求导向，释放创业活力

尊重创业创新规律，坚持以人为本，切实解决创业者面临的资金需求、市场信息、政策扶持、技术支撑、公共服务等瓶颈问题，最大限度地释放各类市场主体创业创新活力，开辟就业新空间，拓展发展新天地，解放和发展生产力。

（3）坚持政策协同，实现落地生根

加强创业、创新、就业等各类政策统筹，部门与地方政策联动，确保创业扶持政策可操作、能落地。鼓励有条件的地区先行先试，探索形成可复制、可推广的创业创新经验。

（4）坚持开放共享，推动模式创新

加强创业创新公共服务资源开放共享，整合利用全球创业创新资源，实现人才等创业创新要素跨地区、跨行业自由流动。依托"互联网＋"、大数据等，推动各行业创新商业模式，建立和完善线上与线下、境内与境外、政府与市场开放合作等创业创新机制。

3. 创新体制机制，实现创业便利化

（1）完善公平竞争市场环境

进一步转变政府职能，增加公共产品和服务供给，为创业者提供更多机会。逐步清理并废除妨碍创业发展的制度和规定，打破地方保护主义，加快出台公平竞争审查制度，建立统一透明、有序规范的市场环境。依法反垄断和反不正当竞争，消除不利于创业创新发展的垄断协议和滥用市场支配地位以及其他不正当竞争行为。清理规范涉企收费项目，完善收费目录管理制度，制定事中事后监管办法。建立和规范企业信用信息发布制度，制定严重违法企业名单管理办法，把创业主体信用与市场准入、享受优惠政策挂钩，完善以信用管理为基础的创业创新监管模式。

（2）深化商事制度改革

加快实施工商营业执照、组织机构代码证、税务登记证"三证合一""一照一码"，落实"先照后证"改革，推进全程电子化登记和电子营业执照应用。支持各地结合实际放宽新注册企业场所登记条件限制，推动"一址多照"、集群注册等住所登记改革，为创业创新提供便利的工商登记服务。建立市场准入等负面清单，破除不合理的行业准入限制。开展企业简易注销试点，建立便捷的市场退出机制。依托企业信用信息公示系统建立小微企业名录，增强创业企业信息透明度。

（3）加强创业知识产权保护，研究商业模式等新形态创新成果的知识产权保护办法

积极推进知识产权交易，加快建立全国知识产权运营公共服务平台。完善知识产权快速维权与维权援助机制，缩短确权审查、侵权处理周期。集中查处一批侵犯知识产权的大案要案，加大对反复侵权、恶意侵权等行为的处罚力度，探索实施惩罚性赔偿制度。完善权利人维权机制，合理划分权利人举证责任，完善行政调解等非诉讼纠纷解决途径。

（4）健全创业人才培养与流动机制

把创业精神培育和创业素质教育纳入国民教育体系，实现全社会创业教育和培训制度

化、体系化。加快完善创业课程设置，加强创业实训体系建设；加强创业创新知识普及教育，使大众创业、万众创新深入人心；加强创业导师队伍建设，提高创业服务水平；加快推进社会保障制度改革，破除人才自由流动制度障碍，实现党政机关、企事业单位、社会各方面人才顺畅流动；加快建立创业创新绩效评价机制，让一批富有创业精神、勇于承担风险的人才脱颖而出。

4. 优化财税政策，强化创业扶持

（1）加大财政资金支持和统筹力度

各级财政要根据创业创新需要，统筹安排各类支持小微企业和创业创新的资金，加大对创业创新支持力度，强化资金预算执行和监管力度，加强资金使用绩效评价。支持有条件的地方政府设立创业基金，扶持创业创新发展。在确保公平竞争的前提下，鼓励对众创空间等孵化机构的办公用房、用水、用能、网络等软硬件设施给予适当优惠，减轻创业者负担。

（2）完善普惠性税收措施

落实扶持小微企业发展的各项税收优惠政策；落实科技企业孵化器、大学科技园、研发费用加计扣除、固定资产加速折旧等税收优惠政策。对符合条件的众创空间等新型孵化机构适用科技企业孵化器税收优惠政策。按照税制改革方向和要求，对包括天使投资在内的投向种子期、初划期等创新活动的投资，统筹研究相关税收支持政策。修订完善高新技术企业认定办法，完善创业投资企业享受 7% 应缴纳所得额税收抵免政策。加快推广中关村国家自主创新示范区税收试点政策，将企业转增股本分期缴纳个人所得税试点政策、股权奖励分期缴纳个人所得税试点政策推广至全国。落实促进高校毕业生、残疾人、退役军人、登记失业人员等创业就业税收政策。

（3）发挥政府采购支持作用

完善促进中小企业发展的政府采购政策，加强对采购单位的政策指导和监督检查，督促采购单位改进采购计划编制和项目预留管理，增强政策对小微企业发展的支持效果。加大创新产品和服务的采购力度，把政府采购与支持创业发展紧密结合起来。

5. 搞活金融市场，实现便捷融资

（1）优化资本市场

支持符合条件的创业企业上市或发行票据融资，并鼓励创业企业通过债券市场筹集资金。积极研究尚未盈利的互联网和高新技术企业到创业板发行上市制度，推动在上海证券交易所建立战略新兴产业板，加快推进全国中小企业股份转让系统向创业板转板试点。研究解决特殊股权结构类创业企业在境内上市的制度性障碍，完善资本市场规则。规范发展服务于中小微企业的区域性股权市场，推动建立工商登记部门与区域性股权市场的股权登记对接机制，支持股权质押融资。支持符合条件的发行主体发行小微企业增信集合债等企业债券创新品种。

（2）创新银行支持方式

鼓励银行提高对创业创新企业的金融服务专业化水平，不断创新组织架构、管理方式和金融产品。推动银行与其他金融机构加强合作，对创业创新活动给予有针对性的股权和债权融资支持。鼓励银行业金融机构向创业企业提供结算、融资、理财、咨询等一站式系统化的金融服务。

（3）丰富创业融资新模式

支持互联网金融发展，引导和鼓励众筹融资平台规范发展，开展公开、小额股权众筹融资试点，加强风险控制和规范管理。丰富完善创业担保贷款政策。支持保险资金参与创业创新，发展相互保险等新业务。完善知识产权估值、质押和流转体系，依法合规推动知识产权质押融资、专利许可费收益权证券化、专利保险等服务常态化、规模化发展，支持知识产权金融发展。

6．扩大创业投资，支持创业起步成长

（1）建立和完善创业投资引导机制

不断扩大社会资本参与新兴产业创投计划参股基金规模，做大直接融资平台，引导创业投资更多地向创业企业起步成长的前端延伸。不断完善新兴产业创业投资政策体系、制度体系、融资体系、监管和预警体系，加快建立考核评价体系。加快设立国家新兴产业创业投资引导基金和国家中小企业发展基金，逐步建立起支持战略性新兴产业发展的市场化长效运行机制。发展联合投资等新模式，探索建立风险补偿机制，鼓励各地方政府建立和完善创业投资引导基金。加强创业投资立法，完善促进天使投资的政策法规。促进国家新兴产业创业投资引导基金、科技型中小企业创业投资引导基金、国家科技成果转化引导基金、国家中小企业发展基金等协同联动。推进创业投资行业协会建设，加强行业自律。

（2）拓宽创业投资资金供给渠道

加快实施新兴产业"双创"三年行动计划，建立一批新兴产业"双创"示范基地，引导社会资金支持大众创业、万众创新。推动商业银行在依法合规、风险隔离的前提下，与创业投资机构建立市场化长期性合作，进一步降低商业保险资金进入创业投资的门槛，推动发展投贷联动、投保联动、投债联动等新模式，不断加大对创业创新企业的融资支持。

（3）发展国有资本创业投资

研究制定鼓励国有资本参与创业投资的系统性政策措施，完善国有创业投资机构激励约束机制、监督管理机制。引导和鼓励中央企业和其他国有企业参与新兴产业创业投资基金、设立国有资本创业投资基金等，充分发挥国有资本在创业创新中的作用，研究完善国有创业投资机构国有股转持豁免政策。

（4）推动创业投资"引进来"与"走出去"

加快修订外商投资创业投资企业相关管理规定，按照内外资一致的管理原则，放宽外商投资准入，完善外资创业投资机构管理制度，简化管理流程，鼓励外资开展创业投资业务。放宽对外资创业投资基金投资限制，鼓励中外合资创业投资机构发展。引导和鼓励创业投资机构加大对境外高端研发项目的投资，积极分享境外高端技术成果。按投资领域、用途、募集资金规模，完善创业投资境外投资管理。

7. 发展创业服务，构建创业生态

（1）加快发展创业孵化服务

大力发展创新工场、车库咖啡等新型孵化器，做大做强众创空间，完善创业孵化服务。引导和鼓励各类创业孵化器与天使投资、创业投资相结合，完善投融资模式。引导和推动创业孵化与高校、科研院所等技术成果转移相结合，完善技术支撑服务。引导和鼓励国内资本与境外合作设立新型创业孵化平台，引进境外先进创业孵化模式，提升孵化能力。

（2）大力发展第三方专业服务

加快发展企业管理、财务咨询、市场营销、人力资源、法律顾问、知识产权、检验检测、现代物折等第三方专业化服务，不断丰富和完善创业服务。

（3）发展"互联网＋"创业服务

加快发展"互联网＋"创业网络体系，建设一批小微企业创业创新基地，促进创业与创新、创业与就业、线上与线下相结合，降低全社会创业门槛和成本。加强政府数据开放共享，推动大型互联网企业和基础电信企业向创业者开放计算、存储和数据资源。积极推广众包、用户参与设计、云设计等新型研发组织模式和创业创新模式。

（4）研究探索创业券、创新券等公共服务新模式

有条件的地方继续探索通过创业券、创新券等方式对创业者和创新企业提供社会培训、管理咨询、检验检测、软件开发、研发设计等服务，建立和规范相关管理制度和运行机制，逐步形成可复制、可推广的经验。

8. 建设创业创新平台，增强支撑作用

（1）打造创业创新公共平台

加强创业创新信息资源整合，建立创业政策集中发布平台，完善专业化、网络化服务体系，增强创业创新信息透明度。鼓励开展各类公益讲坛、创业论坛、创业培训等活动，丰富创业平台形式和内容。支持各类创业创新大赛，定期办好中国创新创业大赛、中国农业科技创新创业大赛和创新挑战大赛等赛事。加强和完善中小企业公共服务平台网络建设。充分发挥企业的创新主体作用，鼓励和支持有条件的大型企业发展创业平台、投资并购小微企业，支持企业内外部创业者创业，增强企业创业创新活力。为创业失败者再创业建立必要的指导和援助机制，不断增强创业信心和创业能力。加快建立创业企业、天使投资、创业投资统计指标体系，规范统计口径和调查方法，加强监测和分析。

（2）用好创业创新技术平台

建立科技基础设施、大型科研仪器和专利信息资源向全社会开放的长效机制。完善国

家重点实验室等国家级科研平台（基地）向社会开放机制，为大众创业、万众创新提供有力支撑。鼓励企业建立一批专业化、市场化的技术转移平台。鼓励依托三维（3D）打印、网络制造等先进技术和发展模式，开展面向创业者的社会化服务。引导和支持有条件的领军企业创建特色服务平台，面向企业内部和外部创业者提供资金、技术和服务支撑。加快建立军民两用技术项目实施、信息交互和标准化协调机制，促进军民创新资源融合。

（3）发展创业创新区域平台

支持开展全面创新改革试验的省（区、市）、国家综合配套改革试验区等，依托改革试验平台在创业创新体制机制改革方面积极探索，发挥示范和带动作用，为创业创新制度体系建设提供可复制、可推广的经验。依托自由贸易试验区、国家自主创新示范区、战略性新兴产业集聚区等创业创新资源密集区域，打造若干个具有全球影响力的创业创新中心。引导和鼓励完善创业创新型城市环境，推动区域集聚发展，推动实施小微企业创业基地城市示范。鼓励有条件的地方出台各具特色的支持政策，积极盘活闲置的商业用房、工业厂房、企业库房、物流设施和家庭住所、租赁房等资源，为创业者提供低成本办公场所和居住条件。

9. 激发创造活力，发展创新型创业

（1）支持科研人员创业

加快落实高校、科研院所等专业技术人员离岗创业政策，对经同意离岗的人员可在3年内保留人事关系，建立健全科研人员双向流动机制。进一步完善创新型中小企业上市股权激励和员工持股计划制度规则。鼓励符合条件的企业按照有关规定，通过股权、期权、分红等激励方式，调动科研人员创业积极性。支持鼓励学会、协会、研究会等科技社团为科技人员和创业企业提供咨询服务。

（2）支持大学生创业

深入实施大学生创业引领计划，整合发展高校毕业生就业创业基金。引导和鼓励高校统筹资源，抓紧落实大学生创业指导服务机构、人员、场地、经费等各方面。引导和鼓励成功创业者、知名企业家、天使和创业投资人、专家学者等兼职担任创业导师，提供包括创业方案、创业渠道等方面的创业辅导。建立健全弹性学制管理办法，支持大学生保留学籍休学创业。

（3）支持境外人才来华创业

发挥留学回国人才特别是领军人才、高端人才的创业引领带动作用。继续推进人力资源市场对外开放，建立和完善境外高端创业创新人才引进机制。进一步放宽外籍高端人才来华创业办理签证、永久居留证等条件，简化开办企业审批流程，探索由事前审批调整为事后备案。引导和鼓励地方对回国创业高端人才和境外高端人才来华创办高科技企业给予一次性创业启动资金，在配偶就业、子女入学、医疗、住房、社会保障等方面完善相关措施。加强海外科技人才离岸创业基地建设，把更多的国外创业创新资源引入国内。

10. 拓展城乡创业渠道，实现创业带动就业

（1）支持电子商务向基层延伸

引导和鼓励集办公服务、投融资支持、创业辅导、渠道开拓于一体的市场化网商创业平台发展。鼓励龙头企业结合乡村特点建立电子商务交易服务平台、商品集散平台和物流中心，推动农村依托互联网创业。鼓励电子商务第三方交易平台渠道下沉，带动城乡基层创业人员依托其平台和经营网络开展创业。完善有利于中小网商发展的相关措施，在风险可控、商业可持续的前提下发展面向中小网商的融资贷款业务。

（2）支持返乡创业集聚发展

结合城乡区域特点，建立有市场竞争力的协作创业模式，形成各具特色的返乡人员创业联盟。引导返乡创业人员融入特色专业市场，打造具有区域特点的创业集群和优势产业集群。深入实施农村青年创业富民行动，支持返乡创业人员因地制宜围绕休闲农业、农产品深加工、乡村旅游、农村服务业等开展创业，完善家庭农场等新型农业经营主体发展环境。

（3）完善基层创业支撑服务

加强城乡基层创业人员社保、住房、教育、医疗等公共服务体系建设，完善跨区域创业转移接续制度。健全职业技能培训体系，加强远程公益创业培训，提升基层创业人员创业能力。引导和鼓励中小金融机构开展面向基层创业创新的金融产品创新，发挥社区地理和软环境优势，支持社区创业者创业。引导和鼓励行业龙头企业、大型物流企业发挥优势，拓展乡村信息资源、物流仓储等技术和服务网络，为基层创业提供支撑。

（二）"互联网＋创业"活动的开展

《国务院关于积极推进"互联网＋"行动的指导意见》（国发〔2015〕40号）中指出，充分发挥互联网的创新驱动作用，以促进创业创新为重点，推动各类要素资源聚集、开放和共享，大力发展众创空间、开放式创新等，引导和推动全社会形成大众创业、万众创新的浓厚氛围，打造经济发展新引擎。

1. 强化创业创新支撑

鼓励大型互联网企业和基础电信企业利用技术优势和产业整合能力，向小微企业和创业团队开放平台入口、数据信息、计算能力等资源，提供研发工具、经营管理和市场营销等方面的支持和服务，提高小微企业信息化应用水平，培育和孵化具有良好商业模式的创业企业。充分利用互联网基础条件，完善小微企业公共服务平台网络，集聚创业创新资源，为小微企业提供找得着、用得起、有保障的服务。

2. 积极发展众创空间

充分发挥互联网开放创新优势，调动全社会力量，支持创新工场、创客空间、社会实验室、智慧小企业创业基地等新型众创空间的发展。充分利用国家自主创新示范区、科技企业孵化器、大学科技园、商贸企业集聚区、小微企业创业示范基地等现有条件，通过市

场化方式构建一批创新与创业相结合、线上与线下相结合、孵化与投资相结合的众创空间，为创业者提供低成本、便利化、全要素的工作空间、网络空间、社交空间和资源共享空间。实施新兴产业"双创"行动，建立一批新兴产业"双创"示范基地，加快发展"互联网＋"创业网络体系。

3．发展开放式创新

鼓励各类创新主体充分利用互联网，把握市场需求导向，加强创新资源共享与合作，促进前沿技术和创新成果及时转化，构建开放式创新体系。推动各类创业创新扶持政策与互联网开放平台联动协作，为创业团队和个人开发者提供绿色通道服务。加快发展创业服务业，积极推广众包、用户参与设计、云设计等新型研发组织模式，引导建立社会各界交流合作的平台，推动跨区域、跨领域的技术成果转移和协同创新。

（三）大数据的发展

《国务院关于印发促进大数据发展行动纲要的通知》（国发〔2015〕50 号）强调提出以下意见。

1．发展大众创业、万众创新大数据

适应国家创新驱动发展战略，实施大数据创新行动计划，鼓励企业和公众发掘利用开放数据资源，激发创新创业活力，促进创新链和产业链深度融合，推动大数据发展与科研创新有机结合，形成大数据驱动型的科研创新模式，打通科技创新和经济社会发展之间的通道，推动万众创新、开放创新和联动创新。

2．大数据创新应用

通过应用创新开发竞赛、服务外包、社会众包、助推计划、补助奖励、应用培训等方式，鼓励企业和公众发掘利用开放数据资源，激发创新创业活力。

（四）众创空间的发展

《国务院办公厅关于发展众创空间推进大众创新创业的指导意见》（国办发〔2015〕9号）提出以下意见。

1．加快构建众创空间

总体推广创客空间、创业咖啡、创新工场等新型孵化模式，充分利用国家自主创新示范区、国家高新技术产业开发区、科技企业孵化器、小企业创业基地、大学科技园和高校、科研院所的有利条件，发挥行业领军企业、创业投资机构、社会组织等社会力量的主力军作用，构建一批低成本、便利化、全要素、开放式的众创空间。发挥政策集成和协同效应，实现创新与创业相结合、线上与线下相结合、孵化与投资相结合，为广大创新创业者提供良好的工作空间、网络空间、社交空间和资源共享空间。

2．降低创新创业门槛

深化商事制度改革，针对众创空间等新型孵化机构集中办公等特点，鼓励各地结合实际，简化住所登记手续，采取一站式窗口、网上申报、多证联办等措施为创业企业工商注

册提供便利。有条件的地方政府可对众创空间等新型孵化机构的房租、宽带接入费用和用于创业服务的公共软件、开发工具给予适当财政补贴，鼓励众创空间为创业者提供免费宽带互联网接入服务。

3．鼓励科技人员和大学生创业

加快推进中央级事业单位科技成果使用、处置和收益管理改革试点，完善科技人员创业股权激励机制。推进实施大学生创业引领计划，鼓励高校开发开设创新创业教育课程，建立健全大学生创业指导服务专门机构，加强大学生创业培训，整合发展国家和省级高校毕业生就业创业基金，为大学生创业提供场所、公共服务和资金支持，以创业带动就业。

4．支持创新创业公共服务

综合运用政府购买服务、无偿资助、业务奖励等方式，支持中小企业公共服务平台和服务机构建设，为中小企业提供全方位专业化优质服务，支持服务机构为初创企业提供法律、知识产权、财务、咨询、检验检测认证和技术转移等服务，促进科技基础条件平台开放共享。加强电子商务基础建设，为创新创业搭建高效便利的服务平台，提高小微企业市场竞争力。完善专利审查快速通道，对小微企业急需获得授权的核心专利申请予以优先审查。

5．加强财政资金引导

通过中小企业发展专项资金，运用阶段参股、风险补助和投资保障等方式，引导创业投资机构投资于初创期科技型中小企业。发挥国家新兴产业创业投资引导基金对社会资本的带动作用，重点支持战略性新兴产业发展和高技术产业早中期、初创期创新型企业发展。发挥国家科技成果转化引导基金作用，综合运用创业投资子基金、贷款风险补偿、绩效奖励等方式，促进科技成果转移转化。发挥财政资金杠杆作用，通过市场机制引导社会资金和金融资本支持创业活动。发挥财税政策作用支持天使投资、创业投资发展，培育发展天使投资群体，推动大众创新创业。

6．完善创业投融资机制

发挥多层次资本市场作用，为创新型企业提供综合金融服务。开展互联网股权众筹融资试点，增强众筹对大众创新创业的服务能力。规范和发展服务小微企业的区域性股权市场，促进科技初创企业融资，完善创业投资、天使投资退出和流转机制。鼓励银行业金融机构新设或改造部分分（支）行，作为从事科技型中小企业金融服务的专业或特色分（支）行，提供科技融资担保、知识产权质押、股权质押等方式的金融服务。

7．丰富创新创业活动

鼓励社会力量围绕大众创业、万众创新组织开展各类公益活动。继续办好中国创新创业大赛、中国农业科技创新创业大赛等赛事活动，积极支持参与国际创新创业大赛，为投资机构与创新创业者提供对接平台。建立健全创业辅导制度，培育一批专业创业辅导师，鼓励拥有丰富经验和创业资源的企业家、天使投资人和专家学者担任创业导师或组成辅导团队。鼓励大企业建立服务大众创业的开放创新平台，支持社会力量举办创业沙龙、创业大讲堂、创业训练营等创业培训活动。

8. 营造创新创业文化氛围

积极倡导敢为人先、宽容失败的创新文化，树立崇尚创新、创业致富的价值导向，大力培育企业家精神和创客文化，将奇思妙想、创新创意转化为实实在在的创业活动。加强各类媒体对大众创新创业的新闻宣传和舆论引导，报道一批创新创业先进事迹，树立一批创新创业典型人物，让大众创业、万众创新在全社会蔚然成风。

第二节　大学生创业教育面临的机遇与挑战

党的十九大对创新创业人才培养作出重要部署，国务院对加强创新创业教育提出明确要求。近年来，高校创新创业教育不断加强，取得了积极进展，对提高高等教育质量、促进学生全面发展、推动毕业生创业就业、服务国家现代化建设发挥了重要作用。目前大学生创业教育既面临机遇又面临新的挑战。

一、大学生创业教育面临的机遇

（一）国家创业政策为创业教育带来新机遇

首先，国家创新驱动发展的经济转型为大学生创业提供机遇。党的十八届五中全会提出了国家创新驱动发展战略，我国的经济发展开始了以创新创业为导向的新转型。当前，我国正在加快经济结构改革，大力推进创新驱动型新兴产业的发展。国家要积极发展创新驱动强、自主研发能力强的新产业。这种战略为大学生创业者带来了难得的大好机遇，时代发展会使大学生创办的新兴企业获得更多的政府支持。政府的创业扶持政策，给那些拥有创业想法和创意而创业成本少、创业资金缺乏的大学生们带来了新机遇[①]。因此，可以说，国家创新驱动发展的经济转型为大学生创业教育提供了良好的发展机遇。

党的十七大报告明确提出了以创业带动就业的战略，党的十八大报告提出：引导劳动者转变就业观念，鼓励多渠道多形式就业，促进创业带动就业的指针，为创业教育指引了方向，从此创业教育得到了各级政府部门的高度重视。各级政府为推动"大众创业、万众创新"的发展出台了许多有利于创业教育发展的相关激励政策，创业教育工作抓得好坏也成为评估政府工作的重要指标，这就给大学生创业教育带来了良好的发展机遇，为大学生创业教育发展提供了有力的政策和制度保障。

（二）大学生就业意识转变推动创业教育发展

随着我国社会经济的不断发展，全新的经济发展形势给大学生创业提供了更多的条件

---

① 姚文韵主编. 人才培养与教学改革［M］. 南京：江苏人民出版社，2019.

和更大的发展空间。特别是"互联网"的快速发展和"众创空间"的不断涌现，激发了大学生对传统的就业观念和传统行业挑战的信心和欲望，让大学生冲破了"学而优则仕"就业观念的束缚，拥有了敢做创业勇士的创业意识和创业精神，这种创业意识成为了大学生积极参与创业实践活动的动力源泉，也成为了大学生通过不断努力而取得创业成功的强有力的精神支撑。积极的创业意识对大学生创业教育的发展起着推动作用。在全国大众创业创新实践活动的影响下，一些大学生开始了他们创业的艰辛历程。大学生创业教育理论来源于如火如荼的创业实践，大学生创新创业活动的不断发展，为大学生创业教育的发展提供了不竭的动力和源泉。

（三）众创空间的不断涌现为创业教育提供新环境

首先，众创空间为大学生创业教育提供了全新的环境。众创空间作为创新服务机构，不仅可以为大学生个人创业和创办企业提供成本低、要素全、使用便捷的创业服务平台，还可以帮助大学生通过创客空间、创业咖啡、创新工厂、科技媒体等途径，获得更多的创业资源。大学生可以借助众创空间提供的全新的市场化、专业化、集成化和网络化的运营模式去创办自己的小微企业，并通过众创空间促进其健康成长。大学生在创业阶段可以充分利用众创空间来减少创业投入成本，实现众创空间资源的共享。众创空间为大学生创新创业提供了新型的创业服务平台，使创业者个体能够成为产业资源的组织配置者，并且可以通过众创空间综合服务平台把自己的创意变成产品或服务。

其次，众创空间为大学生创业教育提供了全新的便利条件。众创空间的核心价值在于其能够及时向创业者提供创业综合性服务平台，可以通过不同的方式向创业者提供类别多样、程度各异的基础性服务。众创空间不仅能够为创业者提供创业培训服务、融资服务、活动沙龙服务及财务法务顾问服务，还能够为创业者提供有关政策申请、注册及工商等方面的服务。这些都为大学生创业教育提供了全新的便利条件。

再次，众创空间为大学生创业教育构建了全新的主客关系。众创空间可以向创业者提供在创业初期的种种便利，比如金融服务、法律法务、补贴政策申请等，更好地帮助创业者所创办的小微企业健康而快速地成长。众创空间可以通过为创业者提供创新创业活动所必需的材料、设备和设施，为创业者提供创业初期必需的各种物质保障。创业者可以在众创空间中与其他创业者一起参与创新产品方面的构思、设计、制造，也可以与其他创业者之间进行有关产品的创意、体验及个性需求等方面的交流和探讨。众创空间不仅可以为创业者提供全新的融资模式，还可以通过优化资源配置，让智力资源、产业资源和社会资本更加自由化流动，便于创业者有效借助众创空间来实现自己的创业梦想。

二、大学生创业教育的挑战

众创空间作为"互联网＋"时代下的创业服务机构和孵化器，它除了能够为创业者提供可以参与的创客空间、创业咖啡、创新工厂等形式外，还能为创新者提供开放的环境，带来宽广的创业视野和有利的创业机会，可以帮助创业者消除创业障碍、打破原有的各种不利框架，既能为创业者提供办公设备和投资人，还能为创业者们提供一种不局限于线下也不局限于地域的彼此交流和思维碰撞的便利场所。众创空间作为一种创业文化，强调的是一种综合服务能力，包括法制、文化、市场环境以及社会生活的服务。众创空间作为一种创新创业孵化及众创活动的支撑平台，以用户创新、大众创新、开放创新、协同创新为核心理念，引领创业者在设计制造、创新创业领域不断健康成长[①]。比如深圳的柴火创客空间、南京创客空间等不仅让很多创业者走向了成功，还带动了一大批新的创业者步入了创新创业领域中来。这对于传统的大学生创业教育而言，确实是一种新挑战，这就要求教育者们应该不断改变大学生创业教育模式，以适应新的时代发展。

---

① 李豪杰，丁中涛. 师生共创培养创新创业菁英 云南大学 2019 年大学生创新创业教育优秀案例[M]. 昆明：云南大学出版社，2020.

第二章 创新创业教育概述

第一节 创新创业教育的改革方略研究

在充满着机遇和挑战的 21 世纪，在和平与发展的时代主题下，综合国力已经成为衡量一个国家国际地位和话语权的标准，而创新能力是综合国力的重要组成部分。为了在当前时代潮流下提高我国的综合国力，增强国家的创新能力，我国首次提出了建设创新型国家的目标。而建设创新型国家的主力就是创新型人才。为了锻炼当代大学生的能力，提高其创新能力和综合素质，缓解我国的就业压力，开展创新创业教育培训成为各高校必须解决的一个重要任务。

创新创业教育作为培养创新型人才的一个重要渠道是在西方发达国家开始兴起并开展的，我国的创新创业教育近年来才缓慢地进行和开展，也在我国的教育领域引起了一场重要的改革。从 1996 年《深化教育改革全面推进素质教育的决定》的颁布，我国政府首次正式地对于培养大学生的综合素质和创新能力以及创业能力提出了更高的要求，对于创新创业教育的开展也提出了更高的目标，并随后制定了各种措施来保障我国创新创业教育的进行。

再到 1999 年我国首届挑战杯创业设计大赛的开展，使得创新创业的思想正式在我国各大高校开始传播。此后，我国高校对于创新创业教育的开展越发重视，相关的课程和实践也逐步地在高校中推广，并且专业的创新创业教育书籍也在逐步编辑。大多数高校都在校内设置了创业基地，对于高校学生所提出的有潜力的创业项目提供了场地和适当的资金支持，并且政府也对大学生创业加大了支持力度，对于大学生的创业项目在审核上也是适当放宽，并提供支持。这些情况肯定了我国近年来在创新创业教育方面的成果。

高校必须要在学生的日常生活中加强创新创业教育理念的推广和传播，要加强在校园文化塑造过程中对于创新创业教育文化的塑造，并且要积极地开展校园文化活动，为创新创业教育的开展和推广提供平台，要通过创业讲座、创业培训、创业团队培育和创新创业的开展等各种渠道对校园创新创业教育进行宣传，提高高校学生对于创新创业教育的认识。同时也可以适当地鼓励高校学生在平时的空闲时间开展一些创业知识的学习，对于一些成功的创业项目可以请其操作者讲授成功经验，要通过各种措施和手段加强校园文化氛围的塑造。

一、改革教育概念

国外发达国家创新创业的活跃与其教育制度密不可分，而其创新创业教育的高度发达根源于其健全的教育机制。结合国内外创新创业教育的实践经验，我国创新创业教育应当从以下几方面进行改革。

教育理念是教育的核心，它决定了教育的发展方向。从各国开展的创新创业教育实践来看，创新创业教育无不是以培育具有创新创业品质的人才为主要目标的，塑造大学生创新创业人格是创新创业教育的根本，是创新创业教育基本规律和经济发展的客观需求。在知识经济时代特征越来越明显的今天，我国大力发展创新创业教育具有必要性、紧迫性。因此，要把创新创业教育作为素质教育的深化，起始于小学教育并贯穿于正规教育的始终，使其成为大众化教育。同时转变并明确创新创业教育的学科地位，使高校从"知识传承型"转向"知识创造型"，从"就业教育"转向"创业教育"，从而使大学成为培养创新创业人才成长的摇篮。

二、改革教育模式

我国高等院校如何构建科学合理的创新创业教育模式，培养出社会发展需要的创新型人才，是当前高等教育改革的一个重大课题。创新创业型人才的培养，除了需要明确的目标导向，健全的培养机制外，更需要科学的培养模式。教育模式不仅决定了人才培养目标能否如期实现，而且决定了课程体系和教学方法的改革成功与否，同时还决定了实践教学体系、教学资源开发，以及社会支持体系的建设走向。在美国，创新创业教育始于学习的起始阶段，涵盖了从小学、中学直到大学、研究生的全程教育。在法国，从中学开始就不断地把创新创业教育的理念融入课堂中。在日本，创新创业教育从孩子几岁时就开始筹划实施。

我国的大学生创新创业教育应以塑造大学生创新创业人格为目的，坚持"创造本位"，以学生为主体，"以能力为导向"，区别于单纯的技能教育和知识教育，着重培养学生的创新意识、创造精神、创业能力和创优品格。通过创业特质教育、创业知识教育、创业技能教育，培养具有创新意识、创造精神、创业能力和创优品质的大学生。

高校创新创业教育教师应具有学术性和专业实践性两大主要特质，既要具有开拓创新精神、健全的综合知识结构、熟练的专业技能，以及较强的实践操作示范能力，又要能善于捕捉和挖掘学生创业潜质。在新形势下，创新创业教育要求教师走出课堂，走进社会，搜集案例资源，丰富教师自身的实践动手能力，提高教学质量、工作效率和组织管理能力。

在教学原则方面，要遵循引导性、实践性、系统性、开放性、成果可转化性等教育教学原则。在创新创业教育中要启迪学生进行创新思维，引导学生在实践中学习，利用现代化的教学手段，拓展教学时空，开阔学生的视野，培养学生的独创性和开拓性，激发学生的批判性思维和发散性思维。

在教学内容方面，市场经济下，大学教育培养多样化人才的目标和因材施教的个性化教学方法，高校总体上应该在面向社会实际、强调学科交叉、重视能力培养、加强实践环节、培养团队精神、训练系统思考和创新能力等方面努力。所以，创新创业教育课程的具体设计既要满足宽口径、厚基础的要求，又要符合"分流培养"的原则。

在教学方法方面，充分激发学生成长成才的内在主动性，培养学生创新创业的思想独立性，提高教师对学生成才的主动关注，提高学校办学资源的优化配置。这要求改变我国传统的"以教师为主体单一传授知识，教师以教材和课堂讲授为中心"的教学方法，力求把教师变成推动学生独立思考的助手，把教材变成激发学生兴趣的工具，把课堂变成学生开发自我潜能的舞台，调动学生的主动性和创造性。"以创新创业实际过程与问题为导向"，以课堂外的实践教学和传授创业隐性知识为主，进行启发式、互动式教学，由以"单向灌输"知识为主，转为"双向交流"，因材施教，个性化教学，促使学生发散思维。

优良的软环境对于创新创业极为重要，包括健全的国家和地方法律政策，浓厚的创新创业人文环境等。尤其是在我国创新创业文化氛围尚不浓厚的背景下，加强创新创业宣传，完善相关法律法规，加大对创新创业的支持力度，为创新创业营造良好的社会环境氛围，培育肥沃的社会土壤，进一步唤醒师生的创新创业意识，激发教师实施创新创业教育的热情等方面，都是非常迫切的。在国家、地方现有的创业优惠政策的基础上，应再提供一些优惠便利条件，为创新创业型人才开通"服务直通车"。

另外，大学生创新创业教育离不开企业的支持，尤其是实践性教学更应该在企业的合作下完成。企业在接收学生进行实践教学，为学校提供兼职教师，共同培养创新创业型人才方面起着至关重要的作用。应优化现在已经建立的创新创业示范园，建立创业孵化基地，搭建校企合作平台，建立稳定的实践教学基地，建"就业踏板"，搭"创业平台"。

2014年教育部发布《关于做好2015年全国普通高等学校毕业生就业创业工作的通知》，要求各高校要将创新创业教育贯穿人才培养的全过程，提出要建立弹性学制，允许在校学生休学创业。在2015年全国人大会议上，李克强总理在政府工作报告中将大众创业、万众创新列为我国经济增长的"双引擎"之一。2015年3月11日，国务院办公厅印发《关于发展众创空间推进大众创新创业的指导意见》，其中明确提出鼓励科技人员和大学生创业。当前，创新创业教育已经成为经济增长的引擎，成为推进高等教育综合改革的重要工具，在各大学全面开展创新创业教育，对于促进高等教育的健康发展、经济进步与社会就业具有重大的现实意义。

创业教育比较具有代表性的定义是指通过培养人的创业意识、创业思维和创业技能等各种综合素质，最终使被教育者拥有一定创业能力的教育体系。创新创业教育的要求更高，常被誉为"双创教育"，是指为了适应社会发展和国家的战略规划需要，以培养具有创业意识和开拓型人才为目标而产生的一种新的教学理念与模式。大学作为哺育社会英才的重要摇篮，双创教育首先应在大学广泛开展。笔者认为，大学双创教育需重点强调以下两个方面：

一是大学双创教育的本质并非只是解决就业问题，另一个更重要的目标是培养学生的创业意识与实践能力，塑造学生成为创新型的综合人才。二是大学双创教育的范围不仅指在校的本科、硕士和博士生，还包括已毕业几年、志在创业的大学学子。

1989 年联合国教科文组织在北京召开"面向 21 世纪教育国际研讨会"，从这一节点开始，被誉为"第三本教育护照"的创业教育逐渐频繁地出现在人们的视野。近二十年来，各大学不断整合校内外的丰富资源，改变教育方向，积极推动双创教育健康发展。双创教育活动从开始仅局限于国内的二流、三流大学，以提高毕业生就业率为目标的狭隘的就业活动逐步转化为涵盖国内重点大学在内的，对学生创新创业意识进行综合培养的全面教育活动。

那么，生态网模式是如何解决创新创业教育问题的呢？本书认为可以从中借鉴优势，突破瓶颈，在全国范围内运用"大学—政府—企业"的生态网模式，解决双创教育开展过程中存在的若干问题。具体的解决策略如图 2-1 所示。

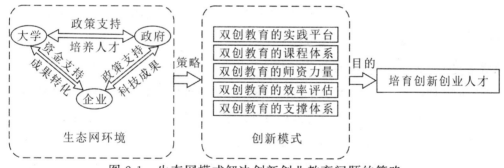

图 2-1　生态网模式解决创新创业教育问题的策略

开创创新创业教育的新模式，全面的创新合作模式要求必须充分利用潜在的教育资源。首先，双创教育的基础课程须纳入大学的必修课。如清华大学深研院开创的创业英才班、创业特训营等教学模式，已全面纳入课程教学，实行学分制度。其次，将专业学科和基础学科相结合，面向所有学科领域形成培训的辐射模式。创业英才班、特训营特意聘请相关领域的权威人士为学生授课，传授实践经验。再次，联合构建"大学-政府-企业"的生态网模式，形成产学研合作联盟。清华大学深研院联合深圳市政府先后共同构建了 i-Space 创业协同平台、清华-伯克利深圳学院，为双创教育成功开启了生态网的综合运营模式。

开发优质的创新创业教育课程体系。生态网模式要求双创教育课程的开发需根据学生的需求融合理论与实践课程，设置多层次、立体化的课程体系。首先，以培养学生的创新意识和创业能力为核心，对学生的创业理论与实践进行引导、教育和培训。理论层面的课程可以分为两类：一类是开设与创业相关的基础课程，旨在让学生了解国家的创业现状、政策人员必备的心理素质、未来可能遇到的一些困难等。另一类是专业课程，大学已开设众多类型的专业课，毋庸置疑做得比较好。实践层面，开设涵盖如何构思、成立、融资、企业管理等方面的经管类课程。清华大学深研院的创业英才班不断开拓创新，开设的风险投资与私募股权、高新技术产品营销导论、企业项目创办与项目管理等课程极具实践性，极大地丰富了学生的创业活动。其次，将理论课程与实践课程互相融合，开发权威统一的双创教育教材。大学要有针对性地将理论融入实践当中，开设相关课程，举办各种类型的创业活动。清华大学深研院在举办课外活动方面独具一格，曾独立组织中美青年创客大赛、菁鹏计划学生创业大赛等比赛活动，受到学生的广泛关注与参与。再次，梯度式开设不同教育阶段的双创教育课程，在专业能力方面各有侧重。清华大学、北京大学深研院等高校为该校研究生量身定制了众多适合创业的实践课程，鼓励学生创业。

建设高素质的师资队伍。雄厚的师资力量是解决双创教育问题的关键。首先，各专业教师要做到积极开展双创教育方面的理论、案例研究和行业创新实践，不断提升与培养学生的创新意识与能力。其次，引入拥有创业背景和实践经历的创业导师为学生进行创业指导。创业英才班、特训营在此方面独树一帜，定期或不定期地聘请社会知名的风险投资家、高级管理人才、杰出校友等来校担任创业导师，指导学生的实践工作，已成功孵化多项优秀的创业项目。再次，在上述基础工作之上，各大学要定期组织教师开展实操培训与交流活动，检查教师所开设课程与学生实际需求的融合情况，提高教学质量。

制定创新创业教育的质量评估标准。科学、合理的评价体系是生态网模式保障双创教育健康运行的屏障。根据双创教育存在的系列问题，大学、政府合作制定针对学生和教师的评价规则。对学生而言，应尽量开启侧重于评估学生创业意识与创新精神的评价机制，考查学生在创业机会选择、产品营销、企业管理等方面是否有实质性提高；对教师而言，应有区别地制定传统教师与创业教师的评价规则，促使创业教师全神贯注于双创教育的教学工作之中。

加强创新创业教育的支撑体系建设。支撑体系是生态网模式解决双创教育问题的高效助手。首先，创建良好的创业氛围。清华大学在深圳努力营造具有创业氛围的校园文化，先后开启了研究院、研究生院、伯克利—深圳学院等校企创新合作的共赢模式，鼓励学生创新创业。其次，拓展大学的经费渠道。生态网模式中企业、政府恰好能弥补大学经费不足的缺口，教师也可凭借自身的教育资源设立自己的创业基金。如企业协助清华深研院的教师设立创业种子基金，科学转化研发成果，实现技术商品化。再次，加强研究与交流工作。当前应鼓励集聚经济、管理、法律、心理等专业的跨学科视角下的双创教育研究，组织各大学教师、专家形成创新创业联盟，不定期地进行交流、探讨，推进双创教育发展。

第二节　创新创业教育模式思考

推进创新创业教育要正确把握知识与能力之间的关系，这涉及对知识本质的认识。人类的知识可分为两大类：一类是显性知识，另一类是隐性知识。前者指的是能够用语言和图形进行系统化处理的知识；后者指的是一种基于经验和直觉以及人的悟性的知识。这种知识只能意会，不能言传，所以也叫意会性知识或默会知识。也就是说，经验类的未经系统处理的意念和意会，也是一种知识，创新创业教育是素质教育在市场经济条件下向纵深发展的时代体现，是以"创新、创造、创业"为核心的素质教育成为可能的现实追求。创新创业教育绝不是一种急功近利的精英教育，而是全员参与、全面覆盖和全程贯穿于整个教育过程的一种素质教育。一方面，创新创业教育以学生创新精神、创业意识与创业能力培养为核心，并以受教育者的首创与冒险精神、创业能力和独立工作能力等的提升为教育指向，从而使素质教育的时代目标更加具体、更加升华、更加与时俱进；另一方面，素质教育以学生创新精神和实践能力培养为重点，从而使创新创业教育的推进更加具有明确性、实操性和创新性。强调创新创业教育与素质教育的充分融合，强调把创新创业作为重要元素融入素质教育，这充分表明创新创业教育在推进素质教育中的战略性作用。创新创业教育的非功利性战略目标，是使受教育者具有创业意识、创业个性心理品质和创业能力，以适应社会的发展和变革，而不再以岗位职业培训为内涵，或以企业家速成为导向。从这个意义上讲，高等学校创新创业教育就不是用简单的大学生创业实体的数量判断，当然也不是用创业项目成功与否的质量评判，而应该是用大学生接受创新创业教育所获得的、以创新能力为核心的综合素质提升和职业精神培育的高等教育人才质量来判断。

创新创业教育与专业教育之间的关系。创新创业教育是专业教育的有机构成，是专业教育在知识经济时代创新性、前瞻性的集中体现，是高等学校深化专业教育教学改革的必然选择。创新创业教育绝不是游离于专业教育之外的训练活动，而是寓于专业教育的人才培养方案，包括理论教学与实践教学全过程中的教育教学理念与模式。创新创业教育以学生创新精神、创业意识与创业能力培养为核心，必将促进专业教育及时反映本学科专业领域的前沿知识，及时反映本学科专业与相关交叉学科专业的前沿信息，及时反映本学科专业相关行业、产业发展的前沿成果。建立在通识教育基础上的专业教育，是创新创业教育理论与实践的基础，即专业教育的基础知识与基本理论是学生创新精神、创业意识与创业能力生成的深层根基。强调创新创业教育与专业教育的充分融合，把创新创业作为重要元素融入专业教育，这充分表明了创新创业教育在推进专业教育中的战略性作用。因此，我们一定使大学生创新精神、创业意识与创业能力的获得根植于专业教育之中。重视对大学生创新精神和创业意识的培养，要调整优化课程体系，强调创新创业教育类课程与专业教育类课程的有机结合。要改革教学方法，突出学生的主体地位，注重学生个性化发展和创新精神的养成。要立足专业教育实际，通过专业教育教学改革推进创新创业教育。要加强创新创业教育实践环节，通过"做中学"使学生更好地掌握创新创业知识与技能。要实现第一课堂与第二课堂的有机结合，防止"第二课堂论"，即认为创新创业教育就是开展第二课堂活动，就是教学生进行发明创造、创办企业。

在推进创新创业教育中，需要将创新创业教育理念融入人才培养的全过程，这就要求结合当前的教育教学改革，深化课程体系、教学内容和教学方法的改革，要将创新创业教育纳入教学中。创新创业教育是适应经济社会发展和高等教育自身发展需要形成的教育理念和实践。在高等学校推进创新创业教育的现实意义在于：一是通过创新创业教育更好地推进高等教育自身的改革，提高教育教学质量；二是通过创新创业教育的人才培养推进创业型经济发展和创新型国家建设。创新创业教育应面向全体大学生，纳入教学主渠道，结合专业教育，贯穿于人才培养工作的全过程。

推进创新创业教育，要正确把握知识与能力、创新创业教育与素质教育、创新创业教育与专业教育，以及第一课堂与第二课堂之间的关系，要防止创新、创业、教育三要素之间的割裂与孤立，防止创新创业教育成为无源之水、无本之木。

在 21 世纪全球化浪潮下，知识经济时代已经到来，国际上已经基本形成创新创业型人才是第一战略资源的共识。目前，我们国家越来越强调培养创新创业人才，2010 年教育部发布了《关于大力推进高等学校创新创业教育和大学生自主创业工作的意见》，要求在高校开展创新创业教育。

推进大学生创新创业教育不仅仅是高校自身发展的客观需求，也是我国经济社会发展对高校教育提出的迫切要求。在在校大学生中有效地开展实践类教育，能培养学生社会实践的兴趣并激发创业的热情，帮助未踏上社会的学生树立正确的社会主义人生观和价值观，促进大学生个性化发展和综合能力的提高。

一、国外创新创业教育模式及特点

国外高等院校创新创业教育已经发展成熟，各个院校各有自己的特色，自成一套系统，取得了良好的教育成果。其中百森商学院和斯坦福大学的创新创业教育就非常有代表性。以下着重介绍百森商学院的"创新创业课程"以及斯坦福大学的"产学研一体化"的教育模式。

（一）百森商学院模式

百森商学院作为全球最著名的创新创业管理教育及研究的最高学府，在创业学领域一直处于领先的地位。百森商学院以"强化意识"为主要指导思想，帮助学生在创业过程中提升思维方式、冒险精神、进取心、创造能力以及把握市场变化的洞察能力。百森商学院以培养创业意识为主，通过创新性课程教学、外延拓展计划教学支撑，倡导创新创业精神，具体体现在这几个方面。

1. 师资力量的优越性

百森商学院拥有 40 多名教师专门讲授创新创业课程，同时配备有相当数目的创新创业助教及教师和全职教员。学院的师资必须有企业方面的经验，他们或者是风险资本家（创业投资家）、创业家和实业家或者是新创立企业的高级管理人员。这些教师不仅需要拥有参与创业或者企业高管的亲身经历，同时还需要同企业保持积极的联系，通过争取企业支持，为学生带来更多的模拟实践的机会。这些经历可以帮助教师在教学过程中引用到具体鲜活的案例，通过真实的案例模拟和研究，帮助培养学生的判断能力和分析能力，在创新创业问题上具有更强的实战应变能力以及创新思维能力。

2. 课程设计方面的前瞻性

百森商学院的教学理念是创新创业教育，这既是一种教学课程，更是一种教育实践。创业教育不能以追求功利为目的，而应以为青年学生注入创业的"遗传代码"为追求，因此百森商学院进行了著名的系统化课程设计，提供切合实际的教学过程。他们战略性地将创新创业教育提上教育改革日程，并开创性地提出创新创业教育模式的改革实践成果。在设计创新创业教学课程结构的时候，百森商学院将创业过程必需的创业意识、创新个性品质、创业核心能力等理念整合到创业的社会知识中，并有机结合科学教育和人文思想教育、智力教育以及社会教育。

在这种整合性课程教育中，学习者仿佛置身于创业的社会背景中，关注创业的同时还了解到与创业相关的经济问题和社会问题。这种教学方式使得百森商学院从 1967 年开设创业课程以来，一直是该领域的佼佼者。以下是百森商学院在本科创业课程方面的设计。

为适应社会需求，百森商学院为本科学生设计了一套著名的创业实践教学大纲。根据大一至大四本科生不同的需求以及不同的知识掌握能力，学院设计了一套符合学生认知的课程，从浅到深，循序渐进如表 2-1 所示。

表 2-1　百森商学院本科生创新创业课程

第一年	第二年	第三年	第四年
必修课程	必修课程	必修课程	必修课程
新生创新创业课程体验	加速创业课程	创建创业、企业融资、创业计划、家庭管理机制、风险资本和增值资本	公司创业、创业实战案例研究、创业者营销、战略与结构

课程内容体系的完善性。百森商学院创业课程体系，被誉为全美高等院校创新创业教育与课程的基本范式。早在 20 世纪 90 年代初，百森商学院就设计了一款成功的创业教学课程体系，受到广泛的好评。这种全新的创业教学体系是将创业中所需的知识融入创业过

程中，使得学员有机会学到创业商机识别、企业成长学、融资与风险等基础知识和实战技能。百森商学院学生的商业课程，要求学生以团队的形式贷款启动一家公司，并且必须返回本金和利息。对那些完成学业后要开办公司的学生来说，创业强化项目是一个具有高度可选择性、高度完整性和非常有实用性的项目。这种培养方式取代了传统的分散的授课方式，将知识融合实践，把原先分离开来的营销管理学、人力资源管理学、财务管理学等，经过整合输送给学员。创业实践环节的内容包括，创业计划大赛、创业演讲等，通过实践使学生获得创业体验。

课程教学方法的探究性。创业教育课程的好坏取决于教学方法是否科学。百森商学院的教授们为了给学生们提供集趣味性与知识性于一体的教学环境，以企业所处的社会生态环境作为切入点，将创业过程中的每个细节进行现场教学，使得学生们仿佛置身于创业实践中。在这样一个良好的动态学习过程中，学生不仅关注到了创业所需的知识和技能，同时还关注到了与创业相关的经济问题、社会问题以及其他创业影响因素。根据实践结果所得，百森商学院采用的"以问题为重心"的教学方式，深受学员的喜爱，并推动学生积极投入到创新创业的学习中来。如表2-2所示为百森商学院课程覆盖情况。

表2-2　百森商学院课程覆盖情况

课程性质	课程内容	学生覆盖率（百分比）
基础课程	根本整体性创业技能	92%
专业课程	创业学科内的特定课程	67%
支持课程	一个特定领域的深入了解	63%

（二）斯坦福大学"产学研一体化"创新创业教育模式

斯坦福大学被称为美国硅谷的"心脏"，在硅谷发展过程中起到了重要的作用。同时，硅谷也为斯坦福带来了巨大的财政支持，保证其进一步进行基础科研工作。斯坦福大学十分重视实践应用和基础科研之间的相互转换，提出"产学研一体化"的模式进行创新创业教育，结合个人能力、专业特长以及所处的社会环境，从创业者的角度来规划整个创业系统流程。以下就斯坦福大学产学研一体化模式的特点进行分析。

追求一流的教学与科研成果。斯坦福大学十分重视教学与科研的基础性工作，重视学术研究，并致力于教学与科研的创新。斯坦福大学的教授认为一流的基础研究是达到一流的科学研究成果的基石，而一流的科研成果必定能为推动高新技术发展起到巨大作用。

斯坦福大学配备了全球一流的实验设备、教学设备，并聘请了各个领域的专家和学者，为其基础性教学和研究共同努力。这一基础性研究吸引了来自美国政府及企业的资金支持，得到快速的发展，涌现出一批又一批具有重要科学意义的教学和科研成果。

开放互动式的创新创业教育。斯坦福大学坚持科学研究的开放性，教授和学生可以在这里自由地选择自己的研究问题。斯坦福管理层认为，高校通过教学和科研相融合的方式培养出来的学生，对基础知识和技能掌握良好，并能有效完成知识和技术的转化。通过开放互动式的教学和研究方式，斯坦福大学收获到的远远大于科学家们的专利发明。

开放互动式的创新创业教育包括了多个学科之间的合作交流，将教学和科学研究有机融合，并带动企业，从而完成产学研一体机制的多方互动，形成一个开放式的、网络式的有效模式。学生在此过程中获得了应用基本原理并进行深入思考的能力，这种能力的培养可以产生更多更优秀的种子。

建立大学与企业的联系。斯坦福大学持续不断地与企业发展合作交流的传统一直被保留下来，这不仅为学校获得较高水平的学术研究作支持，同时还有助于社会公共服务事业的发展。企业和学校多种合作模式中，斯坦福大学首创了"科技工业园区"模式，这是一种互动互利式的关系。一方面企业得到最新的科研成果实现高速发展；另一方面，学校得到企业支持，从而能更好更快地完成科学研究项目，持续为企业服务。斯坦福大学和硅谷之间就存在着这样互利互惠的良性循环。斯坦福大学同企业签订长期的合作计划，不仅鼓励学校内部研究人员的科研成果商业化，而且还为企业提供不同等级和层次的教育培训服务，帮助其传播最新科研成果以及培养高等技术型人才。企业通过斯坦福大学引入最新的科学研究成果以及尖端的技术人才，企业效益得到进一步的扩大。

二、国外创新创业教育模式对我国的启示

国内创新创业教育现状分析。目前我国创新创业教育正如荼如火地展开，各大高校的目标是建立一个教育手段相互包容的，并使得学生、学校和社会三者利益得到统一的可持续发展的教育模式。从1998年清华大学举办第一次大学生创业计划大赛到现在，创新创业教育得到了巨大的发展，当前已经形成了三种经典的模式。

第一种模式提倡将第一课堂和第二课堂结合起来开展创新创业教育，强调创新创业教育的意识培养和知识构建，以完善学生的综合能力，这一类模式以中国人民大学为代表。此类模式通过开展创新创业教育专题讲座、创业计划大赛、创新赛等活动，为第一课堂作依托，同时以创业项目和社会组织教育作为实践活动，鼓励学生积极投入到社会实践中去。

第二种模式提倡创新创业知识和技能培养与实践的教育模式，以北京航空航天大学和浙江大学为典型代表。此类模式认为创新创业基本素质的培养是帮助学生提升个人能力并迅速成长的良好途径。北航的创新创业教育在基础教学的基础上进行商业化运作，通过校园结合创业园的方式指导学生如何在社会中站稳脚跟。

第三种模式提倡学生在实战环节中，学习并培养创新创业基本素质，以上海交通大学、清华大学为代表。此类模式更加系统科学，在专注培养大学生的创新精神和创业能力的同时，为学生提供创业所需资金和必要的技术咨询服务。

创新创业教育符合我国改革的大方向，是未来培养人才的新趋势，因此高校创新创业

教育已成为社会热点问题。创新创业教育能提升学生的综合实践技能，更好地推动素质教育发展，推进高新技术产业化，实现科教兴国战略。本书作者结合国外创新创业教育模式的启示和国内发展现状提出以下几点建议。

（一）培养校园创新创业文化及理念

高校应注重培育良好的校园创新创业教育文化及理念。在学校中营造良好的创新创业文化非常重要，让学生们沉浸在创新创业的环境里头，激发创业激情。

从前面的国外案例分析中可以了解到百森商学院和斯坦福大学都将创新创业作为基础课程编入学生培养计划中。我国也要力推从基础教育就开始进行创新创业教育，同时将第一课堂和第二课堂结合起来共同开展创新创业教育。

创新创业推崇的是兼容并包、求本务实的精神。推行创新创业教育，不仅要让教师时时用"以人为本"的标准要求自己，而且要使所有的学生养成优良的基本创新素质和个人创业能力。

（二）构建创新创业教育多级组织架构

为保障高校创新创业教育的规范化和持续化发展，应建立高校创新创业教育多级组织架构。在校级层面成立学校创新创业管理中心；在院级和专业层面成立若干学科或专业特色的创新实践基地；在学生层面组织学生成立各种创新创业实践协会。百森商学院创新教育师资建设，打造一支由专职教师、兼职教师、特聘企业教官、社会企业家组成的师资队伍，为高校创新创业教育深入化和常态化发展提供保障的经验和做法值得我国高校学习和借鉴。

笔者所在学校自 2004 年就成立了校创新实践管理中心、13 个特色创新实践基地，初步组建了多层次的创新教育师资队伍，创新实践活动开展得有声有色。在 2012 年第 3 届校大学生创新实践成果展示交流会上就有 200 多项学生创新成果进行展示，许多高校师生前来参观和交流。其中企业经验与电子商务创新实践基地在活动开展上，就充分借助团组织和学校社团、学生会的资源和力量，组织学生成立了企业经验与电子商务创新协会（学生社团），搭建师生科研项目沟通平台，广泛与企业合作，以创新创业比赛、团队建设等活动以及相关项目为载体，以协会承办的方式，发挥学生的主动性和积极性，使得创新创业教育开展得更加高效和深入。

（三）完善创新创业教学环节

创新创业课程体系和教学环节的设计，首先要承载高校自身的办学理念，将专业教育同创新创业教育相结合，在培养学生扎实的专业基础知识的同时，培养学生的综合应用能力和学科之间融会贯通的能力。课程体系和教学环节要符合学生认知，由浅入深，循序渐进，借鉴百森商学院的创新创业课程体系，结合我国高校创新创业教学环节设置的一些成功经验，可以从基础性实验教学、创意性实验教学、社会性实践教学、合作性实践教学四大方面完善创新创业课程体系。

（四）以市场为导向，走产学研结合之路

以市场为导向，走产学研结合之路有助于学生巩固课本知识，强化其创新创业等实践意识，在相关基础技能的训练基础上培养学生的创新能力。校企合作是产学研结合的有效途径，经实践检验，校企合作是维持创新基地良好发展的重要手段之一，同时也是培养学生创新实践能力的主要场所。学校将学生们的理论教学、实践教学与科学研究三者有机结合起来，鼓励创新，提倡学生在实践基地自主学习和联系企业有针对性地研究学习，以增强创新创业等实践教学的效果，有利于培养学生的创新意识和创业实践能力。

第三节　大学生创业教育的组成要素

一、大学生创业意识的激发

机会总是留给有准备的人，中国创业网也认为，大学生应该培养强烈的创业意识。创业者如果创业意识不强烈，在创业道路上遇到困难与挫折就难以克服。成功总是属于有准备的人，创业的成功也必然属于具有创业意识的人。

（一）创业意识的含义

创业意识是创业者素质系统中的驱动系统，是大学生创业者的内驱力。创业意识主要包括创业需求、创业动机、创业兴趣、创业愿景这四方面的要素。创业意识首先源自创业需要，当创业者对自身处境及现状不满时，便会对现有条件提出新的要求、愿望，这是创业者展开创业活动的最初诱因。动机是事物发生与发展的内因，先有了创业动机才会有创业行为。而创业活动离不开一定的指向，创业兴趣不仅可以激活大学生创业的激情和意志，而且对整个创业活动都有一定的认识指向性。创业理想是创业意识的核心，归属于职业理想，是人生理想的一部分，是对未来创业活动及目标坚定追求的一种心理品质。创业意识由以下几种基本意识组成。

1. 商机意识

大学生创业者需要识别在创业前期、中期、后期等各个阶段蕴藏的商机，必须要有足够的市场敏感度，可以宏观审视经济环境，洞悉未来市场走势，从而作出正确的决策来保证企业的正常运转与持续发展。

2. 战略意识

在创业初期必须制订一个合理的创业计划，解决如何打开市场、选择渠道、销售产品等基本问题；在创业中期则需要转换创业初期策略，制订出整合市场、货源、渠道、人力资源等方面的创业中期策略。战略不具有唯一性，也无绝对好坏之分，关键在于是否适合大学生及其团队所创立的企业及从事的行业，大学生创业者需要站在一个战略的、全局的高度来制订创业计划。

3．风险意识

大学生创业意味着一个团队、一个企业甚至一个行业的从无到有，从有到优，从优到精。凡事都有两面性，作为创业者的大学生也必须要有风险意识，对于市场风险要有一定的心理预期，敢于接受市场的挑战，一旦出现风险要学会规避、迎接与挑战。

4．勤奋意识

大学生创业要踏实，要勤奋，创业传奇人物李嘉诚先生曾说过，事业的成功都有运气在其中，但主要靠勤劳，勤劳苦干可以提高自己的能力，机会就会降临到你面前。大学生创业，缺乏资金、没有人脉都不要紧，关键在于要有好的创业战略计划，再加上勤奋，创业才会成功。

（二）创业意识的激发

1．不断学习新知识，不断完善自我、提升自我

大学生作为创业的新生者，一定要勇于突破自身在年龄、性别、职业、环境等诸多方面的客观局限性，不断学习新知识、新技能、新经验，不断完善自我，提升自我，勇于创新、敢于创业，激发创业意识。在日常社会实践中要善于观察，勤于思考，锻炼自己，提高创业素质，提升创业能力，激发创业意识。

2．敢于追求理想，发现机遇、把握机遇

成功的创业者尤其是大学生创业者，应该是善于发现机遇的人，敢于对理想提炼和优化，将理想与创业融为一体，将创业凝聚为一生的热爱和追求，有勇气、有信心战胜创业道路上的各种艰难险阻，把握创业机遇，激发创业意识。

3．树立核心价值观，确立科学创业理念

现代大学生所处的社会纷繁复杂，创业环境也错综复杂，大学生创业者必须坚定信念，树立核心价值观、科学发展观，相信付出就会有回报，为自己及团队确定正确的价值观，激发创业意识，确立科学创业理念。

4．勇于打破常规，不断创新、不断创造

大学生创业者由于自身经历、素质及所选择的行业、领域的不同，在创业过程中遇到的困难也不尽相同。任何形式的创业都是一种探索，因人、因时、因地而异。大学生创业者要勇于突破常规，不断创新、创造，离开创新和创造，创业就不复存在，只有激发创业意识，不断创新创造出新成果，才能在当今经济社会激烈的竞争中拥有一席立足之地。

二、大学生创业素质与能力的养成

创业活动对创业者有着较高的要求，对于大学生创业者而言，在素质和能力方面则有

更高的要求，大学生创业者及其团队综合素质及其能力的高低直接决定了创业之路的成败。可见，对大学生在创业素质及能力方面的教育至关重要。

（一）创业欲望的含义及养成

1. 创业欲望的含义

创业欲望是指大学生创业者对创业成功有着强烈的向往，是对自身创业所要达到目的的要求。创业的动力往往来自欲望，欲望是创业的催化剂，创业欲望往往能催生出巨大而无限的创业潜能，创业欲望越强烈，越能激发大学生创业的斗志，越能体会创业的乐趣。

2. 创业欲望的养成

首先，要明确创业动机。作为创业者的大学生首先要明确自己及其团队创业的目的。马斯洛需求层次理论认为，人类最高层次的需求是自我实现的需要。对大学生而言，创业便是最高层次的需求，即自我实现的需要，有了对高层次需求的追求，大学生才会最大限度地激发自身的创业欲望，实现人生价值最大化。其次，需强化欲望强度。对于创业者而言，创业成功的关键在于其创业的欲望有多强烈，所以要强化大学生的创业欲望，鼓励大学生保持"我要做自己的老板""我要成功"的创业欲望，不一样的欲望强度会带来不一样的结果。

（二）创业激情的含义及养成

1. 创业激情的含义

创业激情是大学生在创业过程中抱有的心态和所持的态度，是创业者创业情感的表达形式。创业激情是大学生发现自我、成就自我的催化剂，任何创业的成功都离不开激情。阿里巴巴集团创始人马云曾说过，持久的激情是最赚钱的，为你所激情的事情激情下去，永不放弃。

2. 创业激情的养成

首先，明确创业目标。目标的重要性不言而喻，对于大学生创业者而言，没有创业目标，创业便失去了方向。其次，优化知识结构。大学生创业者只有具备了丰富的知识储备，才能在创业中激活创业思维，才能使创业途中的困难迎刃而解，激发创业激情。再次，丰富创业体验。让大学生去搜集创业成功人士的典型，分享前辈们创业成功的经验，吸取前辈们经历过的创业挫折经验，形成自身丰富的创业体验，厚积薄发，激发大学生创业激情。

（三）创业眼光的含义及养成

1. 创业眼光的含义

创业眼光是大学生综合素质的体现，是大学生对事情的洞察力及战略分析能力。在创业的过程中，要求大学生要独具慧眼，眼光的高低好坏直接决定了创业所站的角度、高度以及创业的成效和质量。

2. 创业眼光的养成

首先，增强学习能力。培养大学生多阅读创业相关资料的习惯，提升大学生对于创业的学习力、思考力，开阔大学生的创业眼界，提升大学生的创业眼光。大学生只有见多识广，才能具备独特的创业眼光。其次，把握创业先机。具有创业眼光的人会在市场、产品、服务等方面寻找适合的资源来为自己的创业铺路、服务。大学生创业者一定要瞄准商机，把握商机，抢占创业先机。再次，关注市场动态。创业眼光的养成，除了要求大学生要见多识广，把握创业先机，还需要其时刻关注市场动态，捕捉市场机会，要比其他创业者能够更多角度、多层次地思考问题，要比其他创业者看得更高、更远，要时刻把握市场动态，掌握自己所从事行业的发展动态，结合自己独特的创业眼光将自己的创业思想付诸实践。

（四）创业勇气的含义及养成

1. 创业勇气的含义

创业勇气是创业的先决条件，是培养大学生根据自身已有的知识经验在创业初期及其过程中体现出来的一种不畏挫折的精神和智慧。

2. 创业勇气的养成

首先，培养主见。态度决定高度，在对大学生进行创业教育过程中，要培养大学生的胆识、勇气。在解决问题、提出决策时，要敢于提出自己的观点和见解，能够做到不盲从、不自负。只有富有主见、拥有创业勇气的大学生创业者，才能审时度势，把握创业先机。其次，培养冒险精神。对于大学生创业者而言，没有敢为天下先、敢于冒险的大无畏精神，便难成大事。大学生创业者需要将冒险与理智结合起来，分清在创业道路上的可为与不可为，创业才能获得成功。再次，增长见识。要培养大学生对创业的预见性，通过学习创业成功人士的创业经验，从中总结经验教训，汲取养分，增长见识，提高自己对创业的预见性，增强创业勇气。

（五）创业品质的含义及养成

1. 创业品质的含义

创业品质是指创业心理品质，主要体现在创业者的独立性、敢为性、适应性和合作性等方面，包括了创新能力、社交能力、领导力和分析判断力等内容，它反映的是创业者的创业意志和创业情感，是大学生创业者必备的心理品质。

2. 创业品质的养成

（1）创新能力的培养

创新能力是一种否定旧事物、创造新事物的能力，是培养大学生能够在运用已有的、所学的科学文化知识及技术的基础上，创造出新颖、独特的想法，产品或服务的能力。大学生创新能力的培养，需从以下几个方面着手：

首先，强化通识教育，健全大学生的知识体系。创新要求大学生除了精通专业知识以外，还要有健全的知识结构体系，创业要求大学生的知识结构做到精与博的统一。创业活动远不是日常学习活动，要求大学生多角度、全方位地思考和解决问题，大学生只有做到博与精的统一，才能使创业中遇到的困难迎刃而解。其次，举办创业大赛，培养大学生的创新能力。积极鼓励大学生参加创业大赛，承办创业大赛，给大学生提供创业机会和创业平台，另外还要鼓励大学生走出校门去参加社会上、高校间较有影响力的创业大赛，来培养大学生的创业个性，积累创业经验，锻炼创新能力。再次，参与社会实践，掌握创业第一手资料。对大学生的教育应秉持理论教育与实践教育相结合的原则，对于大学生而言，积极有效的社会实践是培养其创新能力的重要环节，为大学生多提供一些与自己创业意向及项目相关的实地调查研究机会，可以让大学生多掌握一些创业的一手资料，为日后的创业实践积累宝贵的经验。

（2）社交能力的培养

社交能力是指培养大学生在创业实践活动中处理与社会、周围环境、政府部门、新闻媒体、竞争对手、企业内部成员、顾客之间关系的能力。在当今纷繁复杂的社会环境中，对于即将创业的大学生而言，个人力量是相对有限的，因而，创业教育要培养大学生向外界借调力量充实自己的人脉和社会资源的能力。

大学生创新能力的培养，应主要做好以下几个方面工作：首先，丰富人际交往相关知识。增加大学生的阅读量，使其多涉猎一些诸如《人际关系学》《公共关系学》《交际心理学》的书，让大学生系统掌握公共关系与人际交往的基础知识，强化大学生对人际交往技能技巧的认识与运用。其次，提升内涵与修养。亚里士多德曾说过，外表包括人的长相、身高、气质等因素都会影响人与人之间的关系，美丽比一封介绍信更具有引荐力。所以，对大学生还应积极开展社交礼仪、商务礼仪、化妆技巧等方面的教育，让大学生全面并深入了解各种礼仪及相关的注意事项，提高大学生在仪容仪表、待人接物方面的素质和涵养，提升大学生的内涵和修养。再次，培养良好的沟通谈判能力。语言表达是否得体、准确，对谈判沟通的效果有重要影响，因而要培养大学生的语言表达艺术，提高其口头表达能力、文字表达能力，培养大学生良好的沟通能力和谈判能力。注意称呼得体，要根据对方的职业、身份、年龄以及所处的场合来决定所使用的称呼；会说话，语言表达要清晰、准确、富有感染力和亲和力，根据自己的身份来衡量谈话的尺度，根据对方的身份来把握言谈的力度。最后，参与社会实践拓展的能力。社交能力的提升除了要系统掌握理论知识以外，还要给大学生提供实践平台。积极举办演讲比赛、辩论赛、谈判模拟大赛等，旨在提升大学生社交能力的活动；邀请创业成功校友回学校召开座谈会，与大学生交流创业心得体会；鼓励大学生拓宽自己的交际圈、人脉资源，为创业铺路搭桥；多开设一些考查课、实践环节，让大学生做一些市场调研，提升大学生的社交能力。

（3）领导能力的培养

领导力是指要培养大学生创业者在创业过程中，为实现创业目标而影响、改变自己及其创业团队其他成员心理、行为的能力。大学生创业领导力的培养，需要从以下三个角度出发：

首先，帮助大学生提升人格魅力。麦克斯威尔在其著作《领导力的二十一法则》中指出，领导力的核心在于能够影响多少人，因而要提升大学生创业者的影响力，影响力的扩大离不开人格魅力的提升，拥有人格魅力才能统筹全局。其次，提升大学生的团队凝聚力。正如哲学原理——部分之和大于整体，同样，创业不是一个人的战斗，创业的成功离不开团队的力量，深刻理解"1＋1＞2"的真谛，必须培养大学生创业者的团队精神，作为领导者也必须具备团队精神，要学会运用工资、福利、奖金等手段激励团队员工的工作热情。再次，提升大学生的实践领导能力。创业过程中实际面临的情况和问题很复杂，必须要提升创业大学生的实际领导能力，立足实践，多提供实践锻炼机会，让大学生在实践中学会思考，在实践中积累经验，领导能力的养成离不开实践这一主战场。

（4）分析判断力的培养

分析判断力是指要培养大学生创业者在创业过程中对自我及环境等进行剖析、分辨，进而作出准确、客观评估的能力。这是大学生创业者必备的创业能力，创业大学生分析判断力的强弱，某种程度上可以反映其创业潜力的高低。分析判断力的培养主要从以下几个方面着手。

首先，自我分析判断力的培养。对于大学生而言，创业极具挑战性。大学生要想创业成功必须把握成功创业的内因，首先必须对自身有一个全面、准确的认识和定位，大学生可运用管理学中的 SWOT 分析法结合自身的职业生涯规划对自身的优势、劣势、缺陷与不足作出分析，对自身有一个客观、完整、准确的认识。其次，环境分析判断力的培养。事物的发展是内外因共同起作用的结果，大学生在创业前及创业过程中，除了要分析自我，还需要对周围环境、市场作出分析，培养大学生的环境分析判断力，也是大学生创业教育不可或缺的一部分内容。再次，风险分析判断力的培养。在创业过程中，机遇与风险并存，创业过程中由于创业者自身能力、周围环境及市场的不确定性，在一定程度上可能会给创业者及其团队带来损失和伤害，即创业风险的存在。大学生创业者一定要学会合理控制风险，规避风险，这就要求大学生创业者必须具备风险分析能力。

（六）创业机会的识别

1. 创业机会的含义

创业机会是指通过创新的方式满足市场需求，为消费者创造一种新价值或提供增值的一种可能性，使市场由非均衡趋向均衡，是一种对创业者和社会均有利的机会。

2. 创业机会的识别包含的具体阶段

创业机会的识别并非一蹴而就，而是需要经过一定的程序，主要是围绕创业机会进行识别、开发和利用的过程。创业机会的识别是整个创业活动的起点，是创业成功的关键问题之一。识别合适的、最佳的创业机会是大学生创业者必备的重要技能，是大学生创业教育的重要内容。具体包括以下几个阶段。

首先，机会搜寻。大学生创业者需要对整个宏观经济环境中潜在的商机展开搜索。如果大学生创业者能够意识到某一创意的潜在商机及其发展价值，即可进入机会识别的下一阶段。在这一阶段要使大学生创业者学会用各种途径来激发和搜寻创业点子和想法，学会把获取到的信息和已有信息进行匹配，从而发现新商机、新市场，为创业寻找新的路径。其次，机会识别。经过第一阶段对创业机会的搜寻，该阶段是从第一阶段搜寻到的新创意、新商机、新市场中筛选合适机会的阶段。包括两个步骤：第一，标准化机会识别。通过对宏观的市场环境、行业环境的分析来判断该机会在商业市场是否属于有利可图的商机。第二，个性化机会识别。主要考察对于特定的创业者来说，可获取的机会是否与创业者的资源、人脉、能力相吻合，是否与其兴趣点、价值期望相一致。再次，机会评价。这一阶段主要是在对创业机会、创业的宏观及微观背景、主客观影响因素充分调查了解的基础之上，借助并运用一些科学研究方法，主要是科学的统计方法和评价方法，以定性评价或定量评价为主，对创业团队和目标资源的相关组成要素进行预估，结合运用绩效评价指标体系，对财务等各项指标进行预测，用科学理性的分析工具和评价方法代替感性直观的自我感觉，以此来帮助大学生创业者对是否创业提供决策依据。

第三章 大学生创业教育的目标、功能及表现形式

第一节 大学生创业教育的目标

大学生创业教育是高等学校教育的重要组成部分，在高等教育中具有不可替代的作用。我国大学生创业教育的培养目标是为实现创新型国家建设，培养一批具有创业意识、创业精神和创业能力的人才，发挥大学生创业引领作用。大学生创业教育不仅是培养大学生创业能力的教育，更是培养大学生的创新思维、创造精神、创业意识的教育。

随着社会的进步、科学技术的飞速发展，以及高校教育的普及化，大学生就业难成为当前社会亟待解决的主要问题。为了使高等教育更好地适应社会经济发展的需求，大学生创业教育便成为高等教育的重要组成部分，大学生创业教育越来越受到国家和社会各阶层的高度重视。大学生创业教育发展的好坏也成为评价高校和地方政府工作绩效的重要指标。因此，积极推进大学生创业教育势在必行，大学生创业教育的目标主要体现在以下几个方面。

一、大学生创业主体意识的培养

大学生创业教育本质上是一种培养创业型人才的社会实践活动，而创业型人才的培养不仅需要有高素质的创业指导教师，良好的创业教学环境，更需要高校大学生个体的积极主动参与。大学生发展的主动权应由大学生本人掌握，是其他人不能替代的。大学生创业教育着重于引导学生树立一种创业主体意识，克服依赖性、被动性、模仿性和简单适应性，养成具有自主性、创造性、独立性和挑战性的优良品质。大学生创业教育注重开发学生的自我发展、开拓进取的创业主体意识，注重培养学生的创新个性、创业活力和后续发展能力，使之成为时代发展需要的创业型人才。

大学生创业主体意识的培养是大学生创业教育不可或缺的内容，创业主体意识的培养有利于大学生在创业实践中主动发现和挖掘创业商机，积极引导大学生发挥创业的主观能动性，充分发挥自己的创业聪明才智。大学生创业成功经验早已证明，创业主体意识越强的创业者，他们的创业成功率就越高；创业主体意识越弱的创业者，他们的创业成功率就越低。创业主体意识已经成为影响创业者创业成功的重要因素，是创业者必备的心理

品质。

二、大学生市场开拓意识的培养

随着社会主义市场经济的发展和"一带一路"的发展，我国经济与国际市场接轨日益频繁，国际市场竞争领域不断扩大，这就需要培养出一批视野开阔、知识渊博、市场开拓能力强、具有雄才大略的创业人才。因此，在培养创业意识、创业精神和创业能力的创业教育过程中，不仅要积极培养大学生发现市场、把握市场机遇的事业敏感性，同时还要加大力度培养大学生的市场开拓意识。

培养和强化大学生的市场开拓意识，首先要引导大学生改变传统的、落后的市场竞争观念，进一步强化市场开拓意识的培养，采取有效措施引导和帮助大学生进行市场调查，在动态的市场运行中把握市场机遇，规避市场可能出现的潜在风险，不断增强市场开拓能力。其次，培养大学生的独立思维方式，引导大学生积极思考，善于多角度观察问题，善于在实践中提出属于自己的创意，并对中国经济乃至世界经济的发展趋势具备一定的敏感性，在国内外市场经济激烈竞争和不断变化的环境中，要保持清晰的市场开拓意识，能够审时度势，不失时机地捕捉和创造商机，积极主动地开拓国内外潜在的市场。

三、大学生合作精神和团队意识的培养

培养大学生的合作精神和团队意识是大学生创业教育中的重要内容，它对大学生创业是否能够取得成功会产生重要影响。对于大学生创业者来说，他们往往不可能全部拥有创业所需要的各种专业知识，如法律知识、管理知识、财务知识、销售知识、产品设计知识等。因此，作为一个有创意的大学生，除了具备一定的决策能力外，还必须具备一支专业人才齐全而且聚合力较强的团队，需要团队中的每一位成员都能以一种宽容精神进行合作，相互进行有效的沟通，只有这样才能确保创业的成功。因此，在大学生创业教育的过程中，培养大学生良好的合作精神和团队意识就显得尤为重要，有利于提高每一个创业者的综合素质和能力。

大学生合作精神和团队意识的培养必须通过创业实践活动才能更好地完成，高校可以积极引导大学生参与具体的创业实践过程，在创业实践中逐渐培养创业团队的合作精神[①]。只有通过大学生的创业实践活动的亲身体验，才能懂得合作精神和团队意识的重要性。大学生创业教育的实践过程也正是合作精神和团队意识的形成过程，因此，作为大学生创业者来说，必须善于从做中学，善于在创业实践中不断提升自己的团队合作能力，强化团队合作意识，逐渐让自己成为创业团队中能力强、业务专的创业者，为自己的创业项目的成

---

① 林梅. 校企合作与人才培养 [M]. 长春：吉林人民出版社，2019.

功不断努力，最终实现自己的创业理想。

四、大学生创新与超越意识的培养

创新是事业成功发展的不竭动力，也是创业者实现创业理想的重要前提条件。培养大学生的创新意识和超越意识也是大学生创业教育的重要内容。一个有创业意识的人，在思维方面往往不会被传统的陈规陋习所束缚，在处理事务时常常能够随机应变，能够充分发挥自身的创造性，对不断变化着的外部条件有较强的适应性，能够自觉地摆脱工作中的思维惯性，具有较强的改变工作趋势的能力。对创业者来说，必须能够从习以为常的现象中发现那些不属于已有知识和观念范围的新事物，并把这些新事物作为自己创业实践的逻辑起点和创业项目挖掘方向，不断实现自己的创业目标。

开展大学生创业教育，最重要的一项任务就是要引导大学生敢于不断打破常规，敢于超越现实或传统的思想束缚，培养大学生的创新与超越意识，帮助大学生由就业被指导者变为主动创业者。在创业教育中，既要鼓励和引导大学生敢于去偏远地区创业，到冷门行业去创业，也要积极支持大学生敢于自主创业，学会自我发展，培养创业胆量、创业勇气和创业精神，这些都是创业成功人士必不可少的素质。我国创新型国家的建设需要一大批具有创新创业精神的合格人才，大学生创业教育也必须把培养创新和超越意识作为教育的重要内容，只有这样，才能实现国家的创新发展，才能实现中华民族的振兴强国之梦。

五、大学生承受失败的抗挫折意识的培养

高校创业教育的目标之一就是要积极引导大学生建立起科学的世界观和人生观，培养他们乐观向上、勇于奉献的工作精神；帮助他们不断克服没有明确人生目标、缺乏创业恒心的消极心态。因此，在创业教育中，对大学生进行挫折教育，培养他们敢于承受失败的挫折意识至关重要。通过对大学生进行挫折教育，积极引导大学生在创业困境中不断磨炼自己的品质，锻炼自己的意志，培养其顽强、坚毅、独立、自信和承受失败的抗挫折意识，努力促进其人格的健全和完善，帮助他们找到施展自己才能的机会和场所，启发诱导他们挖掘自己的才能和创新、创业的潜能。

创业不是一帆风顺的，创业成功也不是一蹴而就的，在创业实践中不可避免地会遇到这样或者那样的困难，这也是导致许多大学生创业者最终创业失败的重要因素之一。培养大学生的挫折意识，不断提高大学生面对创业挫折的承受能力，增强大学生敢于克服困难、敢于战胜险阻的自信心。创业过程中的挫折和失败往往会成为大学生创业者最终取得创业成功的催化剂，必要的挫折和失败常常会激发创业者的创业信心和勇气，会把青年人不服输的人格特质和潜能最大限度地激发出来，正是这种不服输的创业信心和勇气，使一批勇于创业的大学生走上了创业成功之路。

六、大学生创业品质的培养

创业是一项艰难的实践活动，创业存在一定的风险，可能成功也可能失败，这是对创业者的综合素质的一种考验，尤其是对创业者的心理品质的考验。从创业的筹划、创业的实践，到创业项目的运营，直到创业的最后成功，都要求创业者必须具有良好的心理品质。良好的创业品质是帮助创业者克服创业困难的重要法宝，它能够帮助创业者战胜各种创业过程中遇到的险阻，直到创业成功的终点。

最早提出创业教育的柯林·博尔指出：良好的创业品质，是对变化持有积极、灵活和适应的态度，把变化视为机会；具有来自创业自信的安全感，以及处理创业过程中所出现的一切危险、冒险、难题和未知的从容感；具有提出创造性思想、不断发展这些思想，并能够坚定不移地将其付诸实施的能力；有能力并勇于担当，善于交流、谈判、施加影响、规划和组织；有信心、有主见而不总是依赖他人。可以说，培养良好的创业品质是大学生创业教育的重要任务，只有具备良好的创业品质，大学生创业者才能敢于承担创业风险，敢于把自己的创意变成产品或服务，敢于克服一切险阻，并持之以恒地把自己的创业实践活动做下去，直到自己的创业成功。

第二节　大学生创业教育的功能

创业教育是一项长期的育人工程，具有社会发展功能、教育发展功能和人的发展功能，即通过培养创业型建设人才，促进社会的进步与发展，促进教育改革与发展，促进人的自由而全面的发展。大学生创业教育功能主要表现在以下几个方面。

一、社会发展功能

创业教育作为一种育人活动，对社会的发展起着积极推动作用。一个国家的创业教育水平越高，其社会成员创业效果就越好，随之而来的社会效益和经济效果也就越好；创新创业型人才发展得越快，人们的物质、文化生活水平也就越高，从而极大地推动了社会的繁荣和发展。目前，世界经济正在向着互联互通的方向发展，在经济领域的各种营利性活动中，创业已经成为一个全球话题，创业日益受到各国和地区的重视。中国大力实施创新型国家建设，促进了社会经济的快速发展，人民的生活水平得到了很大提高，使得中国经济成为世界各国关注的亮点，大众创业、万众创新成为拉动经济发展的重要因素。从这个意义上讲，在我国高等教育初步实现大众化发展的今天，在中国"双创"活动处于蓬勃发展的新形势下，积极发展创业教育显得尤为重要。特别是在 21 世纪头 20 年，我国建设小康社会，教育肩负着重大的历史责任。大学创业教育要运用现代自然科学和社会科学发展的最新成果，根据社会发展对创业型人才的新需求，针对学生成长与发展中出现的新问题，通过专业课程教学中创业教育的实施和第二课堂创业实践活动的广泛开展，使学生在具备创业意识、创业知识、创业能力与创业心理品质的同时，不仅成为一个知识的拥有者，一个社会财富的创造者，而且成为一个具有开创性的社会发展的推动者①。以创业带动就业，实现就业优先发展战略，解决民生问题，已经成为创业教育的重要发展目标。

二、教育发展功能

高校开展的创业教育是我国教育发展的新趋势，它不仅是一次根本性的教育教学改革，还是一次适应国家经济发展的客观要求的素质教育改革，它对我国高等教育的持续健康发展起着重要作用。大学教育如何走出传统教育理念的局限性，培养出具有开拓、创新精神和国际竞争力的创业型人才，当务之急是创新教育模式，大力发展创业教育。大学生创业教育要秉承科学发展的教育理念，要从国家经济社会发展对教育需求的大局出发，不断改进创新型国家建设的人才培养模式，逐步实现以通识教育为基础的专业教育，使学生得到全面发展，实现科学精神与人文素养的有机融合。高校可以通过改革现有的教育模式和课程体系，即加强基础课、扩大选修课比例、促进课程的国际化与课程结构的综合化，使学生的知识结构得到优化，并实现知识与技能、过程与方法、情感态度与价值观的有机统一。高校通过教学内容、教学方法与评价方式的创新，即加强教学内容的基础性、系统性、前沿性和应用性，推进教育方法的启发性与参与性，突出评价的科学性，使学生的主体性和内在性得到增强；通过教学管理体制的探索，即实行学分制、选课制、导师制，使学生的个性和开创性得到发挥。由此，高等教育才能适应市场经济对人才培养规格的要求，适应知识经济对知识型、科教型创业人才的需要，适应世界高等教育改革与发展的新趋势，不断实现自身新的跨越式发展。

三、人的发展功能

创业教育是一种人生成功的教育，强调培养学生的首创和冒险精神、创业能力、独立工作能力以及技术、社交和管理技能，对人的全面发展起着重要作用。促进人的自由而全面的发展，是建设中国特色社会主义的本质要求。这里所说的人的自由而全面的发展，一是指人的智慧和性格得到全面合理的发展，二是指人的才能和个性得到自由而自主的发展，这在本质上与创业教育是一致的。大学创业教育要坚持以人为本，强调人的主体性和自由个性，针对"使大学生不再仅仅是求职者，而首先将成为工作岗位的创造者"，以课程教学和课外辅导为主要途径，帮助学生规划自己的职业生涯，尤其是大学阶段的奋斗目

---

① 杨泉良. 高师人才培养的从业导向 [M]. 开封：河南大学出版社，2019.

标，帮助学生选择人生走向成才和成功的道路。在学会处理与他人、与集体、与社会的关系中，升华和完善自身的人格；在未来职业劳动中，逐步适应社会，完成自身的社会化进程，从而为形成自身的社会人格打下良好的基础。大学创业教育要注重开发潜能，培养学生具有创新性的思维方式，提高其创造力、学习力、适应力、竞争力与成功效率，在实践中获得新的知识、能力和健康身心。综上所述，学生在创业教育和创业实践环境中，既能培养健全人格，又能发展知识和能力，从而有益于人的全面发展，成为推动经济、社会进步的源泉。

第三节　大学生创业教育的表现形式

目前我国大学生创业教育的表现形式主要有以下几种。

一、孵化器型创业

孵化器包括：创业中央、软件园、大学科技园孵化器，在推动大学生创业方面具有独特作用。引导大学生以技术创业带动就业，已经成为孵化器在特定时期的重要使命。引导大学生以科技创业带动社会就业工作，是科技企业孵化器在特定时期的重点任务之一。目前，我国孵化器已具备较完善的创业辅导和服务支撑体系，形成了良好的创新创业氛围、成熟的运营治理辅导体系、专业化的公共技术服务平台、制度化的企业访问跟踪和市场拓展机制，建立了创新基金和创业孵化基金。

二、招商加盟型创业

招商加盟能够使创业者分享品牌金矿、分享经营秘诀、分享资源支持，连锁加盟凭借诸多的优势，成为极受青睐的创业新方式。目前，连锁加盟有直营、委托加盟、特许加盟等形式，投资金额根据商品种类、店铺要求、技术设备的不同从 6000 元至 250 万元不等，可满足不同需求的创业者。招商加盟的公司接受加盟后能够给加盟者提供产品、管理培训等各项指导与服务，加盟者一般只需在加盟前投入一些资金。

三、兼职型创业

在校大学生在不影响学习的情况下，利用假期等闲暇时间寻求各种形式的兼职，积累实践经验，从而为创业就业打下基础。大学生兼职创业的途径主要有：家教、导游、促销员、礼仪、翻译、服务生等。这些职业要求大学生有一定的专业功底和沟通能力，工作时间有弹性，工作环境相对轻松且待遇不菲。大学生既可以用到自己的知识储备又可以接触社会，锻炼口头表达、思维和应变能力。

四、利用知识、创意、兴趣创业

大学生利用所学知识、凭借创意点子、依托兴趣爱好进行创业就业以能够抢占市场先机，吸引风险投资商的眼球。大学生利用知识、创意、兴趣创业可分为三种形式：一是知识型创业，即大学生凭借自己的知识，把知识作为资本，从而获得一定经济收入的创业形式。这种形式在大学生创业群体中的可行性比较高。对于有着高文化素质的大学生来说，利用自己的知识在智力服务领域内进行创业是大学生创业的首选之道，比如，家教、广告设计、翻译，等等。二是创意型创业，即大学生根据自己的新奇构想、创意在一些新兴领域进行的创业活动，主要集中于网络、艺术、装饰、教育培训、家政服务等一些新兴领域。这种形式要求创业者必须有新颖的点子和活跃的思维，能够有标新立异的设想，敢于接受新事物。这种形式成本比较低，是典型的开创型、价值创造型创业，成功后效益比较大。三是兴趣型创业，即大学生将自己的兴趣爱好转化为商业行为，从而获得经济收入的一种创业形式。

五、利用乡村特色资源到农村创业

随着我国新农村建设的深入，大学毕业生到农村创业成为一个全新的平台。如目前我国选聘大学生到农村任职当"村官"，是培养输送新农村建设带头人而实施的"强基工程"，能够引导大学生转变就业观念，开辟面向基层创业的重要渠道。大学生利用乡村特色资源进行农村创业就业的形式主要有：①服务于农村信息化建设。农村信息化已经成为加快建设现代农业的重要途径，成为农村创造收益的有效手段。②种植养殖业。种植养殖业的创业成本较小，能够更好地利用好当地亲友的资源，种植养殖业的技术门槛也较低，对大学生创业者来说，在创业过程中容易掌握。③农副土特产品加工经销。④农村特色旅游休闲业。发展农业观光特色旅游，就是一个很好的创业项目。我国各地自然景观独特，人文旅游资源丰富，历史文化源远流长。可以挖掘出本地的特色旅游项目，如把旅游与生态农业结合，可发展"农家乐""渔家乐"等生态农业观光游及发展所需的配套服务设施等。

第四章 创新大学生创业教育模式的意义

第一节 创新创业教育研究综述

创新创业教育作为一种新的教育理念如何融入高等教育中，并引导和推进高校教育教学改革，是值得高度重视和深入思考的问题。下面是对创新创业教育"为什么""是什么"和"干什么"这三个问题的一孔之见，旨在抛砖引玉，共同探讨，达成共识。这三个问题，对于高等学校推进创新创业教育非常重要，是方向性的问题，一定要把握好。至于具体"怎么做"，各高校应该根据自己的培养定位与目标、特色与优势，百舸争流千帆竞，敢立潮头唱大风。在知识经济时代，对人力资源和知识成果的培育、配置和调控，以及对知识产权的拥有，是一个国家核心竞争力的重要表现。知识促进经济的发展，是以高素质的创新创业型人才为基础的。当今世界，尽管各国在政治、经济和文化上有很大差别，但同样都能充分认识到大学在创新型国家建设中的重要作用，把大学作为国家创新体系的重要组成部分，大力推进创新创业教育，着力培养一大批具有社会责任感和创造精神、创业能力，善于将创业成果转化为现实生产力的高素质人才。因此，大力推进创新创业教育，培养出更多、更优秀的具有创新精神、创业能力的人才，为建设创新型国家提供有力的人才和智力支持，促进经济发展向主要依靠科技进步、劳动者素质提高、管理创新转变，是新时期高等学校的战略任务。创新创业教育不仅是高等教育主动适应经济社会发展的迫切要求，也是高等教育自身改革发展的迫切要求。提高质量是高等教育的生命线，人才培养质量是高等教育质量的核心。衡量高等学校人才培养质量高低的根本标准，在于其培养出来的人才是否适应经济社会发展和国家战略发展的需要。创新创业教育的核心是培养大学生的创新精神和创业能力，引导高等学校不断更新教育观念，改革人才培养模式，改革教育内容和教学方法，将人才培养、科学研究、社会服务紧密地结合起来，实现从注重知识向更加重视能力和素质的方向转变，提高人才培养的质量。人的全面发展是国家发展的重要组成部分，也是国家发展的主要基础和支撑。在高等学校大力开展创新创业教育，有助于大学生树立创立事业、成就事业、服务于社会主义现代化建设的人生观和价值观；有助于增强大学生服务国家和人民的社会责任感，勇于探索的创新精神和善于解决问题的实践能力；有助于激发大学生的学习兴趣和创业热情，促进大学生人格的完善和综合素质的提高。因此，在高等学校大力推进创新创业教育方面，无论对于经济社会发展，还是对于高等教育发展或者人的全面发展，都意义重大。

"大学生创业"是国际形势所趋，在西方发达国家，大学毕业生自我创业非常普遍，这也是我们要使教育与国际接轨的要求之一。

创新创业教育是适应经济社会发展和高等教育自身发展需要形成的教育理念和实践。从经济社会发展的形式来看，知识经济的兴起，使国家的核心竞争力越来越表现为对人力资源和知识成果的培育、配置和调控。知识促进经济的发展，是以高素质的创新创业型人才为基础的。高校作为国家创新体系的重要组成部分，实施创新创业教育，为贯彻落实党中央提出的"提高自主创新能力，建设创新型国家""以创业带动就业""加快转变经济增长方式"战略提供有力的人才和智力支持。从高等教育自身改革发展的趋势来看，高等教育的可持续发展既包括规模发展，也包括质量提高，而未来高等教育发展的主要任务是提高质量。国家已经把创新创业教育列入《国家中长期教育改革和发展规划纲要》，并把创新创业教育融入人才培养的全过程。创新创业教育所具有的重大战略意义和教育价值，已经被高校广泛关注和普遍认同。要有效推进创新创教育的开展，把握其理念内涵、分析制约其发展的瓶颈、构建一套可行的实施方案是十分迫切的要求。

"创新创业教育"的概念是由创业教育（Entrepre-neurship education）概念演变而来的，创业教育的概念是由 1989 年联合国教科文组织在北京召开的"面向 21 世纪教育国际研讨会"上提出来的。在这次会议的报告中阐述的"21 世纪的教育哲学"中提出了"学习的第三本护照"，即创业能力护照的问题，要求把创业能力教育护照提高到目前学术性和职业性教育护照所享有的同等地位。实际上，创业教育的实践在欧美发达国家已经有了几十年的发展。1947 年哈佛大学商学院就开设了创业课程。1953 年德鲁克在纽约大学开设"创业与革新"课程，以培养学生自我创业能力为目的的创业教育在美国兴起。1968 年百森商学院在本科生教育阶段开设了第一个创业学主修专业。1971 年南加州大学开设了第一个 MBA 创业学专业，把高等学校的创业教育提高到一个新的阶段。20 世纪 80 年代创业教育开始突破商学院的边界而面向所有学科学生，成为美国高等教育阶段发展最为迅速的学术领域之一。与此同时，日本、英国、德国等高等教育发达国家开始将创业教育作为优先支持和发展的领域，高等学校纷纷开设引进创业教育课程。创业教育已经成为世界高等教育改革和发展的趋势。1998 年联合国教科文组织在法国巴黎召开的首届世界高等教育大会所通过的《21 世纪高等教育宣言：展望与行动》中提出："为使毕业生就业，高等教育应主要培养创业技能和主动精神，毕业生将不仅仅是求职者，而首先是工作岗位的创造者。"更加清晰地指明了未来高等教育的使命，再次强调了创新精神培养和创业教育的重要性。国外只是提出了创业教育的概念，而我国则将"创新"的理念融入创业教育中，提出了"创新创业教育"的概念。作为对创新创业教育的世界性潮流的回应，我国于 1996 年颁布的《关于深化教育改革全面推进素质教育的决定》中（〔1999〕9 号）中明确提出："高等学校要重视培养大学生的创新能力、实践能力和创新精神。"2002 年教育部确定清华、人大等 9 所高校率先进行创新创业教育的试点。2008 年教育部通过了质量工程项目建设的 30 个创新创业教育人才培养模式试验区。我国的创新创业教育以教育部 2010 年下发的《关于大力推进高等学校创新创业教育和大学生自主创业工作的意见》（教办〔2010〕3 号）为标志，开始进入了新的发展阶段。

从"创新创业教育"中所包含的"创新"和"创业"两个概念的关系来看，创业与创新是有区别的，创业是在社会经济、文化、政治领域内开创新的事业、新的企业或者新的岗位，强调行动层面的创造。创新是不拘现状、勇于开拓、乐于尝试、善于变化的精神和态度，包含更多思维层面的创造。创新与创业这两个概念是密不可分的，存在一致性，创业的基础和核心是创新，创新支撑创业。有了创新的思维和意愿，再加上实践能力和市场机遇，更容易实现成功的创业；同时，创业是一种行为上的创新，而不是停留在观念与思维的创新，创业是创新的行动化和体现形式。而从经济学、管理学的视角进行分析，创新首先是一个经济学概念，按照创新理论的创始者熊彼特的观点，创新就是企业家把一种从未有过的生产要素和生产条件"新组合"引入生产体系，建立起一种新的生产函数，其形式之一是建立企业的新组织形式；按照管理学大师德鲁克的观点，创业是开创新的事业，它不是重复以前老套的生产经营模式，必须是能够创造一种新的满足或改变旧的组织模式等，其本质是在组织中建立新的生产函数。从这一层面上来看，创新教育与创业教育本质上是一致的，创业教育是创新教育在企业价值创造领域的具体化。创新创业教育理念体现了高等学校人才培养目标重心的转移，昭示了高等教育改革和发展的方向，把面向未来，培养学生的事业心、创新精神和创业能力作为高等学校教育目的的新价值取向。

我国创新创业教育以培养创新创业型人才为目标。加强创新创业教育是知识经济时代对高等教育的必然要求，更是实现大学生自身发展的迫切需要。创新创业型人才是实现"创新型国家"重大战略的关键一环，而创新创业型人才的培养要以提高大学生创新创业能力为核心，全面塑造大学生创新创业品质。

一、创新教育的研究综述

（一）创新教育的起源

美国是最早实施创新教育的国家之一。在苏联 1957 年第一颗人造卫星发射成功的强烈冲击下，美国政府及其教育界提出了赶超苏联的口号，于是第二年颁布了著称于世的《国防教育法》，其目的是使教育适应国防竞争的需要和现代科技的发展。在全国科学技术委员会等机构的资助下，美国促进科学协会自 1985 年起，用了近 4 年时间，聘请了 400 位国内外著名的教授、教师、科学家及科学、教育机构的负责人，完成并公布了一份关于科学、数学和技术知识目标的创新性研究报告，题为《计划：为了全体美国人的科学》。

该报告着眼于将科学价值观、科学探索精神与最基本的科学基础知识传授和训练融为一体，提出了教育创新改革的若干原则：如改变课程内容，减少时数，强调学科间的相互衔接，软化或排除课程中僵死的界限，改革教学方法，对学生了解细节的要求降低，把过去在专门概念和记忆方法上耗费的精力转到科学思维、技能方法培养上来，根据系统研究并认真验证和亲身体验的原则来进行。斯坦福大学校长约翰·亨尼斯则指出："基础研究为人们打开探索世界的好奇心，应用研究则是完成具体解决步骤的方案，这是连续的不能间断的过程。"基础研究与应用研究是"创新与服务"的两翼，如果不重视基础研究，就如同折翼的翅膀，是无法推动世界发展进程的。基础研究要求实行学科（专业）结构综合化和开设通识课程。在学科结构上，高校应从培养人才的层次、类型等实际情况出发，各有特点地向综合化方向发展，以实现理工结合、文理交叉。截至目前，美国已有 50 多所大学通过设立创新研究机构或中心来推进其创新创业教育及创新能力的研究，其他一些欧美国家也力求通过各种途径与方式来培养学生的创新能力，并将高质量创新人才的培养作为教育改革的思路和方向。

除此之外，韩国政府于 1995 年在其教育改革方案中开始明确"创造要素"的重要性，指出教育必须从知识记忆为主向培养创造力为主转移，大学教育则必须从现有知识和外来知识的传播向科技、文化创造方向转移，而日本经济团体联合会也于 1996 年提出了"培养具有创造精神的人才"的教育方向。

（二）国内创新教育研究现状分析

从 20 世纪 80 年代初的能力培养到 20 世纪 90 年代初的素质教育，再到当前素质教育基础上突出创新教育的改革，在短短 30 年间的创新教育改革探索与实践中，我国积累了许多宝贵的经验和成果：

叶平教授认为，作为全面推进素质教育的突破口，创新教育改革应以培养学生创新精神为首要目标，以教学思想、模式、内容和方法为重心，以学生的探索精神、创新意识和创造能力的培养为核心，应成为全体教师和学生都能参与的教改实验活动月。

朱永新、杨树兵教授指出，创新教育是以创新原理为依据，以培养学生的创新意识、思维、能力及个性为主要目标，从而使学生牢固、系统地掌握科学知识的同时，发展其创新能力的教育理论和方法。

张立昌教授认为，创新教育是一种发挥教育的主导作用，利用遗传基因与环境要素的积极影响，并充分调动学生自身认识与实践的主观能动性，注重学生的主体创新意识、人格、精神、技能的开发培育，以满足学生主体充分发展并适应未来社会的发展需要的教育模式。

朱进国认为，大学教育要以素质教育为目标，力图构建一种创新教育模式，即：培养兴趣、指导自学、相互讨论、引导评价和进行研究。

阎立钦教授则将创新教育看作是素质教育的重要组成部分，是在基础教育阶段以培养人的创新精神和能力为基本价值取向的教育实践。它以弘扬学生的主体精神、发挥其创新潜能、促进其个性和谐发展为宗旨，以研究和解决学生创新意识、创新精神和创新能力的培养问题为核心，在对传统教育的扬弃基础上，来探索和构建一种新的教育理论和模式，并不断进行丰富完善。

张德茗、蒋雪湘在分析创新能力内涵的基础上[1]，运用耗散结构理论，构建了高等院校创新教育体系，包括目标、原则和途径，而其途径在于突破思维定式、改革教学内容、注重个性发展、加强创新型教师队伍的建设和营建校园人文气氛。

陈琳等人同样认为创新意识、精神、思维、人格和创造能力的培养是创新教育的最终目标，并指出此目标的实现必须依赖于以创新为主导的高校共同的价值取向，而不能仅凭人为建设和外延发展[2]。而此价值取向的形成则有赖于将以创新为核心的价值观念、行为规范和学术氛围等文化力量内化为全体师生的学术良心和道德规范，以激发他们主动探求事物本质、探索未知世界、追求真知真理的激情和欲望，并最终产生创造性学习和实践的动力。

金德智、韩美贵、杨建明等人[3]指出大学教育创新的目标在于提高生命品质，实践"真诚、善良和宽容"，关键在于培养学生的理性思维能力，使其能够独立思考。培养的手段在于学习形式逻辑。形式逻辑，即指研究逻辑思维的形式（概念、判断、推理、论证等）及其基本规律，以及理性认识事物的思维方法。

二、创业教育的研究综述

（一）国外创业教育研究现状分析

1970 年，由 42 位专家参加的美国第一次创业学术会议在普渡大学召开，主题是对麻省理工学院的分拆公司、硅谷等极具代表性的创业成功案例进行分析交流，该会议初步涉及了大学在促进创业发展中的作用。1973 年，在加拿大的多伦多举行了第一届创业研究国际会议，来自密歇根大学、波士顿大学、卡耐基梅隆大学及得克萨斯大学的学者们针对创业案例研究与大学创业教育的双向互动关系进行了探讨。1980 年，第一届"当前创业研究发展水平研讨会"在贝勒大学举行，此后每五年召开一次；次年，美国百森商学院开始举办"百森创业研究年会"，佐治亚理工学院、沃顿商学院、圣路易大学、匹兹堡大学、华盛顿大学及伦敦商学院等高校逐渐依次成为其协办者。

---

[1]　袁贵仁，高洪本册. 素质教育新探索［M］. 北京：人民教育出版社，2012.

[2]　张建华主审，张娟主编. "十三五"大学生人文素质教育课程改革规划教材 职业礼仪项目化教程［M］. 济南：山东人民出版社，2016.

[3]　田建国. 立德树人 全面实施素质教育系列讲座［M］. 东营：石油大学出版社，2013.

1987年，美国创业学教育领域的领袖人物杰弗里·蒂蒙斯教授在创新性课程开发、创业融资、风险投资、新企业创建、创业管理等方面展开了系统研究，并将其成果在百森商学院全面推行。其成果具有以下特点：①在传统产业衰退与创业一代兴起的变革时期，逐步培养具有前瞻性的教育理念。②设计系统的课程体系，如创业者、战略与商业机会、资源需求与商业计划、创业企业融资和快速成长等，以培养学生的创业能力。③围绕研究问题，运用鲜活的案例分析教学方式来促进学生积极思考。④为学生创造模拟创业实践的各种机会。

1989年，日本索尼集团总裁盛田昭夫提出了创业教育的"空隙理论"：教育事业同市场竞争一样，对市场空隙的填补可以创造出意外的收益，而填补创业教育的空隙同样可以取得意想不到的成效。

20世纪90年代期间，联合国教科文组织召开了数次关于世界高等教育应如何面向21世纪的大型会议，多次指出"学习并工作"，毕业生将来不再仅仅只是一名求职者，而首先将成为工作岗位的创造者，并提出高校要给学生发"创业能力"证书这第三本护照，要强调学生的创业技能与主动精神的培养。

20世纪90年代以后，美国、加拿大等国的创业教育，开始由注重个人的能力培养转向为团队、公司、行业和社会服务，并强调创业作为一种管理风格，不仅仅在创办新企业时需要，大企业、非营利机构同样需要。但是，其他国家和地区对创业教育的认识则还"驻留"在个体意识、品质和技能培养层面。印度在《国家教育政策》中明文规定要培养学生的"自我就业所需要的态度、知识和技能"；澳大利亚教育委员会及就业培训组织等机构则认为：创业教育是一种直接面向年轻人的能力、技巧和创造性、革新性、开创性等个性品质培养的教育形式，它在帮助年轻人成功把握生活和工作中各种机会的同时，还能促使年轻人为自己工作；德国大学校长会议和全德雇主协会则于1998年联合发起了一项名为"独立精神"的倡议，呼吁高等学校成为"创业者的熔炉"。

（二）国内创业教育研究现状分析

我国创业教育理念的萌芽，始于1999年1月公布的《面向21世纪教育振兴行动计划》，随后开始引起越来越多的关注。

国外创业教育理论的介绍和开展，我国创业教育事业的呼吁，几乎所有的有关创业教育的文章都在呼吁我国大力开展、快速推进创业教育。江西师范大学张平指出，我国高等教育改革应将创业教育作为其价值取向，并以其为轴心，建立精神、知识、能力三位一体的综合素质培养模式；合肥工业大学汪宜丹以研究生教育为切入点，分析了创业教育的内涵和意义，并指出创业教育是对我国传统教育观念的突破和创新，是提高学生培养质量的重要措施，呼吁高校开始对创业教育模式展开研究，并提出了一些可行性建议；北京航空航天大学的熊飞、牛泽民则从创业教育对社会经济发展的作用着手，提出以开展创业教育这项系统工程来促进中国经济增长的见解。

中南大学的肖云龙、向东春通过对美国百森商学院的创业教育背景和发展历程进行介绍，对其前瞻性的创业教育理念、灵活的创业课程设计、双向互动的教学过程及高效的创业师资队伍予以系统的分析，号召我国高校积极重视创业教育；清华大学的张健等对美国创业学术研究发展历程中的创业学术会议、学术期刊、研究学者和创业教育等四个方面进行了回顾，并对我国的发展趋势进行了展望；北京科技大学徐静妹针对创业教育对研究生教育的意义进行了深入探讨，认为创业教育的开展能优化研究生的知识结构，提高其综合素质能力，培养出适应高新技术发展要求的人才，因而有利于技术创新和科技成果的转化。她还提出，高校应从内容、方法和环境支持三大方面落实研究生的创业教育；浙江湖州职业技术学院的韦进认为，提升学生的创业意识和能力是高等院校的重要职责，并指出在加强大学生创业教育的进程中，应明确教育目标，采取系统的创业教育课程体系构建及其他策略来指导学生掌握市场运作技巧，引导其获得全方位的创业实践体验和认知，帮助其进行自主创业。

清华大学的张炜、高建介绍了斯坦福大学创业教育的发展历程、课程体系和非课程的互动式教育手段，并对其开放的网络式创业教育层次结构及其特点进行了总结，认为其良好的创业教育是硅谷能够可持续发展的重要基础之一；天津工业大学陈荣认为，国外的创业教育经历了以创业知识传授为主要内容，具有功利性职业教育特征的"发轫期"、增加培养综合能力的实践性教学的"发展期"和注重培养事业心和开拓精神的"成熟期"。

（三）创业的内涵研究

"创业"，简言之，为开创基业、事业。合肥工业大学任小明认为，创业是指一无所有的创业者就某项具有市场前景的新技术、新设计或想法向风险投资家游说以取得风险投资并转化为商品的商业性行为。辽宁师范大学的张桂春、张琳琳将国内的创业看法归纳如下：一是指事业或职业发展中的某一阶段；二是指开创一种前所未有的工作或事业领域，或在工作事业中做出前所未有的业绩；三是指"非工资就业"，即依靠个人劳动、创作、服务、经营获得职业收入。同时，学者们也据此对创业教育提出了许多各有倚重的理解，上海市教育科学研究院房欲飞认为，创业教育是通过高校中课程体系、教学内容、教学方法的改革以及第二课堂活动的开展，不断增强大学生的创业意识、创业精神和创业能力，并将其内化成大学生自身的素质，以催生时机成熟条件下的创业人才。镇江市教科所的毛建国则从功能方面来认识创业教育，认为其能使新增劳动力从单一型向复合型、从操作型向智能型、从传承型向创新型、从从业型向创业型、从职业型向社会型转换，是迎接新世纪挑战、使未来人才素质适应新要求的重要举措。他还将创业教育定义为：优化组合教育资源，运用教育技术，把教育学、人才学、管理学、创造学、社会学、经济学、心理学等有关学科理论有机地结合起来，通过学校、企业、家庭、社会等教育途径，帮助学生树立创业志向，修养创业品质，培养创新精神和创业能力的教育。

从"创业教育"与"创新教育""就业教育""择业教育""素质教育"等概念的区别与联系来理解"创业教育"。在就业、择业与创业教育的关系方面，西安交通大学严桂春认为："就业教育"强调学生个体与岗位需求间的填充性与匹配性，以培养专业对口、岗位胜任的个体为特征；"择业教育"突出的是学生的"自主选择性"，重视传统知识结构的改善及在就业市场的激烈竞争中的自主择业能力和竞争能力的培养；"创业教育"则在二者基础上，强调"对社会变化的积极应对能力"，更注重学生创新性、创造性的培养，帮助其获得寻找或者创造工作岗位的方法。

在素质教育、专业教育与创业教育的关系方面，中国科技大学的曹威麟、李德才认为，我国推进的素质教育是针对传统教育中过窄的专业教育，过弱的人文关怀，过重的功利倾向等问题提出的。随着教育改革的逐步深化，素质教育不断朝着尊重人的主体价值，强调科学教育与人文教育的融合，注重创新精神和能力的培养，实现智力因素与非智力因素全面提高和协调发展的方向演进。而创业教育对学生素质状况的要求，是建立在一般素质教育基础之上的，创业素质与以往素质教育中常讲的科学素质、人文素质及创新素质等密切相关。因此，创业教育应该像对待创新教育那样将其纳入素质教育的体系之中。

研究者们大都认为创业教育是大学素质教育、理想教育、创新教育的深化和具体化，并且普遍强调创业教育对受教育者个性、独立精神和综合素质的培养。他们希望大学生要实现从操作型向智能型、从单一型向复合型、从职业型向社会型、从传承型向创新型、从从业型向创业型的转换，但却不赞同重蹈美国由商业教育发展到创业教育的旧辙。河南商业高等专科学校杨丽指出：创业教育是建立在素质教育基础之上的一种教育思想和教育模式，是开发和提高学生创业基本素质，帮助学生树立创业志向、发展创业品质、培养创新精神和创业能力的教育范式。创业教育不但体现了素质教育的内涵，而且突出了教育创新和对学生实际能力的培养，二者的有机整合，有利于推动素质教育、创新教育向纵深发展。湖南科技学院宋振文认为，创业目标的确立是人生理想的外在形式和具体表现，创业教育过程本身就渗透着人生理想教育的各环节和内容，而它的开展和实施使得高校的人生理想信念教育进一步具体化了。

对于"创业教育"的教学手段、教学内容、教学途径、教学目的和教学评价的原则性探讨。南京财经大学陶金国提出应以课程教学为载体来实施创业教育，以案例教学课程及实践环节为手段，使学生了解创业过程的风险，塑造其良好的创业心理素质，培养创业意识和创业精神，提高创新创业能力；南京师范大学谢树平认为，创业教育课程体系应包括创业意识、品质、能力和知识等四个方面的内容，其结构应当由相对独立的带有综合性的实体课程和渗透于各门科学文化基础课程、专业课程，以及相关教育活动中的分科性非实体课程构成。其中应当由以掌握间接经验的创业教育学科理论课程和以掌握直接经验的创业型活动课程为主,自主性、开放性、地方性、综合性、实践性是其本质特征。南昌大学黄耀华、徐亮提出:创业教育的课程要综合化、国际化、实践化;考核方式要多样化,考核内容能力化,考核结果分析反馈化;倡导开放式教学、探究式教学和个性化教学。南通工学院郭必裕认为,构建大学生创业评价体系要遵循主体性原则、实践性原则、技术先进性原则、创新原则和团队的整体性原则。

对创业教育实践体系理论性的原则进行探讨。从发表文章来看,大都是将创业教育实践作为文中的某一部分来进行探讨,专题化、系统化的阐述,体系化的构建成果极为鲜见。沈阳药科大学的盛春辉、李守强认为,构建高等院校创业教育体系应该从以下几个方面入手:正确认识创业教育在高等教育中的定位,明确创业教育的目标和课程内容,创新创业教育的方法,以及建立科学合理的创业教育评价机制。引人注目的是哈尔滨工程大学的王永友提出了我国开展创业教育实践的目标体系、内容体系、专家体系和过程体系的基本框架。他指出,目标体系包括:培养创业精神、丰富创业知识、健全创业心理和提高创业能力;内容体系包括:理论教育、实务教育和实践教育;专家体系包括:理论专家、技术专家、政府人员、企业家、孵化管理者和风险投资家;过程体系包括:基础过程——课堂教学、重点环节——活动开展、延伸过程——案例研究、提高过程——混合讨论、实践过程——模拟创业。

三、创新创业教育的研究综述

在现有的大量相关文献中,创业和创新这两个概念被视作一对密切相关的词汇,国内外学者在对其进行关注的同时,也一直在努力探索二者之间的差异、联系及其本质上的渗透与融合,比较系统的研究始于20世纪30年代熊彼特对创新理论的探讨和奥斯本对创造学的思考。熊彼特认为,企业家的职能之一是实现创新,而创业活动则是创造竞争性经济体系的重要力量,他在其创新理论中指出,创新来源于创业,并且应该成为评判创业的标准。其后,彼得·德鲁克在对美国社会创业现象的研究基础上,在其《创新和创业精神》一书中,结合大量企业案例,分别从创新实践、创业精神的实践、创业型策略等方面对创新与创业的内涵、关系及相互渗透融合等进行了探讨。

(一)国外创新创业教育研究现状分析

1998年联合国教科文组织发表的《21世纪的高等教育:展望与行动世界宣言》报告指出,21世纪的青年除了接受传统意义上的学术教育和职业教育外,还应当拥有第三本教育护照,即创业教育,也正是在这次大会上正式提出了创业教育的概念。

在美国,大学生创新创业教育被称为国家经济发展的"直接驱动力"。美国是最早开展创新创业教育的国家,历史已有60多年,其创新创业教育最早开始于1947年的哈佛大学,两年后的斯坦福大学也开始了创新创业教育,声称自己"集中于创业教育"的百森商学院也于1967年设立了创业课程,美国已将创业教育纳入国民教育体系,并且涵盖了从小学到研究生教育的全过程，其高校已普遍开设了创新创业教育课程，许多高校还设有创业类本科和研究生专业，同时还能培养从事创业教育教学和研究的博士生。1987 年英国政府发起了"高等教育创业"计划（Enterprisein Higher Education Initiative，EHE），旨在培养大学生的可迁移性创业能力，鼓励学生自主学习。此后政府出台了一系列政策，对高校的创业人才培养给予支持和引导。德国政府提出了"要使高校成为创业者熔炉"的口号，正在积极研究和推广在非经济管理类专业的创业教育新模式。日本目前全国已有 247 所各种不同类型的高校实施了形式和程度各异的创业教育。印度政府也在 1996 年提出了自我就业教育的概念，鼓励高校毕业生自主创业。

总体来看，虽然国外学术界还没有把创新创业学的研究独立出来成为一个新的学科体系，而仍然只是以企业活动周期的细致探究为依托，但其研究已由定性深入到定量层面。并且，有关创新创业教育的研究已取得很大成效，并逐步进入成熟阶段，主要表现在：创新创业教育的理念已开始普及，系统化的创新创业教育实践体系已逐步形成，创新创业型人才已从高校中源源不断地产生，并相继取得了显著的创新创业效果。

（二）国内创新创业教育研究现状分析

大多数学者认为，我国的创新创业教育始于 1999 年清华大学举办的第一届创业计划大赛，而笔者在中国学术期刊网络版总库中，以"创新创业"为搜索词进行全文检索后，发现最早的文献是 1986 年周彬彬等发表的研究农村经济改革中涉及创新创业问题的文章：《农村面临的挑战与选择》，这从一定程度上说明，我国的创新创业研究同美国一样，是源于对农业发展的促进；再以"创新创业教育"为检索词，最早的文献则是 2000 年陈畴镛和方巍发表的《知识经济时代理工科大学生经济管理素质的培养》一文，文中提出"经济管理素质是知识经济时代创新创业人才的必备条件"，这说明我国的创新创业教育在改革开放后，通过政策鼓励和意识更新等方式在不断得到促进和发展。

从宏观看，作为"第三本教育护照"的创新创业教育受到党中央和政府的高度重视，为贯彻落实党十七大提出的"提高自主创新能力，建设创新型国家"和"促进以创业带动就业"的发展战略，教育部于 2010 年下发了《关于大力推进高等学校创新创业教育和大学生自主创业工作的意见》，要求各地和各高校大力推进创新创业教育，加强创业基地的建设，强化创业指导和服务，并进一步落实和完善大学生自主创业扶持政策，推动创新创业教育工作实现突破性进展。与此同时，研究文献也不断增多，虽然从目前来看，我国创新创业教育尚处于起步阶段，但值得欣喜的是从 2010 年开始，我国关于创新创业教育的研究迅猛增长。

纵观我国现有的创新创业教育研究成果，其大致可分为以下四大领域：一是如何结合各院校自身的特色来开展创新创业教育；二是如何构建创新创业教育的实施平台；三是如何将创新创业教育与高校的具体专业大类相结合；四是如何设计和采取多种教学改革以提升创新创业教育质量。

（三）怎样理解创新创业教育

正确理解创新创业教育的内涵，对高等学校推进创新创业教育尤为重要。创新创业教育是以培养学生的创新精神、创业意识和创业能力为基本价值取向的一种新的教育理念。它是将创新的理念融于创业教育中的一个新概念。创新与创业既有区别，又密不可分。一方面，创新是不拘现状、勇于开拓、乐于尝试、善于变化的精神和态度，包含更多思维层面的创造；创业是在社会经济、文化、政治领域内开创新的事业、新的企业或新的岗位，强调行动层面的创造。另一方面，创业的核心和本质是创新，创新支撑着创业，有了创新的思维和意愿，再加上实践能力和市场机遇，更容易实现成功的创业。同时，创业是一种行为上的创新，而不是停留在观念与思维上的创新，创业是创新的行动化和体现形式。因此，创新比创业更根本，创业为"表"，创新为"里"。创新创业教育，既不等同于原来的创新教育或者是创业教育，也不是创新教育和创业教育的简单叠加，在理念和内容上都实现了对创新教育和创业教育的超越。也就是说，创新创业教育概念蕴含着一种新的教育理论、教育机制和教育实践。创新创业也是一种能力。创新创业的思想，特别是创意、创新性的思维与想法就属于这类知识。能力是知识，特别是隐性知识的外显，知识只有在应用中才能存在，只有在应用中才有价值。知识首先表现为一种行动力，是一种把事情做成的能力，而这种能力不一定要通过传授才能获得，通过实践更能有效地获得。如果说教育的功能首先表现为传承的话，那么个人的学习能力就首先表现为创新。人类的前进是以学习能力为前提的，这样"做中学"的教育理念就有了更深刻的时代与历史背景。因为，通过传授获得显性知识，而通过"做中学""思中学"才能真正掌握隐性知识。因此，对于创新创业教育来说，知识是基础，思考是关键，实践是根本。

第二节　创新大学生创业教育模式的现实意义

大众创业、万众创新活动正在全国各地风生水起，创新创业已经成为社会聚焦的主题。传统的创业教育模式对当今社会发展起到了一定的促进作用，为社会培养了一批又一批的创业人才。要进一步推动全社会创业活动的快速发展，必须与时俱进创新创业教育模式，为国家培养更多更好的创新创业型人才。

一、创新大学生创业教育模式是推进大众创业、万众创新的客观需要

创新大学生创业教育模式是实现大众创业万众创新的重要前提和保障。国务院先后出台了一系列有利于大学生创新创业的文件，在全社会掀起了"大众创业、万众创新"的高潮，其目的在于为全社会营造良好的创业氛围和创业环境，引导那些想创业、有能力创业

的高校毕业生走自主创业的发展道路，通过大学生自主创业更好地实现"以创业带动就业"的发展目标，切实解决大学生就业难问题。因此，必须创新创业教育模式，实施"校企合作""校地合作"，让大学生真正地走进企业、走进车间、走进基地，把理论与实践有机结合起来，把自己的创意变成产品和服务。创新大学生创业教育模式，可以有效激发大学生的创新潜能和创业活力，是推进大众创业、万众创新的重要前提和保障。因此，推进大众创业、万众创新一定要积极发挥创业教育的引领作用，采取"引进来"和"走出去"的创业教育模式以及"校企合作""产业链＋岗位链＋教学链"的创业教育模式，培养大学生"敢为人先、追求创新、百折不挠"的创业精神，不断增强大学生创新创业意识，使创新创业成为大学生的职业价值追求和职业行为习惯，加速推进大众创业、万众创新活动的健康发展。

创新大学生创业教育模式是实现大众创业、万众创新的动力之源。培养创业人才是实现大众创业万众创新的关键所在，也是推动大众创业、万众创新的动力之源。培养创业人才需要创业教育模式的不断创新，需要符合众创空间发展需要的创业教育模式。创新传统的创业教育模式，采用"学校＋企业＋基地"的创业教育模式，充分发挥了学校、企业、培训基地这三种因素的教育作用，真正实现了创业人才的培养与企业实践的无缝对接。创业者们把在学校所学的理论知识通过培训基地的实践应用而得以完善和更新，把理论知识转变为实用技能，并在企业实践中得以直接运用，在企业实践中完成理论的运用和创新，使创业者们成为合格的创新创业人才。创业者们可以通过创办属于自己的小微企业，不断完善自己的创业知识，不断提高自己的创业能力。通过"学校＋企业＋基地""校企合作""基地＋公司＋创业者"的创业教育模式，不断培养创新创业人才，为推动大众、创业万众创新活动的全面开展提供强有力的动力之源。

二、创新大学生创业教育模式是实现中国制造 2025 发展目标的客观需要

创新大学生创业教育模式，为实现"中国制造2025"发展目标提供人才支持。大国工匠的产生需要以培养创新创业人才为依托，"工匠精神"的树立需要创业教育模式的创新。要真正做到"把人才作为建设制造强国的根本"，必须不断创新大学生创业教育模式，改变传统的课堂教育模式，采取"学校＋企业＋基地""校企合作""基地＋公司＋创业者"的创业教育模式，让大学生创业者们通过学校、企业、基地这三个教育过程，树立一种"工匠精神"，为实现"中国制造 2025"目标提供人才支持。实现"中国制造 2025"目标，创新创业教育必须先行。只有创新大学生创业教育模式，才能加快培养出中国制造业发展急需的专业技术型人才、经营管理型人才、技能型人才，才能更好地营造出有利于实现"中国制造2025"目标的良好社会氛围，才能培养出技术过硬、素质优良、结构合理的制

造业人才队伍，最终走上人才引领的发展道路。

创新大学生创业教育模式，为实现"中国制造2025"发展目标提供动力保障。党的十八届五中全会提出了创新发展新理念，强调必须把创新摆在国家发展全局的核心位置，必须把发展基点放在创新上。因此，要真正实现"中国制造2025"的发展目标，必须坚持把创新摆在制造业发展全局的核心位置，通过创新驱动有效促进制造业实现数字化、网络化和智能化发展，形成制造业创新驱动的发展合力，更好地发挥大学生创新创业教育对创新驱动的促进作用。创新大学生创业教育模式，突破传统的课堂教育理念，实施"校企合作""基地＋公司＋创业者""互联网＋现代学徒制"的创业教育模式，培养大学生创新精神和创新创业能力，为实现"中国制造2025"的发展目标提供有效的动力保障。

三、创新大学生创业教育模式是"互联网＋"时代发展的客观需要

创新大学生创业教育模式是"互联网＋技术技能"发展的客观需要。随着"互联网＋"时代的到来，"互联网＋技术""互联网＋技能"已经成为大学生创业教育的新模式，为了适应这一模式的发展需要，必须创新传统的大学生创业教育模式。传统的创业教育模式在一定程度上束缚了大学生创业实践能力的培养，不利于提高大学生创新创业能力，这种模式已经不能适应时代发展对高校教育的客观需求。"互联网＋技术""互联网＋技能"的教育模式，能够帮助大学生充分利用互联网提供的各种便利的技术条件，并结合社会经济发展的需要来创办自己的小微企业，充分利用互联网所提供的创业技术平台来施展自己的创业才能，最大限度地把自己的创意变成产品和服务。有创业梦想的大学生可以通过互联网技术，借助于众创空间这一创业服务平台不断提高自己的创业技术和技能，提升自己的行业创新创业水平，以推动全社会"双创"活动的发展。

创新大学生创业教育模式是"互联网＋校企合作"发展的客观需要。"互联网＋校企合作"是大学生创业教育的一种新模式，在众创空间不断发展的今天，这种模式对于发挥大学生创业教育的引领作用尤为必要。大学生创业教育以培养大学生创业意识、提高大学生创业能力和水平为最终目的，"互联网＋校企合作"的教育模式更适合于大学生创业教育的时代需求，有助于实现大学生创业教育的最终目的。因此，创新大学生创业教育模式是"互联网＋校企合作"发展的客观需要。"校企合作"是实现校企利益双赢的有效模式，也是连接产业链与教学链的有效载体。"互联网＋校企合作"能够使校企合作的运行机制更加灵活，校企合作的融合程度更加深入。校企双方可以充分利用互联网技术平台所提供的各种便利条件来实现利益最大化，促进校企合作的进一步发展，实现产业与教学利益双赢。

四、创新大学生创业教育模式是大数据发展的客观需要

创新大学生创业教育模式有利于大学生利用大数据提高创业效率。随着大数据的发

展，大学生创业方式发生了较大的改变，大学生创业教育模式也必须随之而改变，以适应大学生创业实践的需求。大数据的快速发展，为大学生创业提供了较为便利的创业平台，大学生在创业实践过程中可以充分利用开放的数据资源进行创业活动，在众创空间里实现数据资源共享，既能减少创业成本，又能节约创业活动时间，有利于提高大学生创业效率。

创新大学生创业教育模式有利于大学生利用大数据增强企业的竞争力。大数据发展为大学生创业实践提供了可共享的数据资源，大学生在创业过程中可以采取大数据驱动型的创业创新模式，不断提升企业产品和服务的附加价值，进一步促进企业智能化发展，有效推动企业创新与产业发展紧密融合，增强企业的创新力和竞争力。大学生所创办的小微企业可以通过充分发掘和利用开放数据资源，不断激发小微企业的创新创业活力，使企业形成新的经济增长点，这在一定程度上有利于小微企业的快速发展。

第三节　慕课对高职院校大学生创业教育的现实意义

随着"互联网＋"时代的到来，慕课作为集名校、名师、精品课于一身的网络在线授课学习模式，正在深深地影响着大学生创业教育，并在日益改变着创业教育的教学模式。慕课以其独特的方式为校内外学子们提供便捷、实用、高效的在线教学资源，同时对高职院校大学生创业教育产生深刻影响，对提高高职院校大学生创业教育水平具有深远的现实意义。

一、慕课有利于实现高职院校大学生创业教育资源共享化

慕课作为网络化、公开化的在线教学资源，可以使来自不同层次、不同地域、不同年龄段的受教育者，通过自身的网络在线学习提高知识水平和实践能力，让那些高职院校在校生和非在校生都能够通过慕课的学习，来共享慕课所提供的由名校中的名师所主讲的优质创业教育课程。慕课所传授的实用创业理论知识和创业技能知识有利于提高高职院校大学生创业知识水平和创业实践技能，有利于激发大学生的创业激情，有利于引导大学生积极投入到大众创业、万众创新的社会实践活动中来。

慕课教学是名校名师的精品课教学资源在线网络教育的集中体现，它把名校名师的创业教育知识和创业实践技能通过在线的形式展现出来并传授给在线学习者，真正实现了大学生创业教育资源的线上共享，既发挥了慕课的社会教育辐射作用，又能够通过传授优质的创业教育知识开阔大学生的创业视野。它不仅提高了高职院校大学生创业教育的教学水平，也在一定程度上增强了高职院校大学生创业实践能力。

慕课作为信息化教学的一种新兴课堂网络教学模式，通过在线讨论、师生在线互动、翻转课堂等形式，实现了由"以教师为中心"向"以学生为中心"的转变，让优质的教学

资源在师生课堂角色民主化的氛围中实现共享。这样既有利于优质创业教育资源的合理配置，又有利于提高大学生学习的积极性和主动性。慕课降低了大学生教育准入的门槛，扩大了受教育者的规模，使更多的大学生能够在线学习优质创业教育课程，实现了创业教育资源的共享化。

二、慕课有利于实现高职院校大学生创业教育的差异化

慕课具有开放性、重复性、互动性、大规模性的特点，突出翻转课堂的特色，强调以学生为中心，发挥学生学习的主动性，有利于实现大学生创业教育的差异化，为社会培养创业创新型人才。慕课通过视频教学和在线讨论等教学形式，发挥了学生课堂学习的主动性和积极性。慕课授课教师通过线上对学生进行引导式教育，培养学生的创造性思维能力和创业创新能力，实现了从静态教育的知识传授到动态教育的智能培养的转变，提高了大学生的创业实践能力。

慕课的可选择性和开放性的特点，使大学生创业教育的差异化成为可能。大学生可以根据个体知识基础和学习能力的差异性，自主选择那些更适合于自己将来职业发展的课程学习内容，根据自己的学习习惯合理安排课程学习进度，有条件地选择那些适合自己兴趣的学习章节，使自己所学的知识更有针对性和实用性，让自己所学的理论知识和实践知识能够真正地用到创业实践过程中去。对那些自己已经懂得的知识或者对自己将来职业发展意义不大的知识可以跳过，以便节省自己的学习时间，提高学习效率。

大学生通过慕课这一网络教学平台，可以有针对性地在线提出自己不懂的知识性问题或操作性问题，根据自己将来所从事的职业差异性来自主选择那些有利于自己职业发展的相关课程资源。这样，可以使大学生个体的差异化学习有别于群体的共性化学习，实现大学生个体学习最优化，达到大学生创业教育教学的最佳效果。

三、慕课有利于实现高职院校大学生创业教育的公平化

由于城乡差异、地区差异以及高校办学层次的不同，各地创业教育资源存在着显著差异，教育公平成为社会关注的热点问题。

慕课凭借着其新颖性、丰富性、开放性的资源优势深深地吸引着广大学者，实现了教学资源的共享化和公平化。慕课通过网络教育平台把名校名师的优质教学资源向全社会开放，让有学习动机的人都可以借助于慕课实现在线课程学习，都能够通过慕课学习在线分享一流大学、一流教授所讲授的课程，在线参与慕课课堂上各个章节知识的学习和问题的讨论，在线上师生互动中掌握创业知识和技能，提高自己的创业实践能力。

慕课的发展改变了教育上长期以来存在的"门第"观念，降低了学者们学习优质教学课程的门槛，让更多的优质创业教育资源面向社会公众开放，让那些来自不同学历层次、不同文化背景、不同地域、不同年龄段的有学习动机的人们，都能够通过慕课来学习自己

喜欢的创业知识。这样有效解决了人们对创业教育优质教学资源的渴求与创业教育优质教育资源不能满足人们受教育需要之间的矛盾，利于实现社会教育的公平化。

四、慕课有利于实现高职院校大学生创业教育的普及化

慕课借助于互联网技术和大数据技术，实现了在线网络教育的新飞跃，它完全可以替代传统教育的部分教育功能。慕课以其赏心悦目的课堂形式在科学知识传授、学生智力开发和学习兴趣激发方面更具魅力，在给学习者带来学习愉悦感的同时，大大地提高了学习者学习的积极性和主动性，使学习者真正成为学习过程的主体，有利于实现创业教育的普及化。

慕课所提供的视频材料、课件材料以及相关材料是教科书内容的转换形式。慕课通过网络平台所展现的课程内容、学生学习反馈形式、师生互动交流过程等都是广大学习者们所愿意和容易接受的，这样有利于创业教育的普及化。"互联网＋"和大数据技术加速了科学知识的纸质介体向集文字、图像、音频、视频于一体的数字介体的转变，使慕课教学与传统教学相比，教学内容和教学形式的可操纵性更强，更加有利于创业教育知识的普及和推广。

慕课在线教学的免费性、开放性和大规模性，使受教育群体规模不断扩大、优质课程资源覆盖范围更广，使优质教育资源在全社会得以有效推广，在一定程度上加快了创业教育知识的普及速度，使创业教育知识的普及范围更大、普及程度更深。名校名师们通过慕课网络授课平台影响更多的学习者，使讲授者所掌握的创业教育知识得以更加广泛地传播，提高了受教育者的创业知识水平和创业实践能力。

五、慕课有利于实现高职院校大学生创业教育的终身化

终身化教育是我国教育发展的主题．创业教育的终身化是推进我国"众创"发展的必然趋势。创业教育的终身化不仅是创业者提高自身素质的需要，也是创业实践健康快速发展的客观要求，而慕课为高职院校毕业生提供了终身教育的条件。高职院校毕业生离校后，为了满足创业实践不断发展的需要，他们可以充分利用慕课学习的便利条件，与时俱进地自主学习创业知识，提升自己的创业知识水平和创业实践能力。毕业生创业主体可以根据创业实践的具体需要，自主选择学习慕课中能够指导创业实践的知识内容，及时地把所学知识与自己的创业实践有机地结合起来，不断推进其创业实践的发展。

慕课学习对象无指向性，凡是能够熟练地使用电脑及网络设备的学习者都可以参与慕课的学习活动，这为学习者的终身化教育提供了便利条件。慕课突破了学习者的学历门槛限制，为学习者提供廉价或免费的教学课程服务，让那些有学习动机的低收入者实现终身教育成为可能。慕课的实施使学习者的学习不再是获取文凭的手段，而是学习者充分利用慕课优质的教学资源不断充实知识、拓展知识、提高实践能力的途径。学习者无论处于人

生的哪一个时间段，只要自己有学习的需求，都会有机会通过慕课学习来实现自己的学习愿望，不断地完善自我和提升自我。慕课通过网络信息技术使得高等教育实现了社会服务职能，为每一个需要学习创业知识的社会成员提供了自我完善的教育机会，在一定程度上推动了我国大学生创业教育终身化的发展，对我国学习型社会的构建也起到了重要促进作用。

第五章 创新创业教育模式探索

第一节 创新创业教育与专业教育的深度融合

大学生创新创业能力的培养，是高等教育面向社会、面向市场经济办学的重要举措。近年来，党和国家高度重视大学生创新创业教育，教育部先后启动了"大学生创新创业计划训练""大学生人才培养模式创新试验区"等建设项目，以促进创新、创业和高层次管理人才的培养。为此，我们以生物学、药学、医学、化学、工程学等优势交叉学科资源为基础，以课程改革与人才培养方案改革为重点，以创新创业人才培养机制为引导，以培养生物新药研发、成果转化及创业、经营管理的高端人才为目标，将创新创业教育理念融入本科人才培养方案，将创新创业教育融入专业课程和专业实践教学之中，强化专业教育与创新创业教育的融合，从而构建了生物学与药学学科交叉、研究与应用结合、教学与创新创业内容相衔接的新体系，提升了大学生实践创新能力、就业竞争能力和持续发展潜力。2014年，"构建高校与社会协同实践育人新模式"入选高等教育国家级教学成果奖一等奖候选项目。该项目的核心理念有三点：一是优化知识结构。强化生物、医药、化工、信息等多学科交叉，拓宽专业口径，提升与开发学生创新创业发展潜质。二是强化创新创业教育。在教学内容中融入创新创业教育内容，并与生物医药产业及生物制药重大攻关课题的实践相结合，培养学生产品研发、技术转化和创业管理能力。三是强化实践教学。加强校内外实践教学基地建设，建立适应创新创业人才成长的实践教育体系与方法，加强学生应用实践创新能力的培养。为此我们按照"学科交叉、共建共享、模块设课、分类培养、教研贯通"的原则，进一步整合教学、科研及社会优质资源，优化课程内容，建立融业务培养与创新创业教育为一体、融知识传授与能力培养为一体、融教学与科研生产为一体的"三个融合"人才培养体系，培养具备生物产品的研究与开发、生产与管理、创业与经营等的高层次人才[①]。

一、创新创业实践教育贯穿大学教育全过程

创新人才培养应遵循以下规律：一是要强化学科交叉。坚持学研结合、学产结合、上

---

① 储克森，姚晓峰. 创新创业教育［M］. 北京：机械工业出版社，2020.

下游结合的原则，以创新创业实践作为提高大学生实践创新能力的重要途径，并将其贯穿于大学实践教育的始终。大一学生通过校内外认知实习，了解产品研发、生产和经营管理的过程，激发学生对本专业的兴趣；大二开始综合实验，培养学生综合运用交叉学科知识、技术与方法，分析解决实际问题的能力；大三开始校内产学研结合训练，启迪学生的创新思维，提高综合分析解决科研生产实际问题的能力；大四开始在生产实习基地进行研发实际训练，强化与科研、生产相结合，提升学生的实践创新和社会适应能力、团队合作和爱岗敬业精神，逐步强化创新创业能力的培养。

学校专业教育要对接行业产业链，形成优势学科专业群，构建特色的学科专业结构。

二、形成优势学科专业群

以山东省为例，各高校按照构建培养专业格局的学科专业发展思路，重点支持优势专业、改造普通专业、淘汰落后专业，形成优势学科专业群，构建综合学科专业布局，实现学校优势专业群与行业产业链的集群对接，提升学校专业与行业产业的依存度和共享度，提高专业建设和人才培养的社会满意度。

根据艾瑞深中国校友会网发布的《2015 中国大学本科专业评价报告》，在山东省 44 所公办本科高校中，山东交通学院位列"2015 山东省大学最佳专业排行榜"第 8 名，车辆工程、航海技术、交通运输、轮机工程、土木工程、船舶与海洋工程专业等 6 个专业被评定为全国 4 星级专业，市场营销、物流工程等 2 个专业被评定为全国 3 星级专业。

三、创新创业教育与实践教育活动深度融合

构建课内外相结合的创新创业实践教育体系。围绕创新创业实践，开设"四个一"创新创业实践必修课程，实行开放式教学。例如，开设一门基于综合运用生物学知识、技术和方法分析解决药学问题的"生物制药专业综合实验"课程；开设一门基于模拟科研生产实际训练的"生物制药校内实训实验"课程；开设一门基于生物制药专业项目的市场调研、创业计划书撰写的"创业计划训练"课程；开展一套创业技能实训体系，选拔具有创业兴趣与愿望、激情与潜质的学生参加基于创业实际情境下的 SIYB，KAB 创业培训课程，帮助学生系统学习创业知识与技能，培养创业精神与素质，了解创业过程与模式，掌握创业方法与步骤，提高自主创业意识与创业成功率。

建立符合学生认知规律的创新创业实践教育方法。建立包括选题、搜集资料、设计方案、方案评审、方案实施、总结讨论、撰写论文、成绩评定、总结交流等大学生创新创业训练实施的 9 个程序，逐步培养学生的实践能力、创新能力及科学思维；构建以技能竞赛、创新实验大赛、创业大赛为内容的学科竞赛体系，激发学生的创新兴趣和潜能。目前，山东省境内共举办省级竞赛 4 届，覆盖 21 所高校，1700 多名师生参与，极大地激发

了师生参与创新创业实践的积极性，对于促进创新实践教育的推广起到了重要作用。同时，通过积极与社会建立产学研全面合作联盟，吸引政府、企业和科研院所为大学生创新创业提供场地、项目、经费、政策等支持，为学生提供更多参与应用创新和创业项目的锻炼机会，提高学生的创新精神、创新思维和创新创业能力。

通过创新创业教育与专业教育深度融合体系的建立，在专业方向、课程层次、学习进度等方面，突出以学生为主体的个性化教学，通过学生的自我设计和跨专业选课，促进了学生知识结构的文理渗透、理工结合、多学科交叉复合；通过建立课内外相结合、实践创新与专业实践教育融合的实践教学模式，积极推进了高校与企业联合培养，学生的实践创新能力显著提高。

创新创业教育是提高大学生社会适应力和持续发展能力的必由之路，需要高校与社会协同创建互惠互利、资源共享、优势互补的机制，共同营造有利于创新创业人才培养的良好环境。更需要教育工作者进一步转变教育观念，不断加强教学内容和教学方法的改革，打破学科壁垒，实现课程内在的融通及立体化教学，将创新创业教育与专业教育深度融合，强化创新创业的实践训练，为大学生提供优良的创新创业发展空间，推进学生知识、能力和素质全面协调发展。

第二节 建立"四位一体"实践教学体系的研究

随着经济社会的发展和科技的不断更新，创业热潮不断被人们所关注，对创新创业研究也不断深化。在这种背景之下，如何提高大学生的创新创业能力更加被社会和各类学者们所重视。将思维与实践相结合，将创新融入创业之中，已经成为现代社会的一个热点问题。高等学校的四大职能是人才培养、传播知识、科学研究和服务社会，其中人才培养是最为重要的一个职能。在现有政策支持和引导下，高校作为培养锻炼大学生创新创业能力的基地，尤其要注意在"四位一体"的基础上进行实践教学，从而培养大学生的创新创业能力。创业竞赛对于提高大学生的基本素养、提升专业综合能力、培养大学生的创新创业思维、培养大学生发散性思维等各方面有着较大的影响力。通过竞赛锻炼可以使大学生在互相学习的基础上更好发挥自己的创新创业能力。各大高校应该重视学科竞赛这一方面，建立健全相关的管理制度，确保活动经费的充裕，配齐相应的师资队伍，形成良好的激励机制，从而使学生能够在创新能力方面有物质和精神上的保障。举办相应的科技大赛、创业能力大赛等活动，有效吸引学生参与其中，使知识通过竞赛的形式得以体现和运用。"大众创业、万众创新"的政策提出，更是激励了一批大学生进行相关的创新创业。各大高校近些年来也纷纷举行一些相关的创业大赛鼓励学生参加，例如："挑战杯"大学生创业大赛、全国大学生创业设计暨沙盘模拟经营大赛，等等。并且设立相应的奖学金与奖品等激励大学生进行创业。在落实国家政府相关的法律法规及政策的同时，也能更好地结合学校的实际情况进行相应的活动。相关企业也乐于扶持大学生进行创业活动。不少企业愿意在资金、技术上给予大学生帮助，从而在促进企业思想创新活跃的同时，也能更好地为大学生提供相关的条件。政府部门的重视，学校的鼓励，企业的引导和鼓励，都为大学生创新创业提供了良好的条件。

知识学习的根本途径是课堂教学，高校学习活动的基础也正是课堂教学。因而应当重视课堂教学，正视课堂教学中现有的一些弊端与不足。通过更新课件、多样化授课、及时跟进科技发展和社会需求进行知识的整合与课本的更新等途径，努力改善课堂教学的质量，使得学生能在实际课堂教学中获得真正能够被运用于实践的知识，能够有效培养学生的创新创业能力。与此同时，对实践教学也应提高重视。通过实践教学，使学生能够在实际操作环节熟悉操作要领，将课本知识转化为实际效果。一方面能够检验课堂教学的成果，另一方面也能锻炼学生的动手能力，促进学生创新创业能力的培养。这种应用创新能力的培养，是要结合验证性实验、综合实验、课程设计等一系列相关实践训练模式，才能更好地根据学生的个性和能力进行培养。

项目培训作为培养和提升大学生动手能力和研究能力的重要方式，能够在项目实施的过程中对大学生进行系统化的训练。从项目准备前期对项目可行性的研究、项目方案的制定、项目计划的规划，到项目的实施，甚至于项目结束后的报告撰写、成果交流等环节，都能够为大学生提供一个课堂之外的一些挑战。这类挑战能够让学生在团结协作中更好地锻炼自己的团队能力、协作能力、动手能力和思考能力。在项目进行的过程中，应当配备相关的教师进行参与与指导。如此就可以给予学生在技术上、运行方面的支持，避免学生走过多的弯路。同样，学校也要给予一定的资金支持和政策支持，确保学生无这方面的忧虑。通过这种方法，不仅能推动大学生进行积极的创新创业能力培养，更能使这类活动形成一个持续性的有效的延伸，从而形成一个良好的创新创业的氛围。

在近期，国家与政府相关部门对大学生创新创业人才的期待和要求，都在推动创新创业型人才的培养。创新型人才的培养需要实践教学、竞赛锻炼、项目培育、创业扶持这"四位一体"的新型培育模式的实施。在此基础上，学校针对大学生的现实情况与可能存在的问题进行及时的反馈与调整，帮助大学生更好地进行创新创业。如此一来，学生的实践能力与创新思维都会有一个明显的提升，学校相关的竞赛成果也为之后进行更为长久的创新创业活动做出了良好的榜样作用。"四位一体"的培养模式能够为学校教育教学提供一个良好的出路，也能为如何提升大学生的实践能力与创新能力提供相应的借鉴作用。

第三节　"互联网＋"时代大学生创新创业教育探析

李克强总理在 2015 年《政府工作报告》中，多次强调"创新创业"，并首次提出制定

"互联网＋"行动计划。在"互联网＋"经济模式长久发展的新形势下，如何实现"大众创新，万众创业"已成为政府工作的重点。"互联网＋"经济发展模式将为大学生提供更多的创新创业机会，而如何借此加强大学生创业教育，培养大学生的创业能力，已成为高校的重要议题。

一、"互联网＋"时代大学生创新创业教育的意义

有利于拓宽大学生就业创业的路径。"互联网＋"时代，各高校都投身于大学生创业教育培养和互联网平台等硬件设施建设，成立高校专业教师和创业企业家组成的"创业导师团"，开设创业教育的必修课程，搭建高校创业孵化基地，以及政府创建各类"创客联盟""众创空间"等创业服务平台，为大学生营造了良好的创业环境。

有利于大学生创新精神培养。"互联网＋"时代，大学生作为国家进步和创新的生力军，必须提升自身的创新能力和创新精神。创新创业教育是培养大学生的创新精神和能力的教育过程，旨在挖掘出每一名大学生的创新潜力，拓展就业视野，完善创业心理品质，提升精神境界和理想追求，最终提升其综合素质。

二、"互联网＋"时代大学生创新创业教育的措施

高校教师要积极与时代接轨，一要改变传统的教学观念和教学手段，架构起"互联网＋"思维模式。只有教师主动适应时代需求，以"互联网＋"思维武装头脑，才能更好地引导学生去接受"互联网＋"，运用互联网开展创业实践。二要强化高校创业专职教师的创业实践认知，可在理论课堂外开展"模拟创业"等实践性较强的活动，提高教师的创业实践能力。

线下教学主要采用课堂理论教学、讲座、素质拓展、创业团队辅导等传统方式。线下创业理论和实践教学虽具有系统性和针对性，但也存在局限性，包括知识更新慢、接受效果差等问题，尤其当网络已成为学生接收信息的主要阵地，这种局限将被扩大[①]。线上教学主要采用网络教育、网络模拟创业、创客教育等形式，信息不仅多，而且传递快速，成本管理低，操作便捷，易于评估和管理，为学生接受知识和转化创业教育内容提供了更自由和宽松的更空间，为创新营造了宽松的环境。

创业教育应立足高校自身学科和专业特色，以多样化的校园活动为载体，充分发挥"挑战杯"课外学术科技作品竞赛、"创青春"全国大学生创业大赛、大学生创新创业训练计划等赛事作用。学生活动融入"互联网＋"、自媒体营销、社会公益创业等元素，推出符合高校自身发展的"互联网＋"创新创业系列赛事，进一步孵化大学生创新创业项目，

---

① 刘吉春."互联网＋"与创新创业教育研究［M］.南京：河海大学出版社，2020.

激发学生的"互联网＋"思维，提升创新创业能力。

总之，加快经济发展方式转换和提高我国的创新能力，需要大量的创新创业人才来支撑局面。开展大学生改革和研究，是适应国家经济和社会发展需求的。高校创新创业教育要以求真务实为本，以开拓创新求进，以质量立校，以特色求胜，促进高校与科技、经济、社会的紧密结合，谋求创新发展。

第四节　创新创业工作室对大学生关键能力的培养

高等院校开办创新创业工作室能够激励学生自主创新创业，促进高等教育教学改革，加强学生创新创业能力的提升，完善学生关键能力的培养。关键能力是指被教育者从事任何一种职业都必不可少的基本能力。学生具有较强的关键能力，就可以轻松地从学生角色进入到职业岗位角色，实现理论转化为实践的重要转换。创新创业工作室学习能够充分体现大学生在学习过程中的主体地位，可以培养学生的领导意识、社会技能和民主价值观，从而提高学生的关键能力。

一、创新创业工作室的发展模式及教育理论

创新创业工作室以培养学生关键能力为核心，从创新创业工作室的建设与发展、创业团队合作与创业项目管理等方面着手，结合工业学院建设应用型本科院校的教育现状，构建高等院校创新创业培育体系。

首先，培养创新创业理念，努力提高创新创业的基础知识。从零开始，让每一名学生从主观上认为创新创业就是一门课程、一项技能，改变学生们原有的错误思想。其次，建立更加适合学生的创新创业培养课程，并将课程纳入必修课程阶段。最后，要求学生了解创新创业工作室与关键能力之间的关系，并在实践中让关键能力得以提升。

二、师资队伍及发展方式

创新能力强以及责任心强的教师队伍是创新工作室建立的核心。每一位教师自身应该具备创新意识和创业精神，自觉地将创新内涵和创业能力的培养渗透到每一节课中。高等院校必须组建专业而完整的创新创业指导教师队伍，健全一套高校教师创新能力培养和考核体系，与其他高等院校间建立交流平台，将能力高的教师请回来，将需要提高的教师送出去。同时，要保证创业教育指导课程和创新创业教师队伍层次的多样化与合理化，避免师资队伍结构过于单一。创办与课程紧扣的创新工作室，将传统的实验教学改为创新工作室教学，让学生在创新中创业，在理论中实践，在实践中提高关键能力。如黑龙江工业学院为材料专业的学生创办手工蜡烛工作室和手工香皂工作室，从原材料的制备直到产品批

量生产，都让学生亲自操作，经过每一个环节的多次实验和经验总结，确定最优生产方案，完善业务结构，在这个过程中，学生对创新创业的认识有了极大的提高，同时培养了学生的"关键能力"。

三、支持创业性团队发展，建立创业实习基地

创新工作室应积极扶持创业团队等学生自发组织的创业型机构，并通过官方指导工作室的衔接、协调，使其定期开展活动。通过帮助创业团队开展项目引荐、项目指导、财务指导，甚至融资及资本运作服务等，吸引具有技术创新能力和科学研究能力的师生来开拓创业。随着创新创业工作室的发展壮大，可以同时组建校企合作共同体，创办校企合作实习基地。将校园内的实践教学活动拓展开来，安排学生在模拟仿真的情景下展开，提高实训场地的使用效果。

四、创新创业工作室对学生关键能力培养中的创新

（1）制订一套符合学生学习心理发展的培养实施方案

在培养方案制订中，除了要将高校学生关键能力培养目标与创新工作室课程的教学目标整合为一体，还要更加重视学生的心理健康，学校和教师要作为朋友去帮助他们。

（2）教育理念的转变

创新工作室的研究要挨弃"以教师为中心，以教材为中心，以课堂为中心"的传统观念，真正树立"以学生创新工作为中心"的现代教育理念，同时，让每名学生都能将创新创业看成是一门必修课程，当成是一项必不可少的生存技能。

（3）教学研究模式的创新

突破"规律—原则—方法—模式—策略"的教学，形成"理解沟通与参与互动"的新思路，教师要成为创新创业过程中的"好导师"。

（4）教学分组的变革

创新工作室的学习打破了传统班级教学的分组形式，建立在创新能力和团队合作基础上，在充分肯定学生之间存在差异的情况下，发挥小组群体活动的主体功能和互助功能。

总而言之，落实大学生在教育教学过程中的主体地位，使教师的观念由"独裁者"转变到"好导师"，使学生的观念由"给别人打工"转变到"自己创新创业"，把创新工作室作为学习的场所，摆脱教材的限制，将学习内容开放到学生的整个创新过程中，这才是创新创业工作室的灵魂。

第五节　基于导师制下"大学生创新创业训练计划"教育的实践与思考

"大学生创新创业训练计划"是教育部关于高等学校教学质量工程建设的重要组成部分，随着国家对社会经济结构的调整，创新创业教育就成为高校人才培养的重要任务。如何提高大学生的创新创业能力，提高当代大学生的创新创业本领，从而更好地适应社会对人才培养的需求，这是教育管理部门、高等学校需要共同关注的问题。高等学校通过实施"大学生创新创业训练计划"教育项目，就是要广大教师转变思想观念，改革人才培养模式，强化创新、创业能力的训练教育，把课堂教育与实践教育结合起来，以培养创新创业型人才作为高等教育的目标和任务，使我们的大学生能主动适应创新型国家建设发展需要，成为高素质的创新人才。

在目前实际操作过程中，大多数高校的"大学生创新创业训练计划"是由教师结合自身教学、科研工作，设计出适合学生创新创业的训练项目，并以学生为中心开展研究和训练。项目设计、研究条件准备和项目实施管理由教师完成。教师将项目在学校公布，内容有项目名称、创新创业研究的内容概述、指导教师及联系电话、项目性质等，由学生根据对项目的兴趣、对导师的喜爱、对创新创业的自我要求，选择适合学生自己的训练项目报名参加。大多数高校是在教师引导下，由学习成绩较为突出、学有余力的学生参加。

由于"创新创业训练计划"教育项目是教育部高教司倡导，基于大学生创新创业训练的教育项目，教育部、省教育厅有相应的经费资助，学校也提供了配套资金，因此，许多高校将该项目作为第一课堂来加以管理，这对项目立项、实施过程、完成验收等有了较为系统的监管。

教学管理部门要把"大学生创新创业训练计划"教育作为大学教育、教学的重要内容来抓，在政策上对教师、学生要有相应的激励措施，在实施过程中要有监督管理办法。高校教师要把"大学生创新创业训练计划"教育作为研究项目来实施，引导、发现、挖掘大学生的创新思想，培养大学生的创新意识，充分发挥大学生的个性特长，营造大学生创新、创业的良好氛围，为大学生搭建可以施展才能的舞台。

导师制对"创新创业训练计划"项目的设立具有切实性、可行性。在我国，高校教师的创新能力已超过了研究机构中的研究人员，我们可以从每一年度的三大科技奖的获奖名单中分析，2012年高校教师对科技的贡献率达68.8%以上。因此，在高校开展创新创业教育切实可行，由教师精心设计，设立适合大学生的创新创业训练项目比较实际。教师利用教研项目、科研项目，吸引大学生参与创新创业训练计划，符合高等院校的教育理念。大学生有思想、有朝气，有敢于开拓创新的勇气，但缺乏探索科学前沿的具体目标、知识面不够广，因此如果有专业导师的指导和引领，就能较好地达到预期的目标，具体表现在：

①导师制下的"大学生创新创业训练计划"项目负责人是教师，导师立项设题，学生选导师和选项目，这有利于创新创业训练项目的开展；导师作为项目负责人，有利于创新创业实践项目的管理；导师设立创新创业训练项目，学生根据兴趣自主选题，有利于大学生个性化发展。

②导师制下的"大学生创新创业训练计划"项目主要适合大二、大三学生的创新。大二、大三学生是开展科学研究的启智阶段，是培养学生严谨的思维方式、求真的学习态度、踏实的工作作风、科学的探索精神的最佳时期。通过创新创业训练实践教育，培养学生科学的世界观、人生观和正确的求知观，从而让大学生成人成才。

③导师制下的大学生"创新创业训练计划"项目，是根据导师工作实际，结合科研设立。项目具有实践性、创新性，导师对学生指导会比较用心，有利于训练项目的顺利完成。

导师制下的"创新创业训练计划"教育项目设立有制度保证，学校要鼓励有一定教学科研项目和工作经验的教师参加，特别是鼓励青年教师积极参与大学生"创新创业训练计划"项目的组织。把青年教师指导大学生"创新创业训练"教学作为今后职称晋升的必要条件。青年教师有创新潜力，富于开拓性和创造力，与学生之间容易沟通，是激发大学生开展创新活动的重要因素。

"大学生创新与实验室开放"基金项目的申报办法：

①讲师（中级）及以上职称的教师、研究人员、实验技术人员均可设立相关创新实验项目，并作为项目负责人立项。鼓励45岁以下的年轻教师参与"创新与实验室开放"基金项目的申报，学校每年进行一次结题评审，对效果好、成果突出的项目给予奖励。②内容、形式、特色鲜明的项目，经学校评审，推荐为省级"大学生创新计划"项目。③"创新与实验室开放"基金项目在学校网站上公布，让学生选导师、选项目。④项目面向全校本科学生申报，原则上以二、三年级大学生为主；每个项目可以有2~5名学生组成团队参加，并确立1名学生作为主持人，为确保项目质量，每个学生限报1个项目。⑤鼓励跨年级、跨专业、跨学科合作研究，同等条件下优先资助团队合作项目和跨年级、跨专业、跨学科合作项目。⑥欢迎大学生自主立题，开展创新训练，项目选题要求思路新颖、目标明确、具有创新性和探索性。学生应独立做好项目过程记录和撰写总结报告。⑦项目实施期限为1年，时间过半时需提交中期报告，项目完成时需提交结题报告。申报者要对研究方案及技术路线进行可行性分析，并在实施过程中不断调整优化，保证在校期间完成。

导师是大学生创新训练教育的关键。许多教师只注重申报，不重视对学生的指导管理，导致项目完成质量下降，因此导师是大学生"创新创业训练计划项目"完成的关键。

导师不仅要设计出适合学生创新创业训练的项目，更要有较强的责任心来精心指导学生。

创新训练项目要与学科竞赛相结合。学科竞赛对大学生的学业进步与成长成才有很大帮助，这已成为共识。高校"创新创业训练项目"要与学科竞赛相结合，要重视对学生创新成果的总结，把优秀的成果进行展示。学校要对学生的学业成果组织评比，鼓励大学生对创新创业优秀成果进行完善提高，参加各类学科竞赛。如果学生从二年级开始创新创业训练，三年级参加各类学科竞赛，四年级就会有优秀论文（设计）、专利等成果，今后走上社会创业就有了坚实的基础。因此，教学主管部门要把创新创业训练教育作为第一课堂来抓，积极鼓励教师、学生开展创新创业教育活动；制订符合学校教育发展的新机制，提高教师、学生的积极性；把有创意、能创新、敢创业的学生通过创新创业教育挖掘出来，为高等教育教学改革和高等教育事业的发展做出应有的贡献。

对开展大学生"创新创业训练计划"的思考。

首先，导师制下的创新创业训练项目，项目负责人是教师，学校对立项教师要有考核机制和办法。在项目验收后，根据完成质量评出 10％～15％优秀项目给予奖励，鼓励教师、学生积极参与。

其次，大学生主观意识的驱动是创新创业训练获取成果的主要条件。学校要对积极参与"创新创业训练计划"项目的学生给予学分奖励。

最后，创新创业训练项目以在二、三年级中开展为宜，学生可以结合创新创业训练项目，参加各类学科竞赛，并以此为基础在毕业设计（论文）过程中应用。

对大学生"创新创业训练计划"项目的开展，各高校有不同的实施方法和措施。对于地方院校，受人、财、物等多种因素的影响，组织形式、体制机制、保障措施、计划实施等方面各有特色。作者认为导师制下的大学生"创新创业训练计划"项目对地方高校来说，比较有利于项目的实施和开展。在导师的指导下，学生在项目实施过程中，经过自主选题、项目研究、实验实践、报告撰写、成果（学术）交流等步骤，从"创新创业训练计划"项目实践过程中得到锻炼，提升学生综合素质和能力，这样培养出的大学生一定会受到社会的欢迎。

第六节　"广谱式"创新创业教育的体系架构与理论价值

"广谱式"创新创业教育是我国高校创新创业教育发展的主要趋势。目前，国务院和教育部层面的三份关于创新创业教育的纲领文件，均明确强调了"广谱式"价值取向。2010 年 5 月，教育部《关于大力推进高等学校创新创业教育和大学生自主创业工作的意见》指出"创新创业教育要面向全体学生，人才培养全过程"，明确了广谱教育的价值定位；2012 年 8 月，教育部《普通本科学校创业教育教学基本要求（试行）》提出了"面向全体、注重引导、广谱施教、结合专业、强化实践"的五条教学原则,强调实施"广谱式"创新创业教育;2015 年 5 月,国务院办公厅印发《关于深化高等学校创新创业教育改革的实施意见》,再次明确强调了"面向全体""融入人才培养体系""普及创新创业教育"的基本原则和总体目标,进一步确定了广谱教育的政策导向。面向全体学生开展创新创业教育,就是要将创新创业教育纳入教学主渠道,贯穿人才培养全过程,着眼于创新创业教育的广泛性和普及性,使之惠及每一个学生,着力培养全体学生的创新精神、创业意识和创业能力,使所有大学生成为高素质创新创业型人才,这是一种全新的教育理念和模式,即"广谱式"创新创业教育。"广谱式"有"广义"和"普及"两层含义,可以涵盖大、中、小学各学段,本研究的"广谱式"特指在高等教育学段开展的,相对于只在商学院内部开展的"专业式"创新创业教育而言的重要教育模式。"广谱式"创新创业教育与经济发展"新常态"的基本内涵深度契合,是促进"大众创业、万众创新"成为推动中国经济发展调速不减势、量增质更优,实现中国经济提质、增效、升级"双引擎"之一的重要途径和载体,既是当前中国高校开展创新创业教育的政策导向,也是创新创业教育理论研究和实践探索的长期努力方向,成为当前高校创新创业教育的主要发展趋势。

一、"广谱式"创新创业教育的科学内涵

"广谱式"创新创业教育是在"广义的创新"和"广义的创业"两个概念基础上形成的综合性概念。从广义上来看,创新与创业是"双生关系",二者天然地联系在一起。成功的创业离不开创新,成功的创新也往往在创业过程中产生。正如"创业教育之父"杰弗里·蒂蒙斯指出的:"如果把创业比作美国经济的发动机,那么创新就是此发动机的汽缸,它带动了重要新发明和新技术的诞生。"有学者指出,2010 年我国教育部把创业教育名称改为"创新创业教育",这说明了我们对创新教育与创业教育的双生性认识已达成共识,我国的创新创业教育新理念亟待我们去丰富和发展。笔者认为,"创新创业教育"在形式上的表现是在"创新"的后面加了"创业"二字,其实质是内在规定了创新的应用属性,是指向创业的创新,重在应用的创新,促进创新成果的市场化、商业化。在"创业"的前面加上了"创新"二字,其实质是全面统领了创业的方向性,是创新型创业、机会型创业、高增长的创业,提高了创业的层次和水平。这就使得"创新创业教育"既内在包含了"创新教育""创业教育"的科学内涵,又不与二者简单等同,是综合性、系统性的教育。其基本价值取向既包括创新创业精神、创新创业思维的培养,也包括创新创业行为方式、创新创业人生哲学的塑造,还包括创新创业型生活方式、创新创业型生涯的选择。具体来说,"广谱式"创新创业教育与联合国教科文组织在东京会议报告中提出的"广义的创业教育"(与之相对应的概念是"狭义的创业教育")概念相似,在于为学生灵活、持续和终身的学习打下基础。从广义上来说是培养具有开创性的个人,它对于拿薪水的人也同样

重要。

二、"广谱式"有"广义"和"普及"两层含义

在教育内容方面可以解释为普及性的、广义的创业教育；在教育模式方面可以解释为是相对于面向商学院学生开展的"专业性"创新创业教育而提出的一种教育理念和教育模式；核心理念是"面向全体学生""结合专业教育""融入人才培养全过程"，也就是以全体学生作为教育对象，认为创业精神对任何个体都具有重大意义，任何对创业感兴趣的学生都应该有机会接受创业教育；创业教育不能脱离专业教育的根基，要将创业教育全面"嵌入"专业教育，实施深层次创业教育；教育的目的重在培养学生的创业观念、创业精神以及创业思维和创业能力，而不仅仅是传授创业知识和技巧。

创新创业教育的基本目标是"全覆盖""分层次"和"差异化"：一是面向全体学生开展"通识型"的创新创业启蒙教育，提高学生的创新意识、创业精神与实践能力；二是结合各个专业的不同学科特点，引导学生根据专业特长进行创造、创新、创业，开展"嵌入型"创新创业教育；三是针对有明确创业愿望的学生开办创业精英班，进行"专业型"的创业管理教育，提升学生的创业实战技能；四是对初创企业者进行"继续教育"，以职业化的教育培训体系帮助创业者渡过企业初创期，开展"职业型"创新创业教育。"广谱式"创新创业教育是一个综合教育体系，既充分发挥传统商学院"专业性"教育在提升学生创业实战技能等方面积累的优长，也积极推动创业教育项目向商学院之外广泛拓展，融入专业教育之中，整合构建"专业性"教育与"广谱式"教育"双轨并行、相互助力"的运行机制。

三、"广谱式"创新创业教育的体系架构

"广谱式"创新创业教育的突出特点是面向全体学生，既考虑大多数，也不忽略极少数。为了达到这个目标，在高校深入开展"广谱式"创新创业教育既需要从整体上进行顶层设计，更需要分层次、分阶段、分群体具体推进，整体包括四个层面的体系架构。

（一）"通识型"创新创业启蒙教育

面向全体学生开展的，主要定位为"通识型"启蒙教育，主要目标是培养"创业精神"，植入"创业意识"，培养学生"自主工作"和"持续学习"的能力。在这里，之所以高度重视创业精神和创业意识的培养，是因为"在人们缺乏创业精神准备，因此还不想自己创办企业的情况下，着重向他们讲怎样去创办企业是没有用的"。通过这些启蒙教育，在学生的头脑之中植入强烈的创业愿望，种下对创业心向往之种子，以期这粒种子在将来遇有合适的水分和土壤能够发芽、开花、结果。

"通识型"启蒙教育主要通过"课堂教学"和"参与体验"来实现。课堂教学要重点

解决两个问题：一是"教什么"，即教学内容。要突出强调创设高度贴近企业家真实世界的学习环境，教学内容要"厚今薄古"，高度关注现实，将解决实际问题作为教学的中心内容。二是"如何教"，即教学方法。在教学方法上，突出强调探究式教学方式，采取案例式教学方法。教学方法要重点突出学生的主体地位，通过引导学生进行自觉性决策和创造性实验来激励和培养学生的创业行为。参与体验的方式有很多，当前中国大学生创新创业教育的主要参与体验平台应当首推"挑战杯"中国大学生创业计划竞赛，通过这项比赛，每年有上万名大学生直接或间接地参与创业体验，竞赛的教育功能得到了各方面的充分认可。此外，还可以通过孵化器和科学园作为教师和学生的研究和教学试验室，增加大学生创业企业的数量，并提高企业的生存率；也可以通过支持学生社团或创业俱乐部、开办创业暑假学校、举办创业论坛、组织学生到企业进行创业实习、开展"一对一"的创业指导等方式，切实推动"广谱式"创新创业教育的深入开展。

（二）与相关专业结合的"嵌入型"教育

面向各学科专业学生开展的，主要定位为"嵌入型"创新创业教育，主要目标是根据不同学科特点，引导学生根据专业特长进行创业。为了切实解决这一难题，需要全面建设"嵌入式"创业教育课程体系，通过将创业教育的理念和思想"嵌入"各学科专业，开发多样化的学科创业课程，从而实现创业教育与专业教育的"捆携式发展"，由此达到面向全体学生开展创业教育的"全覆盖"和"个性化"目标。

在论证创业教育与专业教育的关系时，很多学者提出"渗透式""融入式"的思路，将创业教育的内容全面"融入"专业教育，或者是在专业教育中"渗透"创业意识、创业精神。有学者运用生物学中的共生理论来探讨创业教育与专业教育的关系，认为二者既不是寄生条件下的"点共生"模式，也不是偏利共生条件下的"间歇共生"模式，而是对称互利共生条件下的"一体化共生"模式。这也正是本书采用"嵌入式"的主要原因，"嵌入式"是突出二者的相互促进和支持，优势互补和交叉渗透，最终目的在于形成新期教育体系。二者结合的过程是一个互利共赢的过程，一方面以创业教育禀新理念为指导，深化专业教育的改革，促进专业教育的发展；另一方面，通过在专业教育中开展创业教育，创业教育的嵌入并不影响现在已有的知识传授，这样就在实际上扩展了创业教育的实施平台和发力空间，使创业教育的"合法性"不断增强，从而获得可持续发展和进步。通过有效的结合，最终产生一个包括一般性创业课程、专业技术领域的课程、体验性创业课程三类创业型课程群，实现对本学科专业学生的个性化创业教育。

（三）"专业型"创业管理教育

面向有明确创业愿望，在大学期间就想创业或是下定决心毕业时就创业备学生开展的，主要定位为"专业型"创业管理教育，主要目标是提升学生创业实战技能，培养实际创办企业的能力，主要通过开办创业先锋班进行。通过专业性教育，使这些学生能够在大学期间系统地接受创办和管理中小企业的知识和技能，提高驾驭能力和规避风险能力，减少无谓的失败，从而提升创业成功率。

由于"专业型"的创业管理教育是针对少数学生进行的，所以多采取开设"创业先锋班"（Osaka Business Pioneer，OBP）的方式来开展有针对性的教育。在这方面，国内诸多高校已有成功的探索和实践，如中央财经大学开办的"创业先锋班"已成为该校落实创业教育的主要载体。"创业先锋班"在选拔学员方面措施更为具体和周详，选拔的维度是创新和创业的意愿、协调性、意志品格，主要考查学生的思辨力、反应力（如进攻性、坚韧性、决断性、团队合作精神、控制欲、责任心）等。面对"创业先锋班"学生开设必修课程。制定创业演习和课程讲授相结合、围绕创办新企业或新事业的过程展开的课程体系。改革教学方式，课程内容采用模块化结构，主要由基本理论、案例分析和模拟练习等模块组成；课程教学中设置互动和实际操作环节；创业教育与周围经济发展相联系，通过鲜活的案例，提高学生对市场的敏感度，改掉眼高手低的通病；改变考核方式，取消死记硬背的考试，侧重平时参与的表现，奖励有创意的言行；搭建创业实践平台，实行"小班教育＋双导师制"，争取学校各方力量协助，进行校园创业，使学生近距离接触创业。

（四）"职业型"创新创业

继续教育是面向初创企业者开展的，主要定位是"职业型"创新创业"继续教育"，主要目标为以职业化的教育、咨询、培训、服务和力所能及的创业提供援助，帮助创业者渡过企业初创期。以上所论三个层次的创新创业教育，都是针对在校大学生群体开展的。实际上，当前中国最为缺少的是针对另外一个群体的"继续教育与援助"，这个群体就是毕业时选择创业的群体。中国有句俗语，叫作"扶上马、送一程"，这是对这个群体进行创业援助的最为形象的描述。那些在毕业时选择创业的毕业生，会面临方方面面的困难，这是他们最需要帮助的时候，最坚实的靠山就是母校。如果说，经过大学的培养，毕业生已经现实地选择创业作为自身职业生涯的开端，这可比作"扶上马"的话，那么，这些毕业生是否会骑马？能不能在马背上坐得住、坐得稳，还面临着考验。在这个时候，学校要通过力所能及的各种途径和方式，对新创企业的毕业生展开援助，为其快速走向正轨提供帮助，以期达到"送一程"的目的[①]。

为创业初期的毕业生提供教育、咨询和服务，已经将高校的创业教育领域和范围适当地延展到社会，在这个层面，很多问题就不只是高校一家能够独立解决的，需要政策体系、科研成果转化体系、社会服务体系的合力，才能为初创企业的大学生提供有效援助。当前，既需要依托科技园和孵化器促进大学生顺利创办创新型企业；也需要为大学生提供生活补贴和创业补助金，减轻生存压力；更需要高度重视大学生创业教育，在高校中创立

---

① 张晓华. 大学生创新创业教育路径探究［M］. 北京：北京航空航天大学出版社，2021.

传授创业知识、激发创业精神的创业教育教学体系，成立各级创业培训中心，免费为有意创业的大学生提供实战性较强的培训。建设和完善针对这一群体的创新创业教育机制是一个复杂的系统工程，需要方方面面的合力，高校必须成为协调多方力量的主体，切实担负起应负的使命和责任，将其作为今后中国高校开展创新创业教育的重要努力方向。

"广谱式"创新创业教育的理论价值，确立追求实效的创新创业教育新观念。"广谱式"创新创业教育实现了从"两极"到"中介"的转化，确定了追求实效的创新创业教育新观念。"两极"是指现实推进创新创业教育过程中的两个极端：一个极端认为，创新创业教育就是教学生创业，把创新创业教育"狭化"为职业教育；另一个极端认为，创新创业教育就是培养学生的创业意识，把创新创业教育"泛化"为素质教育。"广谱式"概念的提出，可以有效推动"两极"思维向"中介"思维的转变。"中介"是指两个极端的中间地带，强调既不能把创新创业教育单纯地看作素质教育，不存在"不教创业的创业教育"；也不能把创新创业教育单纯地看作职业教育，不存在"只教创业的创业教育"。"广谱式"创新创业教育就是充分借鉴素质教育的理念和专业教育的方法，形成三维教育结构，为学生提供知识与技能、过程与方法、情感态度和价值观三个维度的教育。在"中介"观的指导下，创新创业教育远非仅是指导大学生设计、创办、经营和管理商业、企业或公司，也不仅仅是解决大学生就业问题的权宜之计，它既是当前促进高等教育内涵发展、不断提高人才培养质量的重要途径，也是大学生充分实现人生价值、提升人生境界的重要途径；既是当前强力支撑创新驱动，服务职业变迁、产业升级和整个经济增长方式转变的重要方式，也是关系民族创新能力提升和创新型国家建设的重大战略问题。以"中介"观为理论基础，高校"广谱式"创新创业教育包括在校教育和继续教育两个阶段，在校教育阶段既有面向全体学生的通识教育，也有面向各个学科的嵌入教育，还有面向有明确创业意愿群体的专业教育，继续教育阶段既有面向准创业者的教育和培训，也有面向中小企业主的咨询与援助，还有面向岗位创业者的培养和提高。通过在两个阶段实施"广谱式"创新创业教育，既要实现全覆盖，又要体现差异化，实现分层次、分阶段、分群体施教。

实现创新创业教育与就业教育的衔接联动。"广谱式"创新创业教育理顺了创新创业教育与就业教育的关系，实现了二者的衔接联动。关于创新创业教育与就业教育的关系，主要有两种代表性观点。一是对立关系，认为就业教育以填补现有的、显见的就业岗位为价值取向；创新创业教育以创造性就业和创造新的就业岗位为目的。创业教育在世界范围内的全面兴起，昭示着就业教育的衰落。二是包含关系，认为创业教育包含在就业教育范畴之内。有学者认为，就业其实是一种生活方式，"就业或雇佣不仅指被他人雇佣，也包括被自己雇佣，比如创业"。在辨析创新创业教育与就业教育的关系时，很多学者在高度肯定创新创业教育的同时贬低了就业教育，这种学术观点具有一定的普遍性，已经不是一两个学者的个别看法。产生这种观点的深层次原因是对近年来就业教育的发展变化缺少全面把握。这种发展趋势从教育部 2007 年颁布的《大学生职业发展与就业指导课程教学要求》文件中可见一斑。该文件将职业生涯规划和就业指导作为独立课程，进入高校教育教学管理体系，明确地规定了这门课程"既强调职业在人生发展中的重要地位，又关注学生的全面发展和终身发展。通过激发大学生职业生涯发展的自主意识，树立正确的就业观，促使大学生理性地规划自身未来的发展，并努力在学习过程中自觉地提高就业能力和生涯管理能力"的性质与目标。文件将就业指导与职业发展相结合，使得就业指导具有全新的理论基础和价值定位。与职业发展相结合的就业教育的精髓是突出学生的主体地位，唤醒学生的独立工作能力和创造性思维，在实践过程中，既注重以正确的价值观引导学生，又注重个人兴趣和创新能力的塑造，批判性思维和社会责任感的培养，实现了从传统的"就业指导"到"职业生涯教育"的转变，从帮学生找工作向教会学生找工作的转变。

　　基于以上分析，在"广谱式"创新创业教育体系框架内，创新创业教育与就业教育的科学关系体现在以下三个方面。第一，二者不是对立关系，创业是主动的，就业是被动的；创业是"创造性"的，就业是"适应性"的。第二，二者不是包含关系，就业和创业都是大学生的职业选择方式，就业教育和创业教育可以统一为"出路教育"，我们可以把创业作为学生就业的一个具体"出路"，作为学生生涯规划的一个重要选项，但在进行教育的时候，创新创业教育必须从现有的就业教育体系中分离出来，给予应有的重视。第三，二者是"衔接联动"关系。对全体学生进行"广谱式"创新创业教育有利于促进学生就业；对学生进行就业教育并帮助其落实合适的工作岗位，有利于学生在工作岗位上积蓄力量，以就业为跳板，走一条"经由就业走向创业"的道路。就业可以成为创业的台阶和跳板，创业也可以作为就业的基础和平台，二者天然具有衔接性和联动性，将二者截然分开并对立起来既不科学也不明智。

　　夯实创新创业教育坚实的理论基础。"广谱式"创新创业教育贯通了创新创业教育与素质教育的本质、特征和目标，夯实了创新创业教育坚实的理论基础。全面实施素质教育是改革开放以来中国教育改革发展的总方向、总目标和总要求，创新创业教育是围绕素质教育这一主旋律跳动的音符。首先，从科学本质上来看，二者都是培育、提高全体受教育者素质的教育，素质教育重在培养综合素质，创新创业教育重在培养创新创业素质。"实施素质教育，就是全面贯彻党的教育方针，以提高国民素质为根本宗旨，以培养学生的创新精神和实践能力为重点。"培养学生的创新精神和实践能力，成为实施素质教育的重点。从这个角度出发，有学者明确指出创新创业教育是对素质教育的"具体化""新指认"，是一种高层次的素质教育。认为创业教育与素质教育有诸多相通之处，作为一种教育理念和模式，创业教育系属于素质教育的范畴，二者的共同本质是"恢复教育的本来意义和价值，即培养学生健康人格，促进学生全面发展"。其次，从主体特征来看，二者都是在教育改革与发展的大背景下提出的教育理念和模式。二者处在不断发展之中，具有鲜明的时代特征。素质教育具有主体性、全体性、全面性和长效性四个鲜明的时代特征，与此相应，"广谱式"创新创业教育突出强调"面向全体学生""结合专业教育""融入人才培养全过程"的核心指导理念，重在实现"全覆盖""分层次"和"差异化"的基本目标，深度契合了素质教育的主体性、全体性、全面性和长效性特征，使之更好地适应复杂多变的社会环境和应对未来世界的挑战。再次，从培养目标来看，关注人的发展是二者共同的灵魂、核心和目标。素质教育将促进学生全面发展，将培养德智体全面发展的合格公民作为最高目标，创新创业教育的目标是培养具有开创性的人，这样的人对于变化持积极的、灵活的和适应的态度，视变化为正常、为机会，而不视其为问题。从德智体全面发展的合格公民到具有开创性的个人，正是由于创新创业教育突出强调"开创性"的培养目标，充分彰显"开创性"的意义和价值，并围绕如何培养"开创性"这一核心素质，对素质教育要求全面发展的生理素质、心理素质、文化素质的构成要素进行了选择和归并，或突出重点，或赋予创新创业的内涵，由此重新建构了创新创业素质的结构和系统，这样，创新创业教育既紧密结合素质教育的内在要求，又以实现"开创性"的培养目标为切入点和突破口，实现人的全面发展的进一步延伸和扩展，使得创新创业教育具有与素质教育既相联系又相区别的教育内容体系，这就是为什么二者本质相同、特征相通、目标相合而又要同时存在的必要性。

第七节　关于创新创业教育的政策建议

一、加快推进大学创新创业教育模式和标准的构建

创新创业教育模式本质上就是把大学生的创业能力和创新精神的培养看作一项综合的系统工程，改革大学教育教学目标、教育方式、教学方法以及专业课程体系等，形成一种在过程和结果上都具有创新特征的教育环境，并在不断的教育实践中，以一套具有固定行为特征的教育表达方式和标准呈现出来。而教育主管部门、大学、社会组织、教师及学生多方应积极参与，共同努力，研究创新创业教育的特点，加快推进我国大学创新创业教育模式和标准的构建，让大学在创新创业教育具体执行过程中有据可依，消除目前执行标准不统一、途径差异大的现状。改变阻碍学生主动学习和创新精神培养的教育模式，以培养大学生的创新精神为核心，树立正确的创新创业价值观念，建立多样化和个性化相结合的科学合理的人才培养模式。

二、促进创新创业教育与专业教育体系的有效融合

教育主管部门应该积极推进设立创新创业教育学科，明确创新创业教育的学科地位，

同时，将创新创业教育思想与知识逐步融入专业教育的过程之中。在统一的创新创业教育框架下，进行师资建设、课程设置和学生培养。创新创业教育学科应以学生的全面发展为导向，培养学生的创新精神、创业能力，提高学生的综合素质，应贯穿于教育管理的全过程，使全体学生都成为创新创业教育的受益对象。

三、打造多元化的高素质创新创业教育师资队伍

师资是大学创新创业教育的关键，创新创业教育的特点决定了教师既要有广博的创新创业教育理论知识，又要具有一定的创业经验。因此，需要建设既有理论知识又有实践经验、专兼职结合的创新创业教育教师队伍。教师应积极开展创新创业教育理论研究和实践探索，加强教学经验交流，改进教学手段和方法，在专业教育中灌输创新创业教育的知识。大学应从经费支持、教学考核和职称评定等方面给予创新创业教师一定的政策倾斜，提高教师参与创新创业理论研究和实践的积极性；充分利用社会资源和校友资源，聘请具有丰富行业经验的企业界人士和创业者作为兼职的创新创业教师为学生开设创新创业课程和讲座，并为专职教师进行短期企业实践、提供实训、搭建平台，构建专兼职结合、理论与实践互补的多元化的创新创业教育师资队伍。

四、设计科学合理的创新创业教育课程体系

创新创业教育涉及多学科交叉融合，需要从跨学科的视角进行课程体系的设计。创新创业教育的课程体系设计首先要考虑如何将创新创业的理念有效融入专业教学体系之中，使创新精神和创业能力的培养成为专业教学的导向之一；在具体实施上还应重视学科的互补性和课程教学的特点，强调理论课程和实践课程的有机结合，建立可操作性强、内容多样化的创新创业教育课程体系；逐步凝练创新创业教育课程体系标准，强调规范化，减少课程设置随意性。我国教育主管部门和大学应积极开展创新创业教育的相关理论研究，通过课题立项和经费资助的方式鼓励教师将理论研究成果和教学经验进行凝练，形成具有特色的创新创业教育教材，探索行之有效的教学模式和教学方法，为创新创业教育的广泛开展提供参考。

五、加强大学与产业界的合作，搭建创新创业教育实践平台

创新创业教育具有理论与实践相结合的特点，突出实践性。创意思维、创新精神和创业意识需要经过实践活动才能转化为创新创业能力。因此，大学创新创业教育的实施过程要以实践活动为载体，创新创业教育的开展可以包括实验教学、毕业设计、实习实践以及创新创业竞赛等多种形式。大学创新创业教育的开展离不开产业界的支持和参与，以美国为例，产业界为大学创新创业教育提供大量的人才支持、实践场地和实习岗位，通过与大

学建立联合创新创业教育研究中心、设立捐赠创新创业教师席位等方式支持大学开展创新创业教育，同时，大学的创新创业教育也孕育了许多世界知名企业，如惠普、谷歌、雅虎、思科、SUN 等高科技公司就是在斯坦福校园的创新创业氛围中诞生的，正是这些创新型的高科技企业为"硅谷"的发展注入了生机，美国的大学创新创业教育与产业发展形成非常良性的互动。借鉴国外成功经验，我国大学应积极探索产学合作的创新创业教育模式，搭建创新创业实践平台，建立政府、大学和科技产业园区的联动机制，推进创新创业实习实践基地和创业孵化基地建设。通过科技产业园区的实习实践，学生可以亲身经历大量的创业案例，结合企业界人士的现身说法可以从操作层面上为学生提供更为直接的指导，开阔学生眼界，拓宽思路，激发创新创业兴趣。创业孵化基地可以在设备、资金、场地等方面提供创业扶持，并提供专业的创业咨询和创业服务，使创新创业教育真正落到实处。

六、完善制度环境建设，培育崇尚创新的文化

国外创新创业教育的发展很大程度上得益于政府部门的政策引导，美国、日本、英国等创新创业教育较为发达的国家都采取了积极的措施来鼓励和引导创新创业教育的开展。如美国颁布的《贝多法案》《史蒂文森-魏德勒技术创新法》《小企业创新发展法》等支持科技创新转化和小企业发展的政策法案，为美国的创新创业教育提供了良好的政策环境和制度环境；日本颁布了《推动具有创新创业精神的人才培养报告》《大学技术转移促进法》《中小企业有责法》《中小企业新事业活动促进法》等政策文件；英国则启动了"大学生创业项目"，设立了"科学创业挑战基金""高等教育创新基金"等促进创新创业教育发展的措施。我国应该充分借鉴先进国家的做法，加强政府政策引导和支持，建立各级创新创业教育管理机构，不断完善制度环境，促进创新创业教育的深入展开，并在全社会形成有利于大学生创新创业的环境。

第八节　高校创新创业教育人才培养体系构建的路径选择

一、高校开展创新创业教育原则

"全面教育"与"个别教育"共同结合的原则。"全面教育"是指全面提升大学生的创新意识与创业能力，从整体上对创新创业学生的综合素质进行开发与提高，完善其创新创业的知识结构体系和性格品质。"个别教育"是指针对少部分拥有创业潜能的大学生，进行个别的特殊引导和动力支持，以培养出先进的创业示范人才。

"全程性"与"分层性"共同结合的原则。良性的创新创业教育体系应当具有开放性

与延续性的特点，这是终身教育系统的重要组成部分。其开放性与延续性在大学创新创业教育阶段就是"全程性"的体现，高校应当将创新创业教育纳入人才培养的目标规划中，与专业的教学科研体系相结合。同时，高校的创新创业教育还应当划分层次，具有侧重点。在大学的初级阶段，应当进行通识教育培养学生的创业意识，随着专业学习的不断深入，应当加大创新创业教育意识的培养力度，开展针对性的技能训练，让学生在创业实践的过程中不断提高自身的综合素质及意志力。而对于高校毕业生来说，应体现教育连续性的特点，实现教育的由浅入深，由全面到重点的发展目标，将高校的创新创业教育落实到位。

"理论"与"实践"共同结合的原则。高校在开展传授创新创业教育知识时，要注重理论与实践的具体结合，才能够真正实现培养大学生创新创业意识素质的至高目标。因此，高校开展创新创业教育工作的同时，既要加强对理论课程教学工作的推广教育，丰富学生的创新创业意识，同时也要根据创新创业自身的实践特点，加强实践教学任务的强度，积极组织学生参与创新创业活动，真正做到理论与实践的共同结合。

"开放"与"协同"共同结合的原则。由于高校受到教育资源局限性的影响，为了积极获取有利的社会优质资源，应坚持开放办学的原则，建立协同创新体制机制。高校还应围绕创新培养人才体系的这一目标，建立创新协同机制，将各部门的职能目标协调一致，促使创新创业教育的效果达到最大化。

二、高校创新创业教育人才培养体系构建的路径

（一）科学定位创新创业教育学科，促进其专业教育体系的有机融合

教育主管部门应尽快明确创新创业教育的学科地位，设立创新创业教育学科，促进创新创业教育与专业教育体系的有机融合，使高校对创新创业教育的具体执行有据可依，在一个统一的框架下，进行课程设置、师资建设和学生培养。创新创业教育学科应以学生的全面发展为本，并逐步纳入素质教育范畴之中，贯穿于教育管理的全过程，使全体学生都能成为创新创业教育的受益对象，培养学生的创新精神、创业能力，提高学生的综合素质。

（二）探索改进，形成具有特色的、多样化的创新创业教育模式

在推进高校创新创业教育过程中，应该不断探索改进，强调多样化，从学校类型、教育发展阶段以及所处区域差异出发，形成具有特色、多样化的创新创业教育模式。从学校类型来看，综合性研究型高校的创新创业教育应重点进行学生创新精神和创业意识的培养，打造高素质拔尖创新人才，为国家层面的创新体系建设承担重任；普通教学型高校的创新创业教育重点关注创业知识和创业能力的培养，为区域层面的经济社会发展做出贡献。从教育发展阶段来看，创新创业教育基础薄弱的高校重点应放在创新创业教育观念的

普及和相关社会资源的挖掘；具有创新创业教育经验的高校应侧重相关资源的整合和优质资源的利用，重点开展创新创业教育的理论与实践研究。从高校所在区域差异来看，东部沿海地区的民营经济发达，中小企业众多，高校的创新创业教育应该充分利用这些优势，重点培养学生的创业能力和创业实务，建立面向第三产业的创业引导模式；京津地区的高新技术产业发达，优质高等教育资源集中，高校的创新创业教育重点应培养学生的创新精神和创业意识，建立技术型创业引导模式；中西部地区经济比较落后，以传统产业为主导，高校的创新创业教育重点是在教学过程中不断引入创新创业元素，积极整合社会资源，营造良好的创新创业社会环境。

（三）建设多元化的高素质创新创业教育师资队伍

建设一支既有理论知识，又有实践经验，专兼职结合的教师队伍，是影响高校创新创业教育效果的关键要素。教师应积极开展理论及实践研究，及时反馈教学经验，不断提高在专业教育中渗透创新创业教育理念的意识和能力。高校应从教学考核、职称评定、经费支持等方面给予大力支持，鼓励教师参与创新创业实践，有计划地组织教师到创新创业教育开展比较成熟的高校进行学习和经验交流；积极整合校友资源、社会资源，聘请各个行业实践经验丰富的企业家、创业成功人士作为兼职的创新创业指导教师，并为专职教师进行短期企业实践和企业任职搭建平台，形成多元化的创新创业教育师资队伍。

（四）构建多学科支撑的、系统化的创新创业教育课程体系

创新创业教育是一个多学科交叉的综合学科，需要进行跨学科、创造性的课程设计。创新创业教育课程体系建设，不仅要把创新、创业的理念融入专业教学之中，还应重视学科的互补性和教学的综合性，强调理论课程和实践课程的有机结合，形成内容丰富、操作性强的创新创业教育课程体系。同时，优质适用的教材和先进的教学方法也是创新创业教育课程体系的重要组成部分。高校应积极引导和鼓励教师开展创新创业教育理论研究，开发本土化的优质创新创业教育教材，探索行之有效的教学模式和教学方法，充分调动学生学习和参与的积极性，达到培养学生创新精神与创业意识的目的。

（五）推进产学合作，打造创新创业教育实践平台

创新创业教育是理论与实践的结合，而其实践性特点更为突出。高校的创新创业教育教学过程应该以实践活动为载体，将创新创业教育与实验教学、实习见习、毕业设计以及多种形式的创业计划大赛等第二课堂活动相结合。同时，要积极推进大学科技园和创业孵化基地建设，充分发挥科技园连接高校与社会的桥梁纽带作用。大学科技园区的创业课程突出实例教学，同时贯穿着谋略、技巧与方法，可以从操作层面为学生提供指导。大学科技园区也可以在资金、场地、设备等硬件设施上提供创业扶持，并提供专业的创业咨询和创业服务，使创新创业教育真正落到实处。创新创业教育的发展也离不开产业界的参与和支持，以美国为例，企业界通过为高校创新创业教育提供大量的人才支持和实习岗位，资

助创业教育研究中心或者设立捐赠创业教师席位，成为高校创新创业教育的重要支持力量。我国高校也应积极探索校企合作教育模式，促进产学合作，进一步加强高校学生科技创业实习基地建设，使之成为高校开展创新创业教育的重要实践平台。

伴随着知识经济的兴起，国家在国际上的核心竞争力主要表现在人才上的竞争，创新创业能力是反映人才竞争力的重要因素，因此很多国家都把培养创新型人才摆在战略的高度上加以重视，美国、日本、德国、瑞士等国家的知名学府都在学生创新能力的培养方面取得了显著的成果。将提高自主创新能力，建设创新型国家作为我国中长期发展目标，促使我国新时期高等学校的战略任务转变为培养具有社会责任感、创业能力和创造精神，善于将创新成果转化为现实生产力的高素质人才，这是时代赋予高等教育的神圣使命，也是顺应高等教育发展重心转移和增强学生就业竞争力以及缓解大学生就业压力的必然要求。如何实现这个人才培养目标是目前各高校共同面对的问题，应积极深入地研究这一课题，建立创新型人才培养平台，构建科学的人才培养体系，为社会培养和输送高质量创新创业人才。

创建"三进一出，内外兼修"实验实践教学体系。"三进"是指进入实验室、进入研究室、进入产学研基地，"一出"是指服务于企业；"内外兼修"是指课内与课外的结合，校内与校外的结合。机械工程学科现已发展成为不断与其他学科交叉、渗透、融合与集成的产物，在"大机械"的科技背景下，坚持以学生为本，培养具有扎实的理论知识和实践、创新能力相结合的高素质人才是实验实践教学理念和教学改革指导思想，构建了"三进一出，内外兼修"的实验实践教学体系，努力培养学生的创新思维、创新意识，呵护个性成长，促进全面发展。

转变教学观念，构建多体系的大学生创新实践模式，对本科生开放实验室、研究室和产学研基地，鼓励学生利用课外时间参加科研和实践，解决相关技术问题。在实验室和基地项目的训练中，学生们结合课堂所学的理论知识去解决实际问题，而且要不断地补充新知识，探索新思路、新方法，拓宽学生的知识面，提升学生的创新创业能力和综合素质。

"三进一出、内外兼修"是培养学生创新创业综合素质与能力的重要平台。该模式为师生提供了一个在高校保护下的面向社会的实践窗口，实现实验室、研究室和产学研基地的联动，搭建对大学生创新能力培养的平台。平台致力于发展原创科技、推动科技成果转化，提供创业、创新、技术转移服务，使学生真正与社会接触，达到"没出校门先入社会"的校门与社会零门槛效果，是高校与企业交流合作的重要平台。

采用项目教学法全面提升学生的创新能力和应用能力。项目教学法，即学生在教师指导下，通过完成一个完整的"工作项目"而进行学习的教学方法。训练学生的基本科研能力，查阅文献、收集分析资料、了解学科的前沿；培养学生敏锐的观察力、思维力和想象力，去发现问题和解决问题，使大学生真正具有创业品质，面对挑战，磨炼意志，积极探索，勇于攀登科学高峰。

项目教学法的具体实施。以竞赛题目作为项目，通过组织学生参加 ITAT 竞赛、中日韩模具大赛、机器人大赛、机械电子大赛、机械设计大赛、大学生工程实践能力竞赛、大学生创业大赛等，组织学生进行实践和训练。将参赛内容贯穿于平时的教学实验实践环节中，使所学理论和参赛内容有机结合，有效激发学生的学习主动性和创造性。把部分优秀的比赛作品直接转换为开放性、综合设计性和创新性实验，培养学生的工程实践能力和创新创业能力。

探索学生自主管理开放实验室的新模式。目前机械学院已经建设了四个开放实验室：机电控制实验室、数控机床实验室、材料成型创新实验室、计算机实验室。实验室服务于大学生参与的各项大赛。目前这些实验室都是由学生自主管理，建立了实验室管理制度，和实验室负责人竞聘机制。学生负责实验室人员培训、设备维护、作品制作、材料和配件的购买等工作。建立"创新团队"学生组织，开启了学生自主管理开放型实验室的新模式，由导师引导、启发，学生根据团队情况自主管理，高年级学生带动低年级学生，保证知识结构完整、队伍不断层以及实验室为学生提供了研究创新的科研环境，提高了其工程实践、团队合作和组织协调能力，增强服务意识和奉献的精神，培养了学生的高情商、社会适应性和创业能力。以机械实验室、教师研究室和产学研基地为依托，实现产、学、研共同发展。

实验室、研究室建设。学院根据大学生机械创新活动的实际需要，筹备建立了创新实验室，购置了电火花数控线切割机床、激光钻床、数控雕刻机等加工设备，对实验人员进行了培训，编写了实验指导书和设备操作规范，丰富了实验创新活动的教学内容。创新实验室在 2015 年成功举办机械科技作品制作大赛，使学生的动手实践能力得到了提高。

科学的实践教学模式，需要一批具有较强实践能力和实践指导经验的教师进行实施。学院的各研究室都具有实际科研项目，教师团队通过积极为企业解决难题，提高自身的实践能力和创新能力。学院为各个研究室提供实验设备及实验场所，组织开展院内合作与交流，促进资源利用的最大化。对学生开放研究室，进行相关培训及科研项目研究，大学生参与项目的可行性得到了证实。

产学研基地合作。发展与示范园区、公司和科研单位的合作关系，建立稳定长期的校内外实践实习基地。引进了企业的新技术，了解并学习科研单位的最新研究方向，使学生在学习阶段就能够接触和了解机械工程发展的主流技术、先进设备，为培养实践型、创新型和复合型人才奠定基础。机械学院与大连展远科技有限公司和大连保税区兴业达科技有限公司等十几家公司和企业建立了校内外产学研基地。校外实习实践平台，能够培养学生不畏艰难、敢于冒险、敢于竞争、乐观进取的创业精神。通过企业实践，学习企业管理模式和管理经验，使学生更早地了解自主创办企业的申办手续和企业运营中应具备的技术、管理和资金等基础条件，为学生自主创业打下基础。

第六章 基于"工匠精神"的应用型高校"双创"人才培养模式研究

应用型本科高校创新创业教育人才培养规格。创新创业教育人才培养规格是构建创新创业教育课程体系的重要依据。应用型本科高校创新创业教育人才培养规格应该结合学生个人未来发展定位和社会发展需要来制定。在全面建成小康社会的关键时期，其核心是要实现国民经济建设的工业化和现代化。就需求而言，人才需求主要有三类：技能型人才、工程技术型人才和专业管理型人才。除此之外，在工程技术领域还存在一些发现和研究客观自然规律的人才，即学术型人才。上述四种类型的人才，其社会功能不同，要求的知识、能力与素质结构也不同。对于应用型本科高校而言，以培养高素质工程技术型人才和专业管理型人才为主，即具有创新创业基本素质和开创型个性的人才。

2010 年教育部下发了《关于大力推进高等学校创新创业教育和大学生自主创业工作的意见》，明确提出高校把创新创业教育有效纳入专业教育和文化素质教育教学计划和学分体系，建立多层次、立体化的创新创业教育课程体系。要围绕专业特色进行课程改革，构建创新创业类课程与专业课程体系有机融合、创新创业实践活动与专业实践教学有效衔接为主的课程体系。该意见为高等院校开展创新创业教育课程体系建设指明了方向。创新创业课程体系是大学生创新创业教育理念转化为教育实践的重要载体，应遵循应用型本科高校教育教学规律，坚持理论讲授与案例分析相结合、经验传授与创业实践相结合，把专业知识传授和实践体验有机统一，调动学生学习的积极性、主动性和创造性，是实现创新创业教育的关键。

创新创业教育课程类型从课程表现形式上可分为显性课程和隐性课程。隐性课程主要是指创新创业教育潜在课程；显性课程由通识课程、专业或技术课程和技能实训课程组成，它们之间是相互联系、相互影响和相互作用的有机整体。

潜在课程是指在学校计划和课程方案中没有明确规定的教育实践和结果，但属于学校教育经常而有效的组成部分，可以看成是非计划的、隐含的、未被认识的或者不明确的课程，即通过班级环境和校园环境等物质环境，人际关系，文化环境建设，不同程度地体现创新创业教育的主旨和目的。通过黑板报、宣传栏、广播等载体形成创新创业教育的人文环境；学校通过制定相应的制度，形成创新创业教育的舆论、氛围，对学生的知识、情感、信念、意志、行为、价值观等方面起到潜移默化的引导作用。

通识课程：创新创业教育的通识课程，除了一般的与本专业人才培养目标相适应的经济学、法律、环境、管理学、人文与伦理道德类等课程外，还针对全体学生增设了创新思维训练、职业生涯与就业指导等必修课程。目的是培养学生的综合素质，加强通识教育。如表6-1所示为创新创业教育通识类核心课程。

表6-1　创新创业教育通识类核心课程

课程名称	课程内容与要求	参考学时/学分
法规与公共关系系列课程	具有从事本专业相关方面的人文与科学素质，奠定经济、环境、法律、伦理等知识基础。	160学时（10学分）
职业生涯与就业指导	通过案例教学法，引导学生正确认识自我，了解本专业的职业与就业环境，帮助学生树立积极正确的择业观、就业观与创业观。	32学时（2学分）
创新思维训练	围绕创造、创新与创业，贯彻"宽口径、厚基础、重能力、求创新"的通识教育理念，优化学生知识结构，培养学生的创新思维，增强学生的创新创业意识。	32学时（2学分）
创业精神	通过多元化教学，使学生了解创业应具备的基本要素、必备知识和技能，企业家必备的精神，唤起学生的创新与创业意识。	32学时（2学分）

通识课程基本要求：通过系统学习与本专业培养目标相适应的创新创业教育通识课程，达到具有从事本专业相关方面工作的人文与科学素质，奠定经济、环境、法律、伦理等知识基础，使学生具有应用本专业知识进行创新创业能力的基本素养。

在保证国家规定的教学内容基础上，各高校可根据自身办学的特色以及人才培养目标，酌情增加某方面的教学内容。

专业或技术课程：创新创业教育的专业或技术课程是指从某个具体的学科出发，设置符合各学科特点的创新创业理论和实践课程。此类课程除了学科基础课程、专业核心课程、专业方向课程三大模块外，还应增设项目研发训练和创业管理课程。

专业或技术课程基本要求：通过系统学习专业或技术课程，使学生具有在该学科领域中从事项目开发或工程管理等方面工作的素养和能力，为社会培养高素质创新创业型专业人才提供扎实的研发或工程管理方面的基础知识。创新创业教育专业或技术课程如表6-2所示。

表 6-2　创新创业教育专业或技术课程

课程名称	课程内容与能力要求	参考学时/学分
学科基础课程	学科基础课程不仅包含本学科理论课程，也包含相应的实验、实习等实践性教学环节。要求学生系统地学习本专业的基础理论、基础知识和基本技能与方法，培养学生的基本能力与基本素质，为学生继续学习专业课程提供基础知识、基本理论与基础技能。	160 学时以上（10 学分以上）
专业核心课程	教学内容鲜明呈现与社会经济文化发展需要的呼应关系，能有效引导学生掌握解决问题的思路、方法、规律与操作技能。主要包括主干知识突出、结构合理，体现专业特色的理论课程、实验课程和实践课程，培养掌握本专业相关专业方面的基本知识、原理、方法与技能，具备从事本专业及相关专业工程的设计、施工及管理的能力，能在本专业及相关专业领域的设计、研究、施工、教育、管理、投资、开发部门从事技术或管理工作的应用型工程技术人才。	192 学时以上（12 学分以上）
专业方向课程	专业方向课程主要包括各方向的选修课程，选修专长分组课程，使学生具备更深广的本专业知识，以满足未来创新、创业与就业的需求。	128 学时以上（8 学分以上）
项目研发课程	此类课程从学科专业与现实社会生产生活的关联入手，引导学生掌握项目研究路径与方法，参与专业的创新创业实践，提高学生发现问题、分析问题和解决问题的能力。	32 学时（2 学分）
创业管理课程	通过专业创业管理课程的学习，指导学生开展一项专业项目的市场调研，完成一份专业项目的创业计划书，引导学生了解创业基础知识、基本理论与基本流程，掌握创业计划书撰写技巧，培养学生的创业意识、创业基本素质和基本技能。	32 学时（2 学分）

技能实训课程：创新创业教育的技能实训课程是指以学习、科研、实训、创新、创业相互促进为指导思路，以技能实训课程为载体，以知识、能力、素质协调发展为主线，以综合运用能力和创新创业能力培养为核心，以多元化教学、多样化训练、多渠道实践为手段，强化学生创新精神、创业意识和个性化发展的系列课程。

创新创业技能实训课程基本要求：通过创新创业技能实训课程的学习和实训，使学生具有创业精神和技能，充分挖掘学生的创新能力，激发创业动机。

创新创业技能实训课程主要开设创业培训选修课程和实训环节。实训环节采用仿真实训教学和公司实战教学两种教学模式。选拔具有创业兴趣与愿望、激情与潜质的学生参加此类课程学习，帮助学生系统学习创业知识与技能，培养创业精神与素质，了解创业过程与模式，掌握创业方法与步骤，提高自主创业意识与创业成功率。创新创业技能实训课程如表 6-3 所示。

表 6-3　创新创业技能实训课程

课程名称	课程内容与能力要求	参考学时/学分
创业培训课程	SIYB、KAB 创业培训。系统学习创业知识与技能，培养创业精神与素质，让学生了解创业过程与模式、掌握创业方法与步骤。	32学时（2学分）
仿真实训	让学生进行专业相关仿真实训。模拟体验创新创业过程，使学生掌握创新创业的方法与步骤。	2周（4学分）
公司实训	让学生到专业相关的企业、公司实训。提高学生的自主创新创业意识和创新创业成功率。	18周（8学分）

第一节　应用型高校"双创"教育的基础概述

随着高校的扩招，高等教育体制上的矛盾凸显，就业形势日益严峻，大学毕业生从社会精英成为迫切需要解决就业问题的群体。高等教育作为科技发展和人才培育的重要结合点，有责任、有义务担当起创新创业教育的重担，这既是国家实施创新驱动发展战略、促进经济提质增效升级的迫切需要，又是推进高等教育综合改革、促进高校毕业生更高质量创业就业的重要举措，也是高校实施素质教育的核心内容。

2010 年中共中央、国务院印发的《国家中长期教育改革和发展规划纲要》提出加强就业创业教育的要求；2012 年教育部印发的《普通本科学校创业教育教学基本要求（试行）》提出应促进学生创业就业和全面发展；2015 年《国务院关于深化高等学校创新创业教育改革的实施意见》对高校加强创新创业教育提出明确要求。由此看来，加强和提高高校创新创业教育水平具有迫切的现实需求和意义。

应用型高校开展创新创业教育的意义。介于研究型大学和技能型高职院校之间的应用型高校，以学生的学习能力、工作能力和实践能力相结合为人才培养的重点，以应用为目的，培养面向生产服务一线的人才，是我国高等教育体系的重要组成部分，对满足经济社会发展起到积极的促进作用。应用型高校创新创业教育能力的高低，对大学生创业创新能力的培养有至关重要的作用，直接影响大学生创业就业的成功。

适应经济发展新常态的需求。创新创业教育是知识经济时代的一种教育观念和教育形式，是以培养学生的创新精神、创业意识和创新创业能力为基本内容，注重实践，讲究创新，创新创业教育是高等教育在信息化和全球化背景下适应经济发展新常态的必然要求和有效途径。

经济社会的飞速发展使得社会对应用型本科毕业生的需求日益多样化，面对严峻的就业形势，针对我国高等教育改革和创新型国家发展战略的需要，应用型高校应加强大学生的创新创业教育，鼓励学生自主创业，坚持创新引领创业、创业带动就业，主动适应经济发展新常态。

缓解就业压力的需求。就业是当今世界各国都十分关注的重大经济问题和社会问题，我国每年都有大批新增劳动力进入社会，农村劳动力不断涌入城市，再加上政府机关、事业单位减员增效，严峻的就业形势给高校毕业生就业带来了极大压力。

在应用型高校开展创新创业教育，引导和鼓励更多的大学生加入创业就业的队伍中，来启发、挖掘学生的创新创业潜能，是毕业生走向社会准备接受挑战的重要途径。既可以促进人才培养与经济社会的发展，又可以实现创业就业需求的紧密对接，不仅可以提高大学生创业创新水平，同时还可以缓解社会的就业压力，是促进毕业生充分就业的重要措施。

满足大学生自我发展的需求。苏联教育家苏霍姆林斯基认为，"创新是生活的最大乐趣，幸福寓于创新之中；如果一个人热爱自己所从事的劳动，就一定会竭尽全力使其劳动过程和劳动成果充满美好，于是，生活的伟大和幸福也便蕴含在了这种劳动中"。从这个角度讲，创业创新能力的培养不仅利于大学生幸福感的获得，还满足了自身可持续发展的需求，是大学生实现人生价值的需要。

面对严峻的就业形势，通过增强大学生的创新创业能力来适应社会需求，解决就业问题，不仅需要大力鼓励自主创业和灵活就业，更加需要更新大学生的就业思路，创新就业模式，加强创新理念。因此，在应用型高校开展创新创业教育，开辟多元化就业渠道，将是高校教育工作者的重点研讨课题，也是必须持续进行的长期任务。

目前以全面提升创新能力为重要目标的"高等学校创新能力提升计划"正在实施，各高校纷纷响应，积极开展大学生创业计划，创新创业教育强调大学生创新创业能力的培养，体现了社会经济发展对人才的知识、素质、能力等的综合要求，特别是专注、诚信、创新等方面的素质要求。创新创业教育的核心是培养大学生的创新精神和创业就业能力，侧重点从注重知识传授向更加重视能力和素质培养的转变，注重大学生个性化和全面综合素质的发展，将理论知识与实践技能很好地结合起来，运用所学的知识创造性地解决实际问题，激发他们的青春能量。及时更新创新创业观念。应用型高校的教育观念应跟得上时代的脚步，及时更新，主动适应时代和市场经济发展的需求，切实把创新创业教育落到实处，要引导学生积极准备，注重积累。

纵观社会各界创业成功的人士，可以看出创新能力和创业能力是促成个体创新创业成功的关键要素，只有具备很强的综合素质才有可能在以后的创业中有所成就。事实上，大学生完全可以成为创业的主体，也应该成为创业的主流群体。同时，应期待一部分学生将来成为自主创业者，为社会其他就业人员提供更多的就业岗位。大学教育所提供的东西绝不只是书本上的知识，各应用型高校应尽可能地丰富学生的在校经历，通过各种专题教育和讲座，宣传创新创业精神和相关政策，有针对性地进行创新创业理论教学，使他们对创业有信心，让他们在大学生活中尽情展现最美丽的青春。

注重与专业教育的有机融合。与研究型高校不同，应用型高校的学生专业应用性更强，围绕专业开展创新创业教育，将专业教育和通识教育相结合，在创新创业教育理念的指导下进一步完善专业教育是非常必要和可行的。在相关的专业课程中，结合并渗透创新创业的实际操作性内容，通过各种类型的校内、校外实践活动来进行大学生创新创业教育，优化与专业教育的有机融合。

首先，要科学完善课程建设体系，特别是将创新创业类知识内容纳入教学计划，强化与专业实践教学有效衔接的创新创业实践环节，着力培养学生的创业意识和企业家主人翁精神，发挥学生的主观能动性。其次，把创新创业教育与专业和学科优势相结合，提倡探究式学习，引导学生在研究和开发中学习，在实践中学习。注重创业基础、职业规划、就业指导类课程的学习，更强调与专业课程联系紧密的能够反映社会需求的创新创业知识内容的教学，搭建起实践与教学、企业与课堂互动互通的链接，建构起能够适应社会发展所需要的知识体系，不断提高学习和更新知识的能力。再次，大胆尝试创业类体验教育。应用型高校应组织学生积极争取到创新创业项目，进一步实施孵化体验，强化专业技能体验，在创业学生团队训练体验，完成学生创新创业教育的锻炼成长。与此同时，应用型高校也可以利用自身办学优势，为学生提供创业就业实战演习的场所，鼓励学生利用课余时间尝试与社会的对接，让学生提前适应社会需求，在实践中积累经验。

搭建创新创业实践教学平台。实践教学是培养学生实践能力和创新能力的重要环节，也是提高学生社会职业素养和就业竞争力的重要途径。只有在"实践——认识"的往复过程中，才能不断增强动手动脑的能力。创业是实践性很强的活动，除了要进行系统的理论学习，还必须通过各种各样的创业实践活动来强化学生的创业意识，培育他们坚定的信念和顽强的意志，将已学的创业理论转化为自身的创新创业技能。

应用型高校可以适当加大资金投入，一方面，积极改善教学条件，组织有序的企业观摩、创业体验、企业文化教育，强化现场感受创业、亲身体验创业，调动学生创业就业的主动性。另一方面，强化学校和各类公司、工厂的联系，建设具有创业指导功能的校内实训基地和若干个校企合作、资源共享的校外实训基地，构建创新创业理念下的实践教学平台。在学校和学生社团的组织下，鼓励和帮助学生勇于走出校园，走向服务社会的最前线，直接为区域经济的发展提供劳务服务和技术支持。此外，还应深入开展各类勤工助学活动，帮助学生培养自强自立、艰苦奋斗的创业精神和社会适应能力，让学生切身体会到创业的艰辛和乐趣，便于以后在岗位上取得创新的技术和业绩。

充分利用学生社团组织。在高校开展创新创业教育，学生社团组织应该且能够发挥重要作用。大学生社团是学生自愿形成的,是校园文化建设的重要载体,也是高校"第二课堂"的引领者,可以提高学生自我管理的能力。利用大学生社团开展创新创业教育活动,可以建立学校和社会之间的联系,让学生走向社会,为其学习、生活和工作提供服务,在实际锻炼中提升创新意识和能力。

应用型高校应鼓励学生创立创新创业的社团组织,充分利用校园文化,营造积极健康的创业教育良好氛围。借助校园传媒的力量,调动学生的创业积极性。具体包括:宣讲国家和地方为促进大学生创业的优惠政策及相应措施的办理流程;开展形式多样的创业实践活动,如各级各类专业技能竞赛、创业类技能竞赛、创业设计活动等,促使学生思维多元化,提升学生的综合素质;各学生社团还可根据实际情况邀请成功创业人士走进校园,以创业报告的形式对学生进行个人成功创业经历的分享,进行现场辅导和讲授,起到积极示范作用。

建设专业的师资队伍。创业的核心是创新,创新支撑着创业,通过一定的创新创业知识传授,提高学生的创新精神、创业意识、创业能力和动手实践能力,是造就高素质创新和应用型人才的重点。

创新创业教育成功的核心是"人",师资队伍的建设直接决定着创新创业型人才的培养质量。"教师只有在具有所学的知识和技能、个人素质、职业前景和工作动力的情况下,才能满足人对他们的期望"。由于创业教育内容涉及面广,实践性强,学科之间交叉和联系性强,这对应用型高校承担创新创业教育的教师素质提出了更高的要求和标准。结合社会经济发展新常态来看,还需通晓现代企业管理制度和市场经济的运行规则。

专业的创新创业教育教师,应该在教给学生创业必备的知识的同时,通过互动式、感悟式的教学方式,从思想上激发学生创新创业的欲望,调动他们的潜能,达到自觉提升综合素质和能力的目标。大学生创业创新能力的培养不是一蹴而就的,需要广大教师在教学过程中能够站在学生的立场上想他们所想,成为学生创业就业道路上的指路人和服务者。

第二节 "工匠精神"与应用型高校人才培养的契合性

工匠一般是指从事器物制作的人,工匠精神狭义上是指凝结在工匠身上,广义上是指凝结在所有人身上的、制作或工作中追求精益求精的态度与品质。它在中西方文明发展过程中均有所体现。那么,它们有什么样的具体含义与体现呢?在当代中国,我国政府提出了"中国制造2025"的战略性计划,希望实现由工业大国向工业强国的转变,并在社会主义核心价值观中要求人们具有"敬业"精神,那么,在这一过程中,工匠精神有何时代价值?这是本书欲探讨的问题。

中国文化视域下的工匠精神。在中华文明的发展过程中,作为文明的始祖黄帝就是一位伟大的工匠，传说他发明创造了房屋、衣裳、车船，阵法、音乐等；另一位始祖炎帝据说发明了医药，制末相，种五谷，作陶器等。《周礼·考工记》曰："百工之事，皆圣人之作也。烁金以为刃，凝土以为器，作车以行陆，作舟以行水，此皆圣人之所作也。"这些发明创造极大地便利了人们的日常生活，因此人们将这些创造型的能工巧匠视为"济世圣人"。中华文明的发展与繁荣也集中体现在能工巧匠创作的各种各样精致细腻的物品之中，比如青铜器、丝绸、刺绣、陶瓷等。可以说，在整个中华文化发展演进的历史长河中，工匠因其职业的特殊性形成了独具一格的精神特质。体现在以下几个方面："尚巧"的创造精神。追求技艺之巧，对于传统工匠具有极其特别的意义。首先，巧是工匠一词的基本内涵，《说文解字》曰："'工'，巧饰也。"段玉裁注曰："引申之凡善其事曰工。"《汉书·食货志》曰："作巧成器曰工。"《公羊传》何休注云："巧心劳手以成器物曰工。"在某种程度上，"巧"是工匠的代名词，能称之为工匠的人就是一个心灵手巧的人。其次，"巧"构成了工匠区别于其他职业群体的鲜明特征。《荀子·荣辱》篇曰："农以力尽田，贾以察尽财，百工以巧尽械器，士大夫以上至于公侯莫不以仁厚智能尽官职。"从事器械制造活动最需要的能力便是"巧"，所以为工必尚巧，它是对工匠最基本的职业要求。再次，它是工匠努力追求的重要美德，当人们赞美一个工匠时，经常会用"巧夺天工""能工巧匠""鬼斧神工""巧同造化"之类的词语来表达对工匠的赞美之情。最后，它也是形成优良器物的必要条件《考工记》曰："天有时，材有美，上有巧，合此四者，然后可以为良。""巧"并不只是一种简单模仿的手工操作技巧，它在本质上体现了创造性思维的特质。它要求人们敢于打破常规，别出心裁，不拘泥于传统。那些在中国历史上被称为"能工巧匠"的，不只是因为他们技艺的熟练，更重要的原因就在于他们身上所具有的创造性品质。鲁班就是以其发明创造了曲尺、墨斗、刨子等器物而被后人尊奉为土木建筑的祖师爷，奚仲因为造车而闻名于世，此外还有"虞驹作舟""夷狄作酒""夏鲧作城"等。这些工匠的创造发明，极大程度地改善了人们的生活条件，获得了民众的崇敬，被奉为祖师爷予以纪念。

"求精"的工作态度。追求技艺的精湛与产品的精致细密是传统工匠精神的第二大特点。《诗经·卫风·淇奥》曰："如切如磋，如琢如磨。"描述了工匠在切割，打磨，雕刻玉器、象牙、骨器时仔细认真、反复琢磨的工作态度。儒家借鉴了这一精神，将其作为治学和修身的方法。《大学》曰："如切如磋者，道学也；如琢如磨者，自修也。"朱熹进一步提炼出它的核心特质，"言治骨角者，既切之而复磋之；治玉石者，既琢之而复磨之，治之已精，而益求其精也"。由此，产生了"精益求精"一词。由于它对为学、修身、做事所发挥的积极作用，使得它也因此获得道德意义，从而成为工匠所追求的一种重要美德。

这种精神集中体现在中国古人制造的器物上，它们以其精致细腻的工艺造型闻名于世。据《考工记》记载，战国编钟极其精致，可以做到"圆者中规，方者中矩，立者中悬，衡者中水，直者如生焉，继者如附焉"。马王堆出土的汉代素纱蝉衣丝缕极细，用料2.6平方米，而重仅49克，"薄如蝉翼""轻若烟雾"，是世界上最轻的素纱蝉衣。著名的苏州园林以其意境深远、构筑精致而著称于世，被称为"咫尺之内再造乾坤"，中国的丝绸、陶瓷等工艺品以其精湛的技艺远销欧亚，号称"丝绸之国""陶器之都"。至宋代，冶炼、建筑、织造、陶瓷、茶、酒等工艺技术水平已经达到了相当高的水平，民间的许多传统手工艺制作，比如剪纸、年画、雕刻、皮影、泥塑等也以精巧而著称，这些产品的背后都凝聚着中国工匠精益求精的工作精神。

"道技合一"的人生境界。对技艺和作品精益求精的追求并不是那些高明工匠们的真正目的。娴熟的技巧对于他们而言，只不过是通往"道"的一种途径。他们希望通过手中的技艺领悟到"道"的真谛，从而实现人生意义的超越。庖丁解牛就是典型的例子，《庄子·养生主》曰："庖丁为文惠君解牛，手之所触，肩之所倚，足之所履，膝之所踦，砉然响然，奏刀騞然，莫不中音。合于桑林之舞，乃中经首之会。"梁惠王赞叹他精湛的技艺，而庖丁则回答说："臣之所好者，道也，进乎技矣。"也就是掌握了"以无厚入有间"的规律，即道，才会有游刃有余的技艺。在庄子笔下并不在少数，例如"轮扁斫轮""佝偻承蜩""运斤成风""大马捶钩""津人操舟"等，这些人的技艺可以说是已经达到登峰造极、出神入化的地步。通过技艺理解生活世界，最终可以使我们从"游于艺"的状态，达到"心合于道"的境界。

综上所述，中国文化视域下的工匠精神将"巧"，即理智与实践相结合的创造精神，作为工匠所应当具备的职业基本要求与美德；在工作过程中，特别注重严谨细致的态度，力求做到技艺与制作品的精益求精，从而达到一种"道技合一"的人生理想状态。

西方文化视域下的工匠精神主要表现为非利唯艺的纯粹精神。在柏拉图看来，工匠制作产品的目的不是为了获得某种物质性报酬，而是为了追求作品自身的完美。因为"如果有一种利益是所有的匠人大家都享受的，那显然是因为大家运用了一种同样的而不是他们各自特有的技术"。报酬是所有工匠所享有的，那是因为大家都运用了自己特有技术之外的共有的"挣钱之术"。

但是"挣钱之术"并不同于技艺。"医术产生健康，而挣钱之术产生了报酬，其他各行各业莫不如此，而每种技艺尽其本职，使受照管的对象得到利益。"工匠精湛的技艺也就在于产生优良的作品，使得对象得到利益，而不是为了让制作者自身获益，因为"没有一种技艺或统治术，是为它本身的利益的……一切营运部署都是为了对象。"因此，工匠的技艺全在于追求作品的完美与极致。

"为了把大家的鞋子做好，我们不让鞋匠去当农夫，或织工，或瓦工。同样，我们选拔其他的人，按其天赋安排职业，弃其所短，用其所长，让他们集中毕生精力钻研一门，精益求精，不失时机。"这样才可能制造更好的作品。"木匠做木匠的事，鞋匠做鞋匠的事"，其他的人也都这样，各起各的天然作用，不起别种人的作用，这种正确的行为乃是正义的影子。这样的依靠正义的原则与追求圆满，为工匠的存在提供了道德上的正当性。

一、工匠精神与职业道德培养

至善尽美的目的追求。亚里士多德认为工匠对产品精益求精的追求，产生于对目的善的欲求以及对自我创作产品的热爱。

首先，目的的存在可以为工匠的"精益求精"提供动因。他指出，"对制作活动而言，目的（产品）比活动过程更为重要"。因为"无论谁要制作某物，总是预先有某种目的。制作活动本身不是目的，而是属于其他某个事物，而完成的器物则自身是一个目的，因为做得好的东西是一个目的，是欲求的对象。所以，选择可以或称为欲求的努力，或称为理智的欲求，人就是这样一个始因"。

这个目的就是工匠在制作过程中竭力追求的那个称之为"善"的东西。每一种职业都是以某种"善"为目的，这个"善"就是人们在做其他每件事时所追求的那个东西。它在医术中是健康，在战术中是胜利，在建筑术中是一所房屋，在其他技艺中是某种其他东西，在每种活动和选择中就是那个目的，其他的一切都是为着它而做的。工作之善就在于圆满实现了工作所要求的目的，对于一个吹笛手、一个木匠或任何一个匠师，总而言之，对任何一个有某种活动或实践的人来说，他们的"善"或"出色"就在于那种活动的完善。对产品的精雕细琢与对技艺的精益求精因为有助于职业目的的实现才具有了"善"的意义。

在亚里士多德看来，除对目的的追求之外，工匠对产品精益求精的追求，还体现为工匠对自己制作的产品的由衷的热爱。首先，是因为存在对于一切生命物都值得欲求和渴望，而我们是通过实现活动（生活与实践）而存在，而产品在某种意义上也就是在实现活动中的制作者自身。所以，制作者爱他的产品，因为他爱他的存在。其次，制作者所制作的产品是持久的，因为高尚的东西是持久的。所以工匠精神体现了对永恒存在与高尚人格的不懈追求。

工匠精神的当代价值。随着现代机器化大生产对传统手工业的取代，传统工匠逐渐从历史舞台中退出，有观点便认为，工匠精神已经过时了。事实并非如此，工匠精神是一种对工作精益求精、追求完美与极致的精神理念与工作伦理品质，它包含了严谨细致的工作态度，坚守专注的意志品质，自我否定的创新精神以及精益求精的工作品质。这些优秀的工作精神品质在今天的社会中依然具有重要的社会价值。

工匠精神是工业制造的灵魂。尽管传统的小作坊形式已基本上被现代化的工业制造所取代，但是在人类历史中沉淀下来的工匠精神和文化传统，却依旧贯穿于现代化的工业制造之中，甚至成为现代工业制造的灵魂所在。历史经验表明，当今世界工业制造强国的形成与对他们对工匠精神的重视密切相关。

众所周知，德国是当今世界上最重要的工业强国之一，其产品以精密优良而著称于世界，产生了保时捷、奔驰、宝马、西门子、阿迪达斯、麦德龙等一大批世界知名品牌。其制造业的发达与对工匠精神的重视密切相关。德国人素以严谨细致的工作态度而著称，有这样一个报道："所有德国农场生产出来的鸡蛋都有'身份证'，一串长长的号码告诉消费者它的产地、蛋鸡是圈养还是放养、鸡场及鸡圈的位置以及鸡产下这枚蛋的日期。"因为德国的企业家首先将自己定位为一个以技术改变世界的工程师，其次才是商人。在他们眼中，技术、工作本身的意义高于经济利益，有时他们甚至愿意为了追求精品而不计成本。他们的工人也以自己被称为一名优秀的"工匠"为极大的荣耀。李工真在《德意志道路》一书中总结说，近两百年来的德国现代化道路，从外部看，是一条技术兴国、制造强国的道路；从内部看，支撑这一道路的是"工匠精神"对技术工艺宗教般的狂热追求远远超越了对利润的角逐。当欧盟其他国家经济处于衰退中时，德国经济却能持续增长，德国总理默克尔将之归功于德国人追求卓越的工匠精神。

日本制造业的强大也与工匠精神密切相关。从江户时代，在日本的匠人间就已经形成了一股追求产品精益求精的精神。首先体现在日本人将产品的好坏与个人的荣辱紧密地联系起来。他们身上具有强烈的自尊感，认为制作一件优良的产品，是自己的极大荣耀，如果由于自己的疏漏而导致产品残缺，即便在市场上销量不错，也不以为荣，反以为耻。正是在这种"荣誉法则"的推动下，他们对产品质量的严格要求，对技艺精致的追求达到了神经质般的狂热程度。在许多日本人看来，将一件小事做到极致就是一个人的成功，是生命的全部意义所在。因此，日本的很多中小型企业都数十年如一日只生产一种产品，专攻一门技艺，其产品也就日趋完美。

在当代社会，最能体现工匠精神的就属"苹果"产品。"苹果"的创始人乔布斯就是工匠精神的坚守者，被誉为"当代最伟大的工匠"。他对工作精益求精的追求接近苛刻的程度，被称为"残酷的完美主义者"。在 iphone4 的整个设计过程中，他不断反复雕琢，始终在致力于追求完美与极致，甚至不惜付出高昂的成本。比如，他要求电脑内部的所有螺丝要用昂贵的镀层。为了清理机箱底盘留下的细纹，而直接飞往加工厂，要求铸模工人重做。不惜浪费，将本来已经接近完美的 iphone 的设计方案不断否定。正是因为对细节的这种"锱铢必较"贯穿于整个苹果设计团队之中，才造就了一代精品。正如有人这样评价："苹果就像一间艺术家的工作室，而乔布斯则是一名熟练的工匠。"

综上所述，名牌产品的创立、工业强国的形成在很大程度上来自这种精益求精、追求完美与极致的工匠精神。没有最好，只有更好，将每个产品的每个细节都尽可能地做到极致，始终不渝地追求一种完美至善的理想状态，这是优良制造形成的关键所在。

工匠精神有助于工作主体的自我价值实现。现代机器化生产模式固然极大地提高了社会生产率，但是它对工作者自由的发展构成了威胁。因为它客观上阻碍工作者"向内发展"，希望拥有一批缺乏一技之长的雇佣工人，这样就可以降低成本，增加利润，使得以前那些具有一技之长兼具艺术气息的工匠被"肢解"成一个个只会进行简单操作的会说话的机器，工作者自身的价值因为自动化而被贬低。在这种生产方式中，普通工作者是被动的、消极的，其创造性是被压抑的。而传统的工匠虽然也从事制作活动，但是那并不是一般人所认为的是一项简单机械的日复一日的重复性体力劳动，而是一种持续性的创造过程，是一个不断对技艺、产品进行提升完善的过程。他们的制造活动是建立在自由精神基础之上的，工匠可以随意左右自己的行动。因此，工匠可以从工作中学习，在劳动过程中使用并发展自己的能力及技能，正是这种具有创造性特征的工匠精神造就了一批杰出人士。

第一，工匠精神有助于工作者自我价值的实现。对于一个具有工匠精神的人而言，产品是工作者自由意志的表达。工作者对工作过程具有完全的控制权，产品完全可以根据自己的意志自由构造，渗透在作品中的是自我想法的表露，体现了自我对世界的理解与认识，自我通过工作精神获得了客观化的表达。以工匠的态度来做事，工作就不再是一件不得不做的痛苦事情，而变成了一种忘我的投入，因为靠的是他的手艺，他是自由的。工作过程本身就是他生命活动的自主展开，整个生活就是一种"投入的人生状态"。工作本身就是生命的外在表达。自我的价值存在于自己双手所能控制的作品中，不依赖于其他外力，因此，在工作过程中能够获得真正的满足感。

第二，工匠精神有助于亲密情感的建立。一方面有助于促进同事间的情感交流，使人们在工作中感受到人性的温暖。在传统的工匠生活中，并不是这样，香奈尔首席鞋匠有句名言："一切手上技艺，皆由口传心授。"师傅向学徒传授手艺的过程中，在一起朝夕相处，耳提面命，不仅传授的是技艺，还传授了做人的道理和坚韧、耐心、专注、精益求精的工匠精神。匠人的制作过程就是人与人之间的情感交流与行为感染的过程，在这一过程中，建立起了深厚的师生情谊，这是现代化的组织模式所无法替代的。

第三，工匠精神建立了人与物的亲密关系。在传统社会中，产品与匠人是自然贴近的。对于匠人而言，在从产品的构思到完成的整个过程中，残留着自己双手的痕迹，渗透着绞尽脑汁的思虑。产品不仅是商品，更是艺术品，它的好坏代表着自己的声誉、尊严与道德品格。对于消费者而言，通过触摸产品能够真切地感受到手上的痕迹，通过观看产品的机巧可以想象到匠人的专注与坚守，每个产品都是独一无二的，展现着匠人的个性，精雕细琢中展现的是人性的温暖。

当代中国制造呼吁工匠精神的回归。随着互联网技术在制造业、服务业等领域的广泛运用，世界工业格局面临着重大调整的历史机遇，于是西方发达国家纷纷加强了在移动互联网、3D打印、大数据等高精尖产业方面的研究。德国首先提出"工业规划",希望能够在未来社会保持工业强国的领先地位。与此同时,中国政府也提出"中国制造2025"的战略计划,力争在未来十年里实现由一个工业大国到工业强国的转型。

工匠精神不仅涉及中国制造及其产品质量,更是人们普遍的职业和工作伦理的敬业精神的集中体现,对待工作精益求精不仅是工作者的优良品质,更是一个民族成员对待工作的优良品质,也是社会主义核心价值观中的"敬业"的要求,因此,在当前开展的培育社会主义核心价值观的活动中,应该充分弘扬历史上传承至今的"工匠"精神,如果每位民族成员和单位工作者都能以精益求精的态度对待并从事工作,那么,就能把中华民族伟大复兴的中国梦落到实处。

二、工匠的"匠心"与创新人才的培养

当前,中国正在由"制造大国"向"制造强国"迈进,而具备"匠心"精神的职业劳动者是实现这一战略目标的必要条件。在这一目标的驱动下,西安理工大学高等技术学院采用"三全、两重、一高"法培养学生的"匠心"精神[①]。即对学生实行"全员培养、全面培养、全程培养,重基础、重过程,具备一项高的技能"的培养方法。

(一)"匠心"精神的时代内涵

"匠心"就是工匠之心,工匠也称为匠人,一般是指技艺高超的手艺人。而这些人身上所具备的严谨、专注、敬业精神,被称为工匠精神。从历史的维度来看,工匠是现代社会之前的一个群体,他们的工作和劳动主要依靠手工完成。大力加强"匠心"精神的培养,让"心灵手巧"成为衡量人才的标准,尤其在职业教育与应用技术教育中要予以体现。在机器化大生产的时代,更注重产品的精度和品质,这和工匠精神不谋而合,可以这么讲,科技越是发达,工匠精神就越发重要,更需要大批具有"匠心"精神的人才来推动科技进步,技术创新。

(二)全员、全面、全程培养学生的"匠心"精神

全员是培养学生"匠心"精神的基础。学生进入职业院校,学校里每一位教职员工都肩负着培养学生"匠心"精神的重任,正所谓"环境造就人才"。在课堂上,理论课教师渊博的知识、爱岗敬业的精神、严谨的治学态度等是"匠心"精神的体现;在实训场地,实训教师精湛的技能、一丝不苟的态度、规范严格的操作是"匠心"精神的体现;辅导员的精神风貌、高尚的道德、精湛的职业能力是"匠心"精神的体现;后勤管理人员热情、熟练、规范的业务能力是"匠心"精神的体现。他们都是培养职业院校学生"匠心"精神的导师。因此我们要培养出具有"匠心"精神的学生,必须具有"匠心"精神的教职员

---

①　徐骏. 三位一体的创新人才培养 [M]. 北京:海洋出版社,2019.

工，只有这样才能做到全员培养学生的"匠心"精神。

全面、全程是培养学生"匠心"精神的保障。现代职业精神的基本要素包括职业理想、职业态度、职业责任、职业技能、职业纪律、职业良心、职业信誉和职业作风。而"匠心"精神是职业精神的最终体现。

要实现"匠心"精神的全面、全程培养，必须经过以下流程。步骤一：新生入学教育及专业介绍是学生树立职业理想的关键环节。"榜样的力量是无穷的"，通过本专业具有代表性的真实案例讲解本专业特色及前景，使学生在了解本专业的基础上确立自己的职业理想。步骤二：通过一学期的学习和对学校学习氛围的了解，帮助学生制订出职业生涯规划。"没有规划就没有目标"，只有对自己进行正确分析，确立了职业方向，也就准确定位了自己的职业目标。步骤二：以学生的职业生涯规划书为基础，采用"情境教育法"让学生学习职业态度、职业责任及职业纪律。高职生的第二至第四学期的主要学习地点仍在学校，尚不具备顶岗实习的条件，但这并不妨碍学生接受现代职业精神的教育和熏陶。采用"情境教育法"使学生深切体会职业精神的内涵，将学生置于"职场"这一特定情境，可以使学生身临其境、闻其声、见其人，这无疑培养了学生的职业态度、职业责任及职业纪律。步骤四：有了职业理想和职业态度，职业技能的培养才有保障。职业技能的培养可以通过项目式教学、工学交替、生产性实习、顶岗实习等环节来完成，"没有规矩不成方圆"，所以要按照企业用人标准和岗位技能的要求进行严格指导，加强训练，在掌握一定实践技能的同时培养学生的职业作风和职业信誉。步骤五：职业教育的最终目标是培养学生的职业技能，根据专业特点和培养目标，在学生掌握了必要的基本技能的基础上，按照职业标准进行专业强化训练，提升学生的专业技能，使学生的"匠心"精神进一步得到完善，从而基本具备职业人的专业素养。

（三）重基础、重过程培养学生的"匠心"精神

重视基础教学是培养"匠心"精神的基础。"台上一分钟，台下十年功"，只有夯实基础，筑牢根基才有可能使培养出的学生具有"匠心"精神。学校不是培训机构，不是纯粹意义上的"师带徒"，更不是培养"救火员"，它是大众教育、是普及教育，是有专业培养目标的教育机构，必须根据教学目标，按照人才培养方案规范教学。没有扎实的理论基础作为支撑，不可能成为能工巧匠，因此要严格按照本专业的培养目标和方案实施专业基础教育，为培养"匠心"精神打下基础，使学生具备可持续发展的能力，最终成为企业的"可塑之才"。

重视教学过程是培养"匠心"精神的保障。"过程决定结果，细节决定成败"，要培养学生的"匠心"精神，必须注重细节和过程的培养。无论是理论教学还是实践技能指导，教师必须要求学生做到过程完整、精益求精、一丝不苟，让学生明白"细节差之毫厘，结果谬之千里"。这就要求教师严格执行课程标准并制定出完整的教学过程。只有过程完整，

执行到位,才能使学生"匠心"精神的培养得到保障。

（四）一项高技能是"匠心"精神的最终体现

作为高职教育,培养高端技能型人才是根本,也就是说合格的高职毕业生应该具有高端技能,通过前期职业素养的培养,为满足企业对人才的需求,尽快与企业接轨,根据学生的特长、爱好及就业意向,为学生"量体裁衣",进行"模块式"的专项技能强化,为企业的岗位进行"量身打造"。从而使学生在走上工作岗位之前已具备一项较高的技能,最终达到学生在就业时已具备了"匠心"精神。

要落实"中国制造2025"战略指导思想,实现"中国制造走向中国创造""制造大国走向制造强国"的梦想,急需"工匠"精神的回归。高等院校培养不出具有"匠心"精神的职业劳动者,是高等教育的失败,是不合格的院校的失败。西安理工大学高等技术学院通过"三全、两重、一高"法对学生"匠心"精神进行培养,得到了企业的认可和学生的认可,使学生就业率得到很大提高,就业质量得到了大幅度提升。"打铁还需自身硬",高校作为人才的输送终端,只有强化学生基础能力培养、提高综合能力水平,完善多层次多类型人才培养体系,注重学生"匠心"精神培养,才能培养合格的应用型人才。

第三节 基于"工匠精神"的应用型高校"双创"人才培养模式的构建

一、"项目贯穿式"培养"双创"意识

（一）基于三个层次专业训练项目的创新创业教育

专业训练项目是创新创业教育的具体载体,在创新创业教育中起到桥梁纽带的作用。构建以专业训练项目为载体,由简单到复杂的、操作性强的创新创业教育体系,具有极其重要的意义。

1. 要贯穿创新创业教育专业培训项目,传授创新创业知识

构建基于专业项目的,贯穿四年大学生涯的创新教育课程体系,新生大学第一学期就进行"始业教育""专业教育""杰出校友面对面",第二到第五学期各专业各年级有针对性地开设创新创业课程、企业家讲坛、模拟项目训练等,毕业前的学期进行"就业创业指导""应用文撰写讲座""创新创业大赛",四年八学期创新创业教育不间断,将创新创业意识的培养渗透到专业教学的各个方面。这一层次的专业训练项目有职业生涯规划比赛,专业训练项目申报书、专业训练项目实施计划、论文、专利的撰写等,逐步提升和加强学生的创新创业意识。

2. 校企共建共享创新创业培育实践基地，提升创新创业能力

为保障专业训练项目顺利实施，校企共建"专业导师工作室""工程技术研发中心""模拟创业园"，着力打造学生的创新创业实践基地，为创新创业大学生提供专业项目训练的相关软硬件条件。这一层次的专业训练项目有专业技能培训、专业训练项目研究、创办企业策划、模拟创业、模拟企业运营与管理实训、创新创业挑战比赛、创新创业实践活动等。培养学生整体职业素养和创新意识，提高学生的专业动手能力和创业技能。

3. 打造"区园企校"四方联动的创新创业公共服务平台，创新创业成果孵化

为进一步促进专业训练项目的实践，学校与政府部门、行业、企业四方联动，先后成立机电科技创业园、百分百科技创新服务中心、可瑞尔工业设计中心、京东电子商务基地、科技项目申报服务中心等多个公共服务单位和机构，为校内创业大学生提供技术支持、成果转化、创业培训、房租减免落实、税收返还、专利申请、知识产权保护等方面的保障，有效帮助校内大学生创业者在有创业项目、无资金、无经验的情况下进行"零"成本创业，在创业实战中获得创新创业能力，孵化创新创业成果。这一层次的专业训练项目有创办公司、企业运营与管理，培养学生的跨专业综合创新能力，使之成为具有高附加值的专业人员与创业者。

4. 互联互通的创新创业精品资源开放课程网站，创新创业规范管理

采用先进的信息化网络技术，将创新创业教育课程视频、创新创业教育最新动态、项目申报、专业技能培训项目、创新创业实践活动、科技论文撰写、创新创业挑战比赛、企业策划、模拟企业运营与管理等，搭建在创新创业教育精品资源开放课程网站上。该课程网站平台将创新创业教学教育的管理分层次、质量监督分等级，成为学校与企事业单位、社会团体之间、专兼职导师之间、师生之间广泛交流的桥梁。依托精品资源开放课程网站平台，还可以开展创新创业教育教学、项目申报评审、项目管理、学生评价、企业评价、技术咨询服务等工作。确保三个层次专业训练项目的各项管理制度和激励评价制度落到实处，实现创新创业教育教学全方面管理、全过程管理、全方位管理，保障创新创业教育教学的质量和效果。

（二）专业训练项目对创新创业教育的作用

国家和各省市高度重视专业训练项目在大学生创新创业中的意义和作用。例如，江苏省每年根据教育部有关文件精神，申报大学生创新创业训练项目，根据项目的大小、研究的领域、研究的预期成果，将大学生创新创业训练计划项目分为四类：重点项目、一般项目、指导项目和校企合作基金项目，提供不同的资金资助，并对四类计划项目的申报、立项、建设、评价等都提出了明确要求。通过构建由简单到复杂、由单一到综合的专业训练项目，实施专业项目化训练，让学生参与项目的训练、研究、总结和提高，在"学中做""干中学""研中学"，以获得专业技能、创新意识和创业能力。

1. 有利于创新创业教育体制机制创新

专业训练项目的开展贯通第一课堂和第二课堂，融合理论教学和社会实践，连接校园、企业、行业和政府四方，它的管理有别于普通的实践教学管理模式。基于专业训练项目的创新创业教育实施过程，创新理论教育以校内专业教师为主，而创业实践教育以具有实战经验的创业成功者为主；由学校根据项目内容提供专业训练项目实施的部分费用，而对于优秀的、具有市场前景的、能够进行创业实践的项目，可以由创新创业基金扶持。专业训练项目起着桥梁纽带作用，由学校、政府、企业、行业等共同设立创新创业基金；实验实训室、工程技术研发中心、技能大师（导师）工作室、孵化基地、产业园区由"区园企校"四方合作，共建共管共享；创新创业师资队伍也是由校内外、专兼职教师混编而成。

2. 有利于创新创业教育课程体系和教学方法改革

专业训练项目的实践，除了学习专业理论课程，还要学习相关专业知识、会计知识、企业管理、人文社会、商业营销等，这是课程体系中必不可少的组成部分。专业训练项目的完成及创新创业教育都需要综合学习、多角度融合多种专业知识，只有通过系统全面的学习，才能逐渐形成创新创业的意识、理念，才能掌握创新创业的技术与方法。由于专业训练项目具有科学性和创新性，所以其所对应的课程体系也应具有创造性与特色性。根据大学生的专业特长、兴趣爱好及区域发展特点等，以学生感兴趣的专业项目为导向，开设相应的必修课和选修课，开展专题讲座、专题报告，实施有针对性的项目训练。实现专业训练项目的课程系统化建设，满足大学生创新创业的需要，对大学创新创业教育具有较大的促进作用。

3. 有利于打造多层次、高水平的混编教学团队

拥有高水平的混编教学团队是创新创业教育的关键。学校应引入社会资源，组成一支专兼结合的创新创业混编教学团队。邀请企业一线有实践经验的，有一定理论知识的技术骨干、技术能手、企业家、企业管理者、中国创业智库专业人员、创业者等，为学生授课，给学生提供专业训练项目指导，担任学生的创新创业导师。在联合指导专业训练项目的过程中，专兼导师相互学习、相互了解，共同提高业务水平。同时，创新创业教学团队共同论证优秀的实践项目，让师生切实了解创业的基本步骤与基本模式，学会准确评估创业的风险，坚持把握创业的原则，锻炼创新创业的能力。

4. 有利于创新创业实践平台建设

专业训练项目是"教学做一体"的实践教学载体，创新创业教育的本质属性是实践性，应主要通过实践性教学来实现创新创业教育的目的，这与职业教育的内涵和目标完全一致。通过专业训练项目整合校内外资源，规划建设创新创业教育实践体验平台。"区园企校"四方合作共建实践硬件平台，同时构建"体验项目""入门项目""专业项目""虚

拟项目""综合项目""实战项目"等创新创业实践的软件平台。

5. 有利于创新创业教育质量评价体系的建立

依托专业训练项目开展的创新创业教育实践,通过创新创业教育的在线开放精品课程,关注训练实施过程中的各个质量控制点,注重教师的指导与学生的参与,强调项目的市场调研,项目的作品设计、制作和推广,淡化项目的产品结果。强化专业项目实践训练过程,开展丰富多彩的专业训练实践活动,考察项目活动的各个阶段。结合专业训练项目的特点,通过课程网站的管理端口,跟踪质量评价体系的关键点,根据与训练效果的关联度,赋予评价点不同的权重,从而提高评价体系的支持度和回应度。同时,为了提高创新创业教育质量评价体系的可信度,第三方可以通过课程网站对项目的设置、申报、实施过程、实施效果等进行考核评价,既维护了创新创业教育相关制度的权威性,又切实规范了创新创业教育的实施过程,使创新创业教育质量评价体系可执行、可示范、可推广、可辐射。

二、"现代学徒制"雕琢"双创"技能

现代学徒制在国外许多发达国家已经取得了不错的成绩,对于培养符合企业实际需求的技能型人才有积极的作用。而近几年我国的高等职业院校在不断扩大规模进行全日制教学,这种教学模式对于批量培养人才虽然有一定的优势,然而却很难使学生学到有用的专业实践技能。国外的现代学徒制对我国高等职业院校人才培养模式有很深层次的启示,我们可以结合其经验对我国的人才培养模式进行合理、科学的改革。

现代学徒制是最早于 16 世纪在英国开始实施并发展起来的。1563 年,英国就已经制定并通过相关的法律条例对学徒制做了规范,此后这种师傅带着徒弟在做中学的职业教育模式就得到了快速发展。但后来随着工业革命的迅速发展,生产过程进入机械化甚至自动化,对于人的技能要求也逐渐变低,这个时候学徒制在英国的重要性逐渐下降,到了 20 世纪初,英国 16 岁以上的年轻人则更多地接受了全日制教育,于是,20 世纪 90 年代英国政府正式宣布进行新一轮学徒制改革,即实施现代学徒制。

现代学徒制采用的是工学交替的教学模式,企业与学校一起制定人才培养计划,实现招工招生一体化。现代学徒制力求能够彻底解决学校职业教育和企业实践相脱离的不足。

(一)现代学徒制具有以下优势

1. 学制比较灵活

现代学徒制在学制上是比较灵活的,国家也不会对此制定统一的培训框架,其学制通常是 3 到 5 年的时间,具体学制是由企业和合作学校按照行业的岗位要求、培养的目标等实际情况来共同设计的,比如英国的 FLB 航空公司的学徒制,其空乘服务专业学制是三年,但机械维修的专业学制则是四年。

2. 目标培养具有层次性

现代学徒制是由传统学徒制发展而来的，传统学徒制只是单纯的培养学徒的操作技能，而现代学徒制则根据培养目标的不同分成了两种，即基础现代学徒制和高级现代学徒制。基础现代学徒制和传统学徒制差不多，而高级现代学徒制则致力于培养职业技能熟练、具有一定理论知识的行业人员。

3. 课程体系更多样化

现代学徒制的课程体系更多样性，课程是其基本单位，各个课程体系之间既是独立存在的，又是相互有联系的。比如英国的现代学徒制就有三种课程体系，包括关键技能课程、技术证书课程以及 NVQ 课程。其中关键技能课程是其核心技能，也就是我们从事任何一种职业都应当具备的基本工作能力，如沟通能力、处理信息的能力等，这些关键技能大多是通过脱产学习而习得。技术证书为评价学徒具体的职业知识与理解力的证书，这和普通高等教育是衔接的。

4. 缩短了企业培养人才的时间

现代学徒制的总体设计是以工作为中心，将教学内容渗透在工作之中，让学徒通过完成工作来获取经验技能，同时注意理论知识的学习，这样一来学徒们就能够由简入难，直至掌握全部的工作技能。在这期间，在高职院校学习的学生至少有一半的时间是在企业工作，接受专业技能的实践指导。同时这些实践技能大都是专业领域内较先进、应用性较强的知识，如果职业院校独立培养人才则很难获取到这些知识和信息。可以说，现代学徒制的培养人才的模式给企业的发展储备了一定数量的高技能的人才资源。同时学校根据自身的教育资源情况和企业进入深层次的合作，培养技能水平高的人才，提高学校的知名度和毕业生的就业率，实现学校和企业双赢。

5. 工学交替更实用

现代学徒制的培养目标与课程内容大多是通过工学交替这样的教学模式来完成的，传统的只培养学生操作技能的学徒制和学校的全职课堂教学都已经很难适应现代化的生产方式了。现代学徒制将两者结合，即现场教学和学校教育共同进行的工学交替的教学模式则很好地解决了上述问题。比如英国的现代学徒制的具体做法就是第一年先在学校进行全日制的相关理论知识等内容的学习，而在接下来的 2 到 4 年时间里则一边工作一边学习，每周有一天或者两天的时间在学校进行带薪学习。

（二）现代学徒制对我国高等院校人才培养的启示

1. 进行工学结合的改革

结合现代学徒制的成功经验，我们可以对国内高职院校的工学结合进行改革，构建科学合理的人才培养制度和模式。其具体实施办法如下：树立工学结合的办学思想理念；以市场为导向对专业课程进行调整；构建工学结合的教学管理制度；完善适合工学结合发展的评价体系；对工学结合人才培养的拨款机制进行优化，更注重对教育质量的拨款，同时通过给企业税收优惠等方式来鼓励企业积极参与工学结合的人才培养模式。

2. 制定职责明确的人才培养制度

现代学徒制要在我国取得健康、长远的发展，要培养出新型的复合型专业技能人才，就需要参与其中的企业、学校、家长和政府等各个方面的责任人中一起承担对学徒的教育工作，并将其职责明确下来。首先，政府应该在宏观上给予支持，包括培训项目的专项经费的拨款支持，校企合作的政策支持等。而院方则应该根据市场、企业的具体需求分析和制定学徒制实施的专业领域，并做好专业的教学计划；为加强在校教师的专业教学技能，还应该鼓励和支持教师到企业进行工作；最后在教学管理和手段上进行改革，使之更适应实际情况的需要。企业则应该根据自身发展的实际情况向学生和教师、校方准确地传达自身对学生技能和知识等各方面的具体要求，对企业的用人制度进行改革，积极奖励校企合作中表现优秀的员工，并支持在校教师到企业进行学习，而学生家长则应该尊重学生的个性化发展，正确指导学生选择专业和课程等。

3. 建立我国现代学徒制人才培养模式框架

在结合国外成功的现代学徒制成功经验和我国实际情况的基础上，建立一套符合我国高等院校现代学徒制人才培养的模式和框架。其主要内容应该包括人才培养的目标、内容、方式及质量评价。培养目标包括学生应该具备健全的人格及品德，遵守职业道德，具备必要的理论知识，同时培养学生较强的实践技能。培养内容则是以学习课程体系的方式来实现的，具体的课程设置按照各个专业的实际情况来设定，但所有专业都应该保证其在企业实践实习的课程占了总课程的一半以上，鼓励和倡导在工作中习得更多实践技能。培养方式则采用理论教师和实践教师双管齐下，在"双师"指导下进行，理论教师通过讲授与实验结合的方式使学生更直观地理解理论知识，而实践师傅则在专业技术领域上对学生进行技能指导，拓宽学生的知识和技术范围。质量评价则根据实际情况设定不同的结果，通常要求学生获得学历、职业资格证以及培训证书，以培养其成为一个综合素质高的技能型人才。加大法律法规和政府政策支持的力度，政府在推进现代学徒制上有着重要作用，只有国家在法律法规和政府政策方面加大支持力度才能顺利推进现代学徒制的有效实施。首先，政府应该在政策上进行引导，并制定全面的法律法规，切实保护学校和企业、学生的合法权益，对现代学徒制的试点工作及校企合作办学做引导与统筹，推进校方和企业的深入合作。政府还应该在政策扶持、监督检查等各方面做好相关工作，积极推进试点的建设工作，为现代学徒制的推广积累宝贵经验。政府还可以设立专门管理现代学徒制的有关单位部门，比如现代学徒制服务中心等，这些单位的主要工作内容是给受训者提供服务等。

4. 完善教学内容设计

要确保高等院校技术人才培养的质量就必须完善教学内容的设计。在设计教学内容方面一定要考虑并契合以下几个方面的要求：符合课程学习与项目实践的一体化，实现工学结合一体化；坚持招生与招工一体化。学校和企业应该针对不同专业不同学生，在分析市场和企业实际需求的基础上共同制定和完善教学内容，让学生的理论知识和实践能力都能得到提高。

我国高等院校在人才培养上一直存在重理论轻实践的弱点，使得许多学生在毕业以后很难找到合适、对口的工作。我们应该积极引进国外现代学徒制，对国内高等院校的人才培养模式进行改革，构建一套具有中国特色的人才培养模式框架。通过努力推进工学结合的改革，加大政府政策和财政的支持力度，建立健全人才培养制度，来推进我国高等院校的改革，以培养出现代化的、高素质的复合型人才。

三、"阶梯式平台"打造"双创"空间

培养和造就创新型人才是建设创新型国家、实施科教兴国战略和人才强国战略的关键所在，意义重大。创新创业教育作为高等教育发展阶段，反映社会经济发展需要的一个目标系列，有其自身内在的规律与特点，是一个有机构成体系，实施创新创业教育的方法、途径以及模式呈多样化。就大学来讲，创新创业教育是一项系统工程，是教育教学、学科科研、师资队伍、学生工作、后勤保障等多方面协同作战的一项综合性工作。它与传统教育的根本区别在于突出了学生创新和创业能力的培养，体现了社会经济发展对人才知识、素质、能力结构的根本性要求。我国高校在推行创新创业教育中至少面临三个方面的问题：一是缺乏相应的师资力量；二是没有形成权威的培养机制与体系；三是创新创业培养大多流于形式。因此，如何根据地方综合性大学特点和社会经济发展对创新创业人才的需要，改革人才培养模式，实施创新创业教育，将创新创业教育纳入学校人才培养体系，创新人才培养方式，构建基于培养创新精神和创业实践能力为重点的创新创业教育体系和管理与机制，是高校进一步深化教学改革，提高教学质量的关键点。本书阐述了笔者所在专业的本科生创新创业能力培养体系建设情况，并通过实践加以验证。

总体方案与实施手段：基于阶梯式项目驱动的创新创业人才培养机制研究与实践，改革的总体思路是基于测控技术与仪器专业现有的学生培养方案，将创新创业教育贯穿到学生大学四年的学习活动中，制订了较为完善的学生创新创业能力培养机制和方案，具体表现为将大学四年分为四个学习阶梯，在保证每阶梯的专业教育基础上，辅助相关的创新创业教育环节（课程、项目实训），创新创业教育环节的实施过程主要以项目驱动方式进行，全面提升学生理论与工程实践结合解决问题的能力，从而达到更好地适应社会与企业的需求的目的。

创新创业人员的培养，衔接于专业教育与就业之间，注重的是理论知识与实践技能的培养，最终目标是让学生毕业时，符合社会的需求，由此，具体培养机制包含以下几个方

面：师资队伍的建设、创新创业类课程的讲授、创新创业实训的手段与具体实施方法以及创新创业能力考核与评价机制。在整体方案的构建过程中，创新创业实训阶段采用"阶梯式项目互动"的方式进行，师资与创新创业课程要服务于"阶梯式项目互动"实训方案的整个过程。"阶梯式项目互动"是将本科四年划分为四个学习阶梯，在每个阶梯内学生要完成专业基础知识以及创新创业相关理论课程的学习，最终要通过实训项目提升与验证。针对上述创新创业培养机制的主要环节，采用了以下方案来解决每个环节的具体问题（如图 6-1 和表 6-4、6-5 所示）。

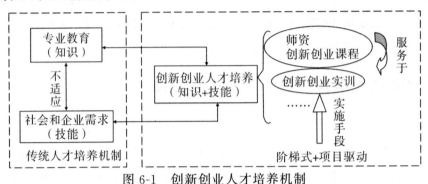

图 6-1　创新创业人才培养机制

表 6-4　创新创业教育培养的阶梯体系

名称	年度	课程环节阶梯	项目驱动方案阶梯	实施手段阶梯
主线 创新创业能力 培养阶梯	大一	基础课程 创新创业类课程	结课小项目 年度大项目	课程设计 创新实践周 年度项目实训毕业综合设计大创训练项目 竞赛与企业实习
	大二			
	大三			
	大四			

表 6-5　梯度授课方案

阶梯	内容	实施手段	针对群体
课内台阶	基础知识，侧重测控专业应用	梯度式案例融合基础知识点	所有学生
课后台阶	侧重于实际应用的案例	难度高于课内案例的作业	分组的学生
竞赛台阶	竞赛类试题	参与校级、市级、省级竞赛	若干组

　　阶梯式项目，可以引导学生对核心专业课程产生浓厚的学习兴趣，从而达到能力培养、综合发展的目的。具体表现在：通过导论性的基础课程，从起始阶段就将工程实践引导入门，让学生尽早接触工程实际；在教学计划和教学实践中围绕项目设计将相关课程有机联系起来；通过贯穿专业学习全过程，让学生在学习专业知识的同时体验工程项目开发设计过程，在知识的学习和应用之间形成良性互动。

　　各环节实现方法：阶梯式创新创业能力培养。本方案的核心环节是将学生的创新创业培养环节划分为一条主线阶梯，围绕这一主线又分为课程环节阶梯、项目驱动方案阶梯和实施手段阶梯三大阶梯。围绕学生创新创业能力培养的主线阶梯，即将大学四年的学习时间划分为四个年度，每个年度对应有基础课程与创新创业类课程的教学过程，课程环节为了提高学生的技能水平采用项目互动方式，在课程结课环节采用专项的小型项目作为阶段性训练，同时在每个年度阶梯内会贯穿一个年度大项目进行最终综合能力的训练。在实施手段上可以采用课程设计、创新实践周、年度项目训练、毕业综合设计、竞赛以及企业实习的形式进行，力争分层、渐进地提高学生的综合能力水平。阶梯式课程环节梯度授课过程是对整体授课进程进行规划，分为课内台阶、课后台阶、竞赛台阶三级台阶进行教学。首先是课内台阶，主要分解为两大模块：基础知识的讲解，测控专业需求知识讲解，具体实施手段是基于实际案例讲解，案例难度呈现梯度，针对的群体为每个学生个体。其次是课后台阶，主要是调动学生课后时间弥补课内学时短的问题，对课上讲解的内容进行复习与拔高，实施手段是布置难度高于课内的实例作业，针对群体是学生小组。最后是竞赛台阶，主要是通过竞赛手段锻炼学生的实际编程能力与短时间内解决实际问题的能力。阶梯式实施手段整个方案的核心点就是在每个阶段实施"项目驱动"的学生训练方式，可以采用的方式有很多，项目训练也呈现阶梯式过程，在结课环节可以有项目结课作业、课程设计。在大二学生对基本理论知识掌握较全面时，拟开设专门的创新实践周来对学生进行集中训练；每个年度阶梯内的大项目则是针对当年所开设的课程情况进行的专项训练，是阶段性几门课程的综合训练。还有针对少数能力较强学生的大学生创新创业计划项目、各种类型的竞赛等形式。

"阶梯式项目驱动"是本书研究内容的特色所在，以培养学生的综合素质与创新创业能力为根本目标来系统构建大学生创新创业教育培养机制，基于"阶梯式项目驱动的方式"对学生创新创业能力进行训练，设置创新创业学分，纳入各专业人才培养方案。

第四节　应用型大学创新创业教育体系的运行机制

从一定意义上看，创新创业教育的体系框架仅仅是一种静态模式，而机制则是一种动态的运行过程，是规律的作用方式和利用方式。创新创业教育的长期性、多学科的交叉性、复杂的系统性及其对国家人才战略的重要性决定了研究型大学要建立一套具有规范力、执行力的运行和推进机制才能促进其更好地发展。建立有效的运行机制，是研究型大学创新创业教育体系成功运转和不断发展完善的重要保证。

从性质和功能来看，应用型大学的创新创业教育体系的运行机制主要有评价、激励和保障三类，而从机制的主体来看，则可分为外部与内部两类。其中评价机制主要是指大学内部的评价制度体系，而激励和保障体系则涉及到政府的政策保障、社会舆论环境、企业合作和家庭背景及其他支持等。

一、应用型大学创新创业教育体系的教育管理机制

应用型大学能够快速发展的根本原因就是创新，只有通过创新才能激发学生的创业意

识，培养学生的创业能力。因此，有必要加强研究型大学的创新创业教育管理体制。

（一）构建完善的创新创业教育模式群

应用型大学必须本着对大学教育进行综合分析为基础，全面开展和推广创新和创业教育，实现传统教育模式的转变，把创新和创业作为教育的目标，如可以进行不同专业之间的教育融合，基础课程教育间的内在渗透，实践教学的外在辐射等模式，以自己学校实际情况为依托，积极探索与本校教育环境及资源相匹配的培养模式和教学机制，把创新创业教育理念通过教学融入学生的知识框架中，引导学生形成良好的创新思维和创业能力，并为以后的发展打好基础。

（二）以培养大学生创新创业能力为中心

学校相关部门应当在制度的设定和落实上把好关，注重制度的实用性和导向功能，形成"良性对接"。对涉及教师和学生利益的评价与激励机制要予以重视，积极配合学生开展创新和创业活动，如科研基金管理办法的制定与实施、奖惩机制、实习与实践教育等一系列规定，把对学生的教学活动作为教育的重点，注重学生的个性化培养，调动学生的积极主动性，逐步培养其创新能力。对指导学生开展科技活动的教师，采取定性和定量相结合的考核方法，既对其指导获奖的作品进行表彰，同时又对其所做的指导工作量进行计算，作为其晋升晋级、评优评先的必备条件，全面提高指导教师的积极创新实践性。

（三）深化高校教育改革

为培养大学生的创造能力奠定基础，必须对高校教育深化改革，培养适应社会主义市场经济发展需要的创造性人才。但改革是一个渐进过程，创新教育是迫在眉睫的事情，学校可以从抓课外科技活动入手，把它作为培养创造性人才中一个十分重要的环节。想要顺利开展实践活动与科技研究需要考虑的方面非常多，涉及的问题也非常广。因此，学校应建立相关的机构来处理这些问题，以院领导班子挂帅，相关部门机构形成领导小组，对日常事务进行管理，对遇见的问题进行一一解决。此外，学校也应该考虑实践活动和科研活动的经费支出，如课外实践活动、购置仪器设备、师资引进等，对此学校可以出台一些措施，如从科研经费、学生课题经费、教师教学经费等项目经费中挪出一部分作为学生课外实践活动基金与科技研究经费。对老旧仪器进行更新，对实践场地进行完善，并尽可能地让学生能够利用这些仪器和场地来开展实践活动与科技研究。目前，部分高校已经开始了在实践中探索，如将实践活动与科技研究相分离，以学分制来计算学生的课程学分，只有学分达到要求者才能够毕业，或者还可以允许在实践活动与科技研究任意方面取得突出成果的学生免修相关课程，对此，备受学生关注的创新创业计划作为学生课外科技活动将会被推向更高的层次。

（四）系统性构建创新创业教育工程

对学生，从小要进行创新与创业教育培养；对学校，要改变目前现有的人才选拔和入学制度，高校在此发挥着巨大作用，必须承担创新思维与创业能力培养的双重任务。因为创新思维与创业能力对于就业与自主创业两方面来说都是非常重要的，学校只有把创新、创业两者都融入大学的教学当中去，才能够"授人以渔"，以方法与思维能力培养作为重点，形成一种因子，这种因子可以嵌入到教育的各个阶段，形成一种教学能力，一旦学校具备了这种能力，加之目前就业情况不容乐观的情况，学生创业的火花也就"不点自燃"了。创业教育是一项涉及全社会的系统工程，必须以政府为核心，学校为重点，系统性地制定出适合大学生自主创业的政策，给予他们更多的创业优惠和鼓励。

（五）遵循以国家利益为己任的教育中心

我们必须注意到：创新创业教育必须以国家和民族的利益为重，让学生除了能够取得成就之外，还能够完善其内在的人格品质、公民义务与精神。以前，大学生都认为创业是非常艰难的一项事业，就是创业成功，守业也非常难。事实证明在经济快速发展的今天，创业对年轻一代而言，将显得更加重要，业不是守的，而是靠不断创业才能够稳住我们的事业，稳中求进，前辈创业，晚辈再创业，循序渐进，逐步发展。

（六）进行综合素质培养

自改革开放后，中国在世界舞台上与国际发展接轨，将整个国家的发展融入到了整个世界的发展竞争中，我们必须对大学生进行综合素质培养，以在国际竞争中接受全球经济发展的考验。

首先，应懂得科学方法和其他探究方法，能利用获得的信息解决复杂的生活和工作问题。应具备扎实的知识基础和实践经验，不仅要广而且要深。应具备接受过高等教育的人应该具有的品质和特征：高尚的审美观、敏锐的判断力、强大的心理承受能力和自信心，以及丰富的历史、人文知识，崇高的个人价值体系，再将这些特征结合起来去认真思考道德伦理问题，同时还应该具备优秀的语言表达和良好的沟通能力。

其次，目前困扰着学校实现模式创新、结构创新、教学方法创新的两个主要"指挥棒"就是"考试"和"成绩"。在对学生进行综合素质培养方面，需要考虑的问题比较多，培养的方法也是多样的，如可以通过观察、采访、座谈、问卷调查、实践活动等方法来培养学生的综合素质，也可以让学生参与设计与研究实战训练，甚至可以通过一些创新创业教育平台来锻炼和测试学生的心理素质。对于学生来说，也是综合素质培养的必要手段。因此，必须探索、研究、寻找与尝试一种有别于以前的一种新的教育模式、教育结构和教育方法。这种新模式、新结构、新方法必须强调知识的全面性、针对性。

二、应用型大学创新创业教育体系的教育服务机制

为了完善应用型大学创新创业教育体系的教育服务机制，学校教育应注重培养学生的创业能力，以增养学生的自主创新、挑战自我、敢于怀疑的个性品质，只有这样才能够为

大学创新创业教育奠定坚实的基础。这也是创业教育得以顺利展开的有效保证。必须要充分重视学生的个性发展，允许学生具有个性化，积极配合学生去发现、挖掘自身的创新意识，通过动手实践来培养他们的创新能力，将潜在意识变为实际能力，使我国的大学教育理念得到全面的改革和发展。

（一）要积极开展各种课外科技活动

课外科技活动的开展虽然不能直接使学生产生创造能力和积累创业经验，但是却能够促进和增强其创新意识和品质的形成，其本质意义仍然是一种教育和学习方式，能够充分发挥学生自身的特色和长处。学校应该有针对性地，依据科学性、实用性和适应性三个原则来积极组织学生开展各种课外科技活动，使其与学校的环境条件、学生现有知识水平及业余时间精力安排相协调，同时在此过程中，学校既不能将其看成简单的形式化活动来应付了事，也不能像对待教师和专业科研人员的科技活动一样提出过高的成果创新和效益要求，而应当将其融入日常课程学习中，实现其教育目的。

（二）要良性运用"导师带徒"机制

应用型大学的创新创业课题和项目主要来源于教师、研究小组或专业科技研究室提供或分解的子课题。因此，学校应当科学地运用这种导师带徒的服务机制，使指导教师能够在"带徒"过程中，提供创造性的指引和教导，在课题项目研究过程中，最大限度地提高学生的独立自学能力，培养其各种创造性的非智力素质，如观察能力、创新思维和实践能力等，并树立其敢于质疑、批判、探索和冒险的精神，使他们在完成科技攻关项目的同时，学会如何独立地完成一个课题项目或发明专利，为其进行更大的创新甚至毕业创业积累经验，打下基础。

（三）要提供点面结合的各类组织支持形式

创新是科学研究的精髓，创新意识和能力的培养是大学生课外科技活动培养目标的核心内容。为提高大学生的创新能力和意识，应当发挥点的示范影响工作，以点带面。点的工作各校因实际情况而异，但大多采用学校学生课外科技活动基金费申报立项学生自立课题的办法。学校每年专门拨给一定经费，组织学生自立课题，并形成了申报、立项、开发、评审、结题等一系列规范的运作程序和管理办法。对于有创造性成果的学生，学校除给予物质奖励之外，还应给予一定的学分，以此来提高广大学生的积极性，也能为更好地开展创业教育打下广泛的基础。创业教育的工作一直以竞赛为龙头，形成良好的创新活动氛围，在竞争中构建激励机制。创新人才必须在竞争中才能得以涌现。，年来，以"挑战杯"为活动品牌的全国大学生课外学术科技活动的推出无疑带动了全国各类院校的大学生科技创新活动，一项激活机制已经形成，通过各级组织的推荐申报，学生参与的过程就是一个创新教育的实践过程，其意义十分重大。通过组建和依托健全的学生科技组织网络来开展，广泛组织各类学生课题小组和科技社团，吸引学生参加，为更多的学生接受创业教育提供条件。

此外，仅仅从指导层面实施教育服务机制是不完善的，加上应用型大学对学生的学术要求比较高，大部分高校实践教学管理与学生管理、招生就业管理相对独立，各自为政，所组织的课外实践教学活动没有纳入实践教学的内容统一管理，统一考核。如所组织的创新、创业实践教学活动没有系统性、计划性，难以从宏观上把握实践教学效果。所以，从教学实践层面来综合提出更加具体、统一和可操作性强的教学服务机制也是十分有必要的。

三、应用型大学创新创业教育体系的内部激励机制

应用型大学创新创业教育的内部激励机制是推动其深入、均衡和有效运行并不断发展完善的重要制度基础，根据本书前期调查问卷所突显出来的问题以及调查结论分析，应用型大学创新创业体系推进的激励机制可以采取如下方法。

（一）优化激励要素的配置

建立与完善高校大学生创新创业激励机制并不简单，其关键是要对各参与主体进行动机激励，动机受参与主体自身观念体系、个人素质及情感因素等的影响，而参与主体，主要是教师和学生的个人素质状况又受到学校管理水平、校园文化氛围、硬件设施建设等影响。因此，在创新创业教育过程中，首先要发挥情感教育的动机激发功能，激发学生自身的学习和创造激情；其次，要通过学校内部的各种奖惩机制的构建与优化、课程改革与学分设置等来激发教师及学生之间的创新创业互动和行为。而且，在发挥显性课程激励作用的同时，还要特别注意发挥校园文化等隐性课程的育人功能，建立课堂内外的创新创业动机激励机制。

（二）创新学分具有激励的功能、评鉴的功能

创新创业活动要科学化、规范化，那么，高校在实施创新学分的过程中就要注意以下几点：一是明确规定创新学分的内容及范围，使学生对它有一个清晰的概念；二是对创新学分的评定标准进行细化，对其研究成果能取得的学分作明确规定，如学生取得的创新学分可以冲抵教学规划总学分中的哪部分等。另外，规范化的创新学分运作制度，可以对大学生创新创业活动产生明显的激励效果。

在资金许可的条件下，加强学校的硬件设施建设，建立创新创业基地，激励更多的创新创业活动。欢迎公司企业、社会基金进高校，建立创新实践基地、创业孵化基地，建立校内外相结合的课题组，指导学生开发研制新产品，创办新企业。

（三）注重物质与精神激励并举

有效的激励，必须通过适当的激励方式与手段来实现。在实施创新创业活动过程中，应该针对不同的对象给予不同的激励。传统的激励手段有物质激励和精神激励这两种，任

何物质奖励都体现了一定的物质利益。

创新科研经费是最基本的物质保证，因此，高校应强化相应的物质奖励。与此同时，在整个奖励过程中，还需要把物质奖励和精神鼓励有机结合起来，评出真正的优秀者，给予一定的褒扬，这样就会起到更大的激励作用。这种公开、隆重的奖励有它自身的两大好处：其一，便于监督，从而抑制奖励过程中的不公正现象，增强奖励的公正性和合理性；其二，使奖励的榜样具有更好、更广泛的示范效应，把对"点"的激励扩大为对"面"的激励。

针对在校大学生创新创业，高校不但要在政策上给予一定的支持，还要在创业启动资金以及相关的设施和场地上给予一定的支持，这样才能切实减小大学生创新创业的压力和困难，更加坚定他们创新创业的信心。

在大学生创新创业活动中，要认真深入地对学生主体的需要类型、动机及追求特点等进行准确分析，然后综合有效地运用各种激励方法，有针对性地采取激励手段，使创新创业教育工作更加有效。

（四）保持激励过程的及时性、持续性

从心理学的视角来说，在激励过程中，一个良好的信息沟通渠道非常重要，激励信息要及时、明确、连续地传送到需要获得者的手里。"及时"，即操作和强化之间时间段的最小化。换句话说，也就是值得表扬事迹的发生时间与表扬的时间差距愈大则表扬的激励效果愈小。在平时的活动中，学生参加创新创业活动所取得的成果，应获得相应的创新创业学分，而学校对此学分的认定程序应该流畅，而且应该及时，只有这样才能有效激励学生。所谓的"持续"，则是指激励信息保持合理的频率。心理学家认为，对人们良好行为的及时激励很重要，能使人们迅速产生积极的心理反应，并且对自己的获奖行为记忆深刻。那么，在经过多次重复激励后，可以使人产生积极的心理动力定型，进而养成优秀的心理品质。从这个角度来说，增强激励的持续性，能更有效地发挥激励的效果。

四、应用型大学创新创业教育实施的保障体系

一套科学、灵活、适应当代科学技术发展、社会发展和学生个体发展的保障机制，不但能够保障创新创业教学活动的顺利开展和运行，带动科学研究和社会服务功能的实现，而且能为创新创业教育体系提供明确的方向及改革的途径和方式，使其持续、健康、快速地发展，并逐渐形成为理论，实践于社会，奉献于时代。

本书从政府、社会、企业及家庭等多个视角入手，以应用型大学创新创业教育的规律和特点为基本依据，来建立研究型创新创业教育的保障机制。

（一）各级政府的政策手段支撑

各级政府是政策的制定部门，在研究型大学创新创业教育体系的实施过程中扮演着倡

导者和扶持者的角色,高校开展的创新创业教育以及学生毕业后的创业实践,都有赖于各级政府在政策、资金及社会服务机构等方面的协调与努力。

政策法规支持。政府相关部门在制定政策方针时,不能单单从推动大学生就业这一个角度来理解研究型大学的创新创业教育,而应该从市场经济需求的高度出发,为大学生提供更为良好的创新创业环境,给予优惠的扶持政策,没有政府政策法规的扶持,创新创业教育只能流于形式。

具体来看,首先应当加强相关法律法规制度的建设,为创新创业教育提供相应的法制保证,有关部门要简化创业审批手续,制定相应的税收减免等优惠政策。组织相关部门应提供创业培训指导、政策咨询、项目论证、跟踪辅导等相关服务。不断制定、完善关于研究型大学创新创业教育实施的目标、方法、制度、投入等相关规定,进一步搭建信用平台和融资平台,降低企业准入门槛,扩大市场准入范围。进一步放宽大学生创办中小企业的标准,为大学生接受创新创业教育、开展创业实践提供可能。

从制约大学生创新创业的因素来分析,启动资金及后续资金的缺乏是制约其创新创业活动和事业发展的瓶颈。资金同时也是研究型大学开展创新创业教育实践的核心要素,因而,政府要建立各种创业基金,加大对创业教育的资金注入,鼓励大学生创业,政府带头进行投资,并提供债务资本,加强对大学生创业小额贷款基金的支持力度,扩大贷款的辐射范围,有效支持大学生创业,同时对为大学生科技创新创业服务的高新技术企业服务中心(科技孵化器)、生产力促进中心、重点实验室和工程技术研究中心等各类技术创新及服务平台给予优先扶持。

(二)免费培训指导

对大学生的创业技能进行培训,进行相关市场拓展,优先提供场地、项目咨询、商务及市场开拓服务。省级以上高新区、农高区建立大学生科技创业辅导制度,选聘省内外成功企业家、高等院校和科研院所管理专家、老科技工作者、政府有关部门的专家等作为大学生科技创业导师,采取单个指导、授课指导、会诊指导、陪伴指导、咨询指导等方式,帮助大学生提高创业实践能力。

(三)建立创业教育中介组织

政府要尽快扶持各种形式的非营利第三者组织,对创新创业教育进行理论与实践上的指导。积极创造条件,支持大学生科技创新创业。比如有条件的要划出专门场地,由政府教育行政主管部门和有关教育科研机构组建全国性专门的创新创业教育研究机构,广泛开展创新创业教育研究,尽快形成具有中国特色的创业教育理论体系,在我国各高校普遍开设创新创业教育课程。鼓励和支持民办力量举办专门的创新创业教育机构,可以单独也可以与高校联合开展创新创业教育。积极扶持大学生创业中介组织,设立大学生科技创业基地或创业园,使之为大学生在创办企业、产品开发、科研成果转化中寻求相关企业、资金支持和法律、政策咨询架通桥梁，搭建平台。同时，对大学生的创业项目进行评估，协助办理政府小额创业贷款，承担创业贷款担保等分担政府的风险，为学校的创新创业教育提供非政府支持，分解其教育工作压力，对其实施的创新创业教育进行客观公正的评估，起到监督作用。

总之，建立面向知识经济时代的国家创新体系是一项紧迫的任务，也是研究型大学创新创业教育能够顺利实施的保证。国家创新体系强调创新要素或主体之间的联系和互相作用，更强调这一体系有效地使新的知识在创新体系内部流动起来。建立和完善具有中国特色的国家创新体系，加强高等学校与企业的联系，提高科技成果转换，发挥高校的主体性作用，也有助于加强高校培养具有创新精神和实践能力的人才。

（四）社会的舆论保障

创新创业教育的发展离不开一个有利于创新人才培养的社会环境。几千年的中国传统文化对创新人才培养有着重要影响。在继承和发扬优秀传统文化的同时，摒弃与时代发展不相称的旧观念，从而在整个社会营造开放的、宽容的、鼓励创新的社会风气。同时，利用有效的舆论手段来引导全社会建立人才评价标准，重视创新的社会风气。与此同时，通过政策及法律法规的制定来促进和保护人们的创新激情和创新成果，制定创新人才培养政策和创新奖励政策等，全面推进民族创新风气的形成。

目前，创新创业教育的研究和推广还主要局限于教育界，特别是高校内部，社会各界对创新创业教育的认识还有限，在全社会范围内还未引起广泛反响和有力回应，高校"孤军奋进"，显得力不从心。而且，创新创业教育地区发展也不平衡，有的地方搞得有声有色，有的地方却无声无息。因此，要发展好创新创业教育，就要形成以政府为主导，高校为主体，全社会关注与支持创新创业教育新格局。应当通过各种大众传播媒体，向全社会广泛宣传创新创业教育，使"敢于创业，创业光荣"成为社会的普遍共识，使创新创业教育成为社会的责任，高校的使命，家庭及个人的自觉行动，从而为创新创业教育营造一个良好的社会氛围和环境，为创新创业教育的开展培育出肥沃的社会土壤。

（五）企业的合作支持

不能将创新创业教育简单理解为就业服务，同样也不能简单地理解为创新创业教育的目的都是要培养学生自主创业，企业在大学生的创新创业教育过程中同样扮演着重要角色。在研究型大学创新创业教育过程中，很重要的一部分就是实成环节，这一个环节更多的是需要得到企业家们的支持。企业及各单位组织能够为大学生的创新研究和创业实践活动开展提供方向指引、项目支持、实践岗位、场所、实践指导及资金援助等各方面的支持和服务。如果企业能够不单从资金上，而且能提供实践环节的帮助和全方位的创新创业支持，将极大地有利于创新创业教育实施，同时对企业自身的长远发展有益，达到双赢效果。因此，研究型大学应与一些企业建立长期稳定的合作关系，由企业提供好的创新研发项目和实践课题，并向学校派送一些具有丰富创新实践和创业经验的人员担任兼职教师，为创新创业教育的顺利实施创造更多的机会和外部条件。此外，企业还可以发扬其文化价值观，利用在社会上的影响力来改变社会舆论及家庭等对大学生搞创新研究和创业实践的否定或观望态度，能够对创新创业教育给学生、企业及社会所带来的价值重新认识和定位，从而为研究型大学开展创新创业教育营造良好的社会氛围。

（六）家庭的支持配合

在当今中国，家庭是大学生成长的重要经济支持和精神支撑，对学生的世界观、价值观、人生观的形成和发展有着至关重要的影响，学生要自主进行创新创业实践活动既有赖于自身的创新精神、创业意识、知识、素质和能力，又与家庭的配合与支持密切相关。家庭背景对学生的就业观、创业观及创业素质和创造性的人格培养具有潜移默化的直接或间接的作用。此外，家庭特别是家长对学生开展创新创业实践的态度十分重要，如果十分支持，经常鼓励，则会使学生对创新创业实践充满热情和信心，因此，学校要积极争取学生家庭特别是学生家长对学生创业的支持与配合，充分发挥家庭教育的作用。

创业导师、辅导员和就业创业中心、学生工作处的相关人员要通过多种方式，加强与学生家长的沟通，积极宣传创业的意义和各种优惠政策，使其认识到大学生不仅是求职者，还应是工作机会的创造者，开始接受并逐渐重视学校开展的创新创业教育，并努力营造一个"平等、自由、宽松、民主"的家庭环境，协助学校一起培养孩子的创新、进取、独立和勇于承担风险的素质，并为其提供更多的自主选择机会。另外，社会或学校应该加强与家长的沟通联系，组织家长培训，尤其针对一些观念意识相对传统落后的农民家长，在教育方法上要给予重点培训，以实现学校创新创业教育与家庭教育的有效衔接，必要时可协助学生和家长办理创业信贷，最大限度地争取学生家长的配合与支持，以推动创新创业教育的积极开展。

综上所述，我们应当建立起以政府为主导，以高校为重点，社会广泛参与，家庭全力配合的创新创业教育保障机制，通过新闻媒体的大力宣传，社会民间力量的广泛介入，尽快在全国范围内形成创新创业教育的高潮，使我国创新创业教育迈上一个新台阶，从而有力服务于社会主义市场经济的建立和完善。

第五节　基于"工匠精神"的应用型高校"双创"人才培养体系的优化措施

一、优化培养目标，明确了"双创型"人才的目标导向

目标对学生的成长具有巨大的导向作用，职业生涯规划是学生成长、成才和成功的起点。通过确定学生职业生涯规划的主要内容和实施途径，在人才培养过程中，引导学生的

价值取向、行为准则、思想意识、学习规范和学习动因，帮助学生树立理想和职业生涯发展目标，学会选择与规划，引导学生个体通过循序渐进的方式逐步实现自己的职业理想。

"双创型"人才的目标特征基于两个方面：一是"双创型"人才的一般特征。"双创型"人才应具有扎实的知识根基和较完备的知识结构；具有良好的自主学习、再学习的习惯和能力；具有典型的创新创业意识和坚忍不拔的精神、意志；具有敏锐的洞察力、独到的思维方式，善于判断和把握机会；具有高超的创新能力，实践、实施和拓展能力；具有优秀的团队精神、合作能力和社会竞争力。二是专业人才的行业特征。以经管类人才为例，经济管理是人们在各类各种经济活动中，对人、财、物及技术等各种要素资源进行合理组织和有效调配，以达到经济活动的有效运行和有效产出，既涉及管人、管事，又涉及管财、管物。所以，经管类"双创型"人才需要在"懂经营、善管理"的基础上具备制度创新、管理创新、组织创新、服务创新的能力，并能捕捉机会实现创新成果的潜在价值，具备敬业、求精的工匠精神的人才。

二、优化培养模式，建立了"双创型"人才培养机制

人才培养模式是以相对稳定的教学内容和课程体系及与之相匹配的科学的教学方式、方法和手段实现人才培养目标和规格的教育过程和方式。"双创型"人才需要广博的知识面、良好的知识结构、扎实的知识根基，需要有一种能根据个性爱好激发学习兴趣、近距离或零距离接触社会生活的多元培养方式。

第一，根据行业发展的需要，特别是地方经济社会发展对多样化、多层次的人才需要，以及学生个性差异而产生的对教育需求的不同，积极探索多元化人才培养模式。建立由学校培养与学生自我发展相结合、第一课堂与第二课堂相结合、校内理论教学、模拟教学与校外实践教学相结合、国内经济社会形势教育与国际背景教育相给的开放式教育教学模式，充分发挥学生、学校、行业在"双创型"人才培养中的多元作用。

第二，强化学生自主学习机制和自我发展机制。尊重学生的选择、兴趣和爱好，扩大学生的学习自主权，培养学生的自主学习意识和自主学习能力，规划自己的学习计划，进一步完善弹性学制、分流培养、分级教学、分层教学，扩大学生自主选专业、自主选教师、自主选课程的空间。

第三，优化人才培养方案。①要加强通识教育，奠定厚实的基础；②要拓宽专业口径，增强专业适应性；③增设交叉学科和边缘学科课程，培养学生多学科知识结构，提高人文底蕴和科学素养；④引进发达国家的教学内容和课程体系，拓宽学生的国际视野；⑤追踪学科发展前沿，紧跟科学技术发展和经济社会形势发展；⑥设置创新创业教育模块或体系，有针对性地开展创新创业教育；⑦进一步完善实践教学体系，强化实践教学。

三、创新教学方法，完善了以教师为主导、学生为主体的教育教学模式

教学方法是制约学生创新能力发展的主要因素。培养"双创型"人才离不开改革与创新，以教育理念的创新，推动教学内容、教学方式以及教学技术的全面创新。教学方式实现从传统的以教师为中心的知识传授型向知识传授与创新、与实践相结合，师生互动、教学相长，并以调动学生自主学习、激发学生求知欲和创造性为主要目标的教学方式转变。

四、强化实践教育，建立了融校内模拟与校外实践于一体的实践教学模式

实践教育以职业技能训练为主要内容，以实践创新创业能力的培养为目标，采用教师指导、学生主动参与为主要教学方法，是学生将知识转化为能力、理论应用于实际的重要渠道。

立足能力培养系统性地构建实践教学体系。在继承传统内容的基础上创新，通过对原有实践环节的整合，实现实践教学内容体系的整体优化，确立以课程实践、调查实习、论文设计和课外实践四个环节为重点，以公共实践、学科实践、专业实践、综合实践四个逐层递进的阶梯为层次，坚持实践教学四年不断线，把实践教学贯穿到本科阶段的整个学习过程的实践教学。

五、强化第二课堂，建立了"双创型"人才培养第二通道

"第二课堂"以其教学组织的灵活性、管理的开放性、资源整合的广泛性、资源配置的自主性等方面凸显它的优势，是"双创"教育的有效途径和载体。"第二课堂"较少受时间和场地的限制，更注重的是实践和运用。学生在实践活动中，团队的组成及能力的培训过程跨学科、跨专业，知识交叉、渗透互补，具有综合性；运作过程中，有分工、有协作，取长补短，能力互补，凸现团队精神；与行业接轨较为紧密，有助于提高学生社会化程度；为学生提供了自由的思维空间，能够创设一种特殊的文化环境来实现"环境育人"的功能，达到"第一课堂"以外的教育目的和效果。这种教育目的和效果将潜移默化地影响学生，并逐步内化为学生的素质，增强学生的求知欲望，激发学生的"双创"意识和思维，提高学生的"双创"能力。

六、优化师资结构，通过内培外引建立了一支"以专为主、专兼结合"的"双创型"师资队伍

培养"双创型"人才的基础在教育，关键是需要有一支具有"双创型"特征的教师队伍。"双创型"教师要具有较高的职业理想和健全的人格特征、创新创业的教育观、完备的知识结构和职业技能、较高的教学监控能力和较强的管理艺术；能吸收最新教育科学信息，创造性地发现和提出现实教育教学中存在的问题，创造性地计划、组织与实施教育教学活动，有独到见解并发现行之有效的教育教学新规律和新方法，能实践运用教育科研成果，善于把教学工作与科研课题的实证研究有机地结合在一起，能运用现代信息技术手段提高教育教学效率。

第一，实施人才培养工程，提升存量师资队伍素质，并使部分教师成功转型。加大了对中青年教师培养的力度，进一步优化师资队伍结构，逐步形成高学位、高职称、高水平、低年龄的"三高一低"群体优势，完善了教师进修、访学、公派出国等相关制度，到国内外知名大学访学、进修，奠定坚实的知识根基和完备的知识结构，并追踪学科前沿和经济社会发展前沿，建立具有创新精神和创新能力教学科研团队；充分发挥优秀教师的传、帮、带作用，多渠道、多途径提高青年教师的教学技能和业务水平。同时，积极开展创业教育师资培训，聘请创业教育专家开设创业师资短训班，传授创业理论、知识、技能及创业教育方法；鼓励教师到行业机关、企事业单位进行社会实践或挂职锻炼。

第二，进一步加大优秀人才的引进力度，逐步实现师资队伍的多元化。采取特殊政策引进国内知名的高层次的学科专业带头人和学科建设方面的领军式高级人才，积极引进具有国际教育背景的学科专业带头人，形成一支符合学校定位和学科专业建设需要的学术团队，提升学校整体的科技创新能力。加大有实践经验人才的引进力度，快速提升实践教学指导教师的整体素质和业务水平。逐步建立新进教师的实践制度，要求新引进的教师具备数年的社会实践经历，并作为应用型师资的必备条件。加强与企业家的合作，充分吸收、利用社会创业资源，特别是交通类学校，聘请行业相关创业成功人士、企业家、管理专家担任学校兼职教授，不定期地到学校进行演讲、开办讲座，使"双创型"师资队伍多元化。

第六节　应用型大学创新创业教育质量评价主体与方式选择

创新创业教育的主要目标是要实现教师的教育思想和理念的变革，学科结构、课程内容和功能的变革，学生学习方法的变革。基于此变革重点，并结合评价体系框架的核心内

容分析评价指标体系的构建，我们认为评价机制中最复杂和核心的模块是创新创业教育体系中的参与主体，主要是由师资队伍及学生群体的评价、教学课程体系的评价三个部分组成。

一、师资队伍的评价方式

针对创新创业教育的发展，我们对评价的功能有了新认识，并意识到评价对象教师并不是被动的客体，而是评价活动的积极参与者，是评价中不可忽视的重要组成部分。因此，在评价中首先由教师进行自评，有利于提高收集到的评价信息的质量，做出客观正确的判断，有利于被评价教师本人发现问题并主动改进和提高。同时，随着创新创业教育的发展，教师自身的专业技能、素质技能等也都应该跟上时代的步伐，做好教育方面的各种工作。所以，教师评价的目的已经不再是原来对教师工作的简单鉴定、认可、判断、证明和区分，而是注重为教师提供创新创业教育的信息、咨询和改进的建议。这样，既有工作数量、工作质量等指标，又有工作方法、工作态度、工作成效等指标，形成"态度、能力、实效"三位一体的评价机制。在对教师的科研创新意识、能力及相关成果、教师创新创业教学能力等进行评价时，注重定性与定量、内部与外部、过程与结果的结合。因此，我们在运用定量方法开展教师评价的同时，也要采用一些定性方法，如座谈、问卷调查、个别访谈等。这样做能更全面地了解教师的实际情况，更有利于给教师一个切合实际的评价。每位教师都需要有不断发展的空间，需要根据评价结果在工作中不断反思与总结、学习和培训，从而不断提升自我。

二、学生群体的评价方式

教育过程的一个重要环节就是对学生进行评价，评价的发展性功能集中体现了"一切为了学生发展"的教育理念。创新创业教育的意义在于促进学生提高其创新创业素质和能力，引导其不断发展和完善。在评价中，要通过对学生注意状态、参与状态等方面观察了解学生，评价学生，促使其在课堂中全身心投入学习，并在创新创业实践中体验满足、成功、喜悦等感受，从而对后续学习和实践更有兴趣和信心。在评价方式选择上要注意以下几个方面。

（一）明确学生创新创业学习和实践的目标

贴近学生实际，来设计和制定与其相关的发展目标和方向，进而确定评价的内容、方法，不断反思并改善教师的教和学生的学，发挥评价的发展性功能。

（二）注重评价过程

学生的发展是成长的过程，而促进学生发展也要经历一个过程。收集并保存学生发展状况的关键资料，呈现和分析这些资料，形成对学生发展变化的认识，在此基础上，针对学生的优势和不足给予学生有针对性的改进建议。而且，在这个过程中，学生的自我反思、自我认识更为重要，在自评、互评和他评的过程中不断发扬长处，纠正不足，实现发展、进步和提高的目标。

（三）关注学生个体差异

每个学生都具有自己不同的素质和生活环境，爱好、长处和不足也都是各有不同。学生的差异包括考试成绩的差异，以及生理特点、心理特征、兴趣爱好等各个方面不同的特点，这些不同使得每个学生发展的速度和轨迹不同。因此要依据学生的不同背景和特点，正确判断每个学生的不同优势及其发展潜力，提出适合其发展的有针对性的具体建议。

（四）在评价过程中，应实现考核方式的多样化，鼓励教师改革考试制度

要根据创新创业教育课程的性质、特点、内容，结合教学大纲的要求，采取闭卷与开卷、半开卷，集中考试与阶段考核，场内完成与场外完成，个人独立完成与小组集体完成相结合的方式。通过评价，鼓励学生思考、尝试、创新和实践。

三、课程体系的评价方式

课程体系的评价从总体上来说，就是要由原来的主要针对教师的"教"切换到现在的主要针对学生的"学"，具体方式如下。

（一）针对教学任务的评价

好的课堂要指导学生进行有效的学习，这对教师的要求很高。教师要明确地提出学习任务及目标，要让学生明白这堂课要学什么，达到什么样的要求与目的。在评价过程中，根据学习任务及目标提出明确与否，恰当与否，有针对性与否及学生完成情况和效果的好差给予适当评价，分出等级。

（二）针对教学过程的评价

教学过程要看教师发挥其主导作用及学生主体作用的表现情况，同时，教师课堂授课内容的组织设计和表达、学生对所学内容的参与活动和消化也要引起关注。此外，还要注意在教学过程中养成良好的学习习惯，教师引导与学生活动的时间比例、学生自主学习的体现等方面。在评价过程中，要针对师生双边的互动情况，给予适当的评价和合理的分类。

（三）针对课堂教学的安排情况

教师要注意课堂教学的组织安排不能一味追求教学任务的完成密度，要有张有弛地给学生必要的时间，以便他们能充分思考、讨论、提问及放松休息。在此过程中，还要充分考虑学生的年龄特征，在评价中视具体情况分析。

（四）针对引导学生提出问题及解决问题的情况

在课程改革的新形势下，对教师的要求就更加严格了，能设疑和解疑，还要能启疑和导疑，转变教学方法，即把过去的"教知识"转变为"教方法"，即要求学生能找到提出问题、探究问题的方法。因此，评课时，应注意学生能不能提出有代表性的问题，能不能通过探究合作等方式实质性地解决问题。

（五）针对教学效果的评价

教学效果，是将课本知识、教师本身的知识及师生互动所产生的知识融为一体。除此之外，学生的认可程度也是反映课堂效果优劣的一个表现。平等地、实事求是地评价教师，并鼓励学生评说自己所学的课，体现民主意识。另外，评课时除了要对常规的知识掌握程度、能力培养程度、学生中学会的比率等做出评价外，还应多接触学生，从学生中得到公正的结果。

四、应用型大学创新创业教育质量评价指标体系设计

鉴于应用型创新创业教育工作本身的复杂性，其评价机制用单一维度难以进行客观、精确、全面的概括和测算，因而需要将被评价的诸多内容和对象看成是一个彼此相关联的系统构成要素的价值实现形式，通过构建一套合理可行的综合评价指标体系，用"要素＋关系"的形式来进行客观的表述。

创新创业教育是一项政府、学校和社会等组织协同运作的教育系统工程，涉及教育教学、实践平台、师资队伍、社会支撑等内容，因此其影响因素众多，本书全面分析了创新创业教育内涵及国内外研究成果，在指标体系构建上主要遵循以下原则：战略目标导向性、系统一随调性、全面完成性、客观科学性、动态灵活性及可比可操作性等，并综合分析研究型大学创新创业教育的级别、特点、目标、内容、结构等，同时考虑学生的个性特征、家庭背景及学校创新创业环境对教育体系的影响来进行指标设计和评价方法确定，从结果评价及过程投入两个角度提出了创新创业教育评价指标体系结构图，从创新创业教育的政府层面、高校层面、社会层面、学生层面等四个维度来确立了评价的内容。

（一）政府层面

政府在创新创业教育中承担着引导以及支持等不可或缺的作用，政府层面上要包括增加经费投入、出台相关政策和优惠措施，积极引导学生创新创业，成立专门的教育管理组织机构，出台相应的管理制度措施，积极引导高校学生创新创业，并对其进行有效管理，如出台税收优惠或信贷融资政策等。

（二）高校层面

高校是创新创业教育实施的主体、主要单位和场所，也是其实现的主要力量。主要包

括学校制定积极的创新创业教育办学理念和教育规划，成立专门的创新创业教育管理机构和设立相应的管理制度，培育优秀的创新创业教育师资队伍，设置合理的课程体系和课程内容，并且加大投入建立相应配套的教育设施和实践基地，在全校乃至全社会营造出创新创业教育的良好氛围。

（三）高校环境

环境体现了研究型大学为创新创业教育提供的组织支持和资源投入，主要包含硬环境和软环境两个方面：前者是指学校在创新创业经费、基础设施等物质方面的各种保障措施，如设立创业中心等；后者指学校鼓励创新、推崇创业、宽容失败的学术氛围及文化，通过相关政策和措施激发学生的创新创业精神和热情，为创新创业教育提供内在物质保证。

（四）教学环节

教学是创新创业教育的实施环节，其主要评价方面在于：学科建设，即创业意识、知识、策略、能力、素质等相关的理论和实操课程的设计和安排；教学方法，除了传统的课堂、教师、课本教学外，还应当增加社会调查、案例分析、讲座互动、创业模拟、商业实战等模式。通过在课程内容及形式上的创新，来提升学生的创新创业能力。

（五）师资队伍

研究型大学的创新创业教育最终是要通过各位教师去实施，因而师资队伍是教育质量评价中一个重要的因素，主要包含：教师背景，即高校教师进行创新创业教育所应具备的学历职称、专业知识、素质技能、工作经历等基本条件。其中，以教师的政治素质、业务知识素质、能力素质等为评价重点；教师的创新创业能力，即教师的科研创新意识、能力及相关成果；教师的创新创业教学能力，即对创新创业教育理论及教学方法等的掌握。

（六）学生层面

学生是创新创业教育的对象，创新创业教育旨在培育适应知识经济时代发展的具备综合素质的人才，提高学生的创新创业能力，因此学生的表现是创新创业教育效果的直接表现形式。学生层面主要包括学生的科研能力、创新成果、创业率以及参加创新创业教育实践活动的情况，如科研人数、次数、科研成果发表、创新作品以及竞赛参与获奖表现等。学生素质主要包含学生的自身背景、表现及其对创新创业教育体系的满意度。其中，学生背景指其进行创新创业的家庭背景、学历经历、观念意识、个性品质、能力素质等信息；学生表现则指其在创新创业学习、实践等方面的结果成效；学生满意度，即学生对高校的创新创业教育课程及方式的认同感、主动性和参与程度。

（七）社会层面

社会是创新创业教育的有力支撑，主要包括社会声誉和社会氛围，即社会对创新创业教育的赞同和认可及全社会所形成的创新创业氛围，社会团体及企业组织是否积极支持高校学生创业，为其提供大力的创业服务和支持。主要指高校在创新创业领域的社会影响，学术地位，在外界创新学术上的一系列联系和成果及毕业生进行创新创业成效的评价。

第七章 协同机制视角下的高校创新创业教育

第一节 创新创业教育协同机制的设计

一、设计原则及思路

经济发展、综合国力增强、社会进步、国民素质提升都必须依赖于教育系统所提供的不竭动力。通过调研掌握就业供给与需求的基本状况，以研究为导向的高校要根据自身条件，整合所拥有的渠道和资源，结合不同理念，为创新创业教育的思路和方式选择合适的实践路径。

（一）创新创业教育体系的设计原则

1. 与传统教育体系相融合

普通教育和职业教育是传统教育模式中最重要的两个部分。普通教育通常注重身体素质和心理素质的锻炼和培养，即德、智、体、美、劳等全面发展。职业教育则是立足于前者，以所学专业为核心，加强对专业技能和素质的培养，以满足社会经济发展的要求。由于教育需求逐渐向多样化和专业化方向发展，普通教育和职业教育也随之细分，各有不同的教育理念和模式，在教育体系中发挥着不同的功能和作用。在传统教育中，虽然会无意识地涉及关于创新创业教育的内容，并在一定程度上进行实践，但是传统教育中所涉及的创新创业教育处于零碎且不固定的状态。相比于传统的教育模式，创新创业教育增添了更加符合经济社会发展需求的内容，包括创业精神和创新能力。职业教育与传统教育的发展是相辅相成的。因此，在构建创新创业教育体系的过程中，要充分发挥普通教育和职业教育的基础性作用。普通教育为创新创业教育提供基本的发现问题的能力、知识储备以及创新创业所需的开拓进取、敢于担当的责任感。职业教育为创新创业教育提供相关的专业技能和规范。创新创业教育的实践过程是循序渐进的，有着不同于普通教育和职业教育的教学模式和体系，能够满足学生多样化教育需求。学校作为教育主体应整合不同资源和路径，以普通教育和职业教育为基础，扎实推进创新创业教育的相关工作①。

2. 创新性与实践性相融合

社会的发展、国家的繁荣、民族的进步离不开创新创业教育的发展。当今世界各国竞争激烈，谁具备创新精神，谁就能在竞争中占领先机，所以敢于创新、积极进取的高素质人才就成为国家发展不可或缺的因素。相对于注重自由发展的自由型高校以及重视学术能力、聚焦学术研究领域的研究型高校，以社会服务为导向的高校则在建设创新创业教育体系的过程中，强化社会服务的理念，注重创新创业教育实践。在此基础上，以社会服务为导向的高校以创新创业为核心，配合学校在教学、管理、科研等领域的改革，对教育方式、人才培养方面进行革新。创新创业教育是面向全社会的，教育理念、教学模式、学习方法是重要的创新内容。学生能够在学习中获得开创性、多元化的思维能力，这是创新创业教育的目标。想要实现这个目标，需要整合多方面的渠道和资源，构建能够满足不同需求的创新创业教育体系。实践能力是在创新能力之外又一不可或缺的条件。与传统教育模式相比，创新的思维方式、创业的行动能力、开拓进取、勇于担当的品质是创新创业教育的核心内容。创新创业教育模式的探索是困难和艰巨的，因为它是对普通教育和职业教育的进一步深化，所以实践能力成为了影响学生创新创业的关键因素。实践能力包括身体和心理两个方面，可以通过学校的教学活动和社会生产相结合的方式来培养。

3. 一致性与差异性相融合

培育具有创新思维和实践能力的专业型人才一直是高等教育的主要目标。创新教育是在创业教育的过程中实现的，不能将二者分离，要将创新教育和创业教育相融合，为学生构建创新创业教育机制，协同不同主体，重点培养学生的创新能力、创新思维、创新意识以及敢于开拓、主动承担的精神品质，这是高校创新创业教育的落脚点。因此，创新创业思维要始终落实在学生的培养过程中，它符合高校专业培养的要求，是培养人才的路径。学术研究是以研究为导向高校的关注重点，但是不同高校受不同因素影响，都会选择符合自身条件的发展方向，所以各个高校在创新创业教育机制的构建上不尽相同。首先，地理因素决定社会环境，处在不同地域的高校有着不同的社会条件，高校在构建创新创业教育机制的过程中可利用的社会资源存在差异，这直接影响高校对创新创业教育实践模式、教育方式的选择。其次，发展导向存在差异的高校在人才教育的目标定位上也是不同的。高校应充分了解不同专业的学生的需求，以专业类型为基础，针对性地对学生的创新创业教育制定个性化的教学内容和目标，照搬其他高校的教育模式是不可取的。

4. 主体性与互动性相融合

创新创业教育的目的是培养具有创新意识和创业精神的人才，所以在教学过程中要将

---

① 林梅. 校企合作与人才培养［M］. 长春：吉林人民出版社，2019.

主体性与互动性充分融合。教师和学生在创新创业教育中发挥着重要作用，在以研究为导向的高校中，师资力量充足，科研水平较高，教师既可以开展教学工作，也能推动高校科研水平的发展。通过教育让学生获得知识和技能，并将其运用到实践中以满足社会多样化的需求是高校培育学生的根本目标。因此，在教学过程中要帮助学生制定符合自身条件的目标，注重培养学生的个人品质，让学生在学习过程中学到知识和技能的同时，又能感受到人文关怀。师生之间的互动在创新创业教育中发挥着重要作用，教师要避免单向的灌输式的教学模式，丰富教学内容，创新教学方式，在教学过程中重视与学生的沟通与互动，增强师生之间的了解。教师要及时掌握学生的反馈，通过多样的沟通渠道帮助学生提高发现问题、解决问题的能力，发掘学生的创新意识和创业精神。人们常常片面认为创新创业教育仅仅是为了培育新的企业开创者和提高就业率，对其更深层次的作用缺乏了解和认识，在这种思想的影响下容易使创新创业教育成为成功者的宣传平台，在教育理念和模式上偏向功利，与创新创业教育的初衷渐行渐远。

（二）创新创业教育体系的设计思路

创新创业教育机制的建立对高校来说是一项艰巨的任务，需要协调多方力量参与其中，与传统教学聚焦学科建设相比，创新创业教育在提高知识水平和技能的基础上，更强调学生与社会的匹配。所以，高校应整合多方资源，协调各方力量参与到教学过程中，构建创新创业教育机制，为学生提供细致全面的创新创业的指导。高校创新创业教育将创新作为最根本的教育理念，这是与传统教育思路和模式最大的不同。创新创业教育机制的构建要根据社会和学生的需求制定新的培育标准和目标，高校应将创新意识和创业精神贯彻到教学活动中，并与学校的长期发展目标相结合。高校既要让学生们学到基本的知识和技能，又要通过创新创业教育引导学生对知识和财富的开拓，培养学生发现问题、解决问题的能力，树立创新创业的思维和意识，以及敢于担当、勇于探索的个人品质，促进学生的全面发展。具体来说，高校可以建立合理的奖励制度，例如针对学生的创新创业制定激励标准，对有意愿创业的学生提供知识、物质以及政策上的支持。如果创业顺利，学校应给予积极肯定，如果创业遇到挫折或失败，学校不能置之不顾，应帮助学生发现问题并给予支持，通过合理的激励制度，帮助学生加深对创业精神的理解，使学生将创业作为步入社会的重要选择之一，让学生在知识储备、专业技能和心理素质上做好准备。

高校在创新创业教育机制的构建过程中，应将教育目标和理念作为出发点，在教育过程中始终贯彻创新创业的目标和理念，把创新创业的思维方式深入到教师队伍的建设和学生的培育中。通过对学生知识储备、专业技能、心理素质和个人品质等方面进行全面培养，将创新创业的理念和思维方式与人才培养机制相融合，在学生学习的过程中就能培养出创新思维和创业精神。在具体课程内容的选择上，学校应将创新创业的理念融合其中，为学生创业提供扎实的专业技能和心理素质基础。在教学方式上，除传统的学校教学之外，还应注重对学生实践能力的培养，丰富实践课程内容，例如举办创新比赛、建设创业基地等方式，让学生能够将自己的思考转化为实践，积极培养学生主动发现问题、解决问题的能力，通过此过程将学生的创新意识和创业精神激发出来，为学生创业奠定基础。高校在构建创新创业教育体系的过程中，还应注意传统教育内容与前沿的教育理念的结合，只有在传统教育的基础上吸收应用好新的教育理论，才能更加高效地构建创新创业教育体系，并真正发挥创新创业教育作用。综上所述，社会发展日新月异，对人才的需求也在不断变化，高校在建设创新创业教育时应在发挥传统教育模式优势的基础上顺应社会发展需求，重视教育的社会服务功能，协调和调动多元主体参与到创新创业教育中来，以学校为主体，整合多方资源，构建完善的创新创业教育机制。

二、"校企"教育协同

（一）校企协同人才培养的目标定位

1. 校企协同人才培养的宗旨

满足区域和不同行业经济发展需求、培育符合社会要求的专业型人才，匹配高等教育改革和发展的要求，把学生作为教育的核心，培养专业技能；高校与企业建立多样的合作关系，包括技术研发、学术研究、人才培育以及社会服务等，将学校的教学资源和企业的社会资源相结合，推动校企的协同发展，这是校企协同教育的基本目标。

2. 校企协同人才培养功能定位

高校身处教育改革的一线，应提高为经济发展服务和满足社会发展需求的能力。对此，高校应充分整合资源和渠道，以区域经济为基础，构建完善的校企协同机制。处在市场竞争环境中的企业对人才的需求是多样的，高校要重视对学生创新创业教育的投入，为学生提供社会服务的平台，帮助学生更好地与社会需求相匹配，既能充分发挥人才对社会经济发展的推动作用，又能提高学校创新创业教育平台建设水平，促进学校综合实力的提升。

3. 校企协同制定人才培养目标

高校和企业作为校企协同创新创业的主体都应参与人才培育目标的制定。企业想要获得符合自身长期发展需求的人才，需要将企业的长远发展目标与人才培育相结合，对人才精准定位和培养。随着国际竞争日趋激烈，创新越来越成为提高综合国力的关键因素，国家和社会的发展对具备创新素质的人才需求增大。高校是培育人才的最重要主体，以研究为导向的高校应承担起培养创新型人才的责任，和企业共同构建创新创业人才培养平台。与以研究为导向的高校不同的是，以教学为主的高校主要任务是培育本科生，人才类型主要为重视实践的应用型人才。所以，以教学为主的高校应与企业协作制定符合社会经济和企业发展需求、能够提高实践能力的人才培养机制。兼具研究功能和教学功能的是以教学研究为导向的大学，培育对象主要为本科人才。由于自身的定位，教学研究为导向的大学更注重培养学生的综合技能。因此，具有良好学习能力、应用能力、实践能力和创新能力的人才是以教学研究为导向大学的培养目标。

（二）校企共建教学体系

培养目标的实现必须以完善的教学体系建设为基础。课程内容不能及时跟上社会经济发展的变化，教学方式上缺乏与学生的沟通和互动，不能为学生提供充足的实践机会，不符合社会发展的实际要求，这些都是传统教育存在的问题。所以，学校和企业应在教学体系建设方面相互协作，共同制定符合学校和企业需求的教育体系。

1. 理论课程体系建设

在理论课程体系建设方面，专业课程和专业基础课程是国内高校专业课程最重要的两个部分。专业基础课程分为理论教学和理论实习、实践的教学环节，主要目的是培养学生的基本知识和基本理论基础，提高学生的基本知识和技能。达到专业培养要求的工程基础类课程、专业基础类课程和专业课程所占学分比例应占到三分之一。工程基础类的课程与专业基础类的课程都应发挥数理学科和自然学科在提高学生应用能力方面的作用，这些都应在课程的制定过程中予以体现。专业类课程在设计中则应该注重培养学生的实践能力。高校的课程设计不应仅局限于本校，还要为学生提供多领域、跨专业以及其他学校的选修课程。社会经济各领域联系日趋紧密，每一个领域和专业都不可能独立发展，都需要加强和其他领域的联系与交流，以此来推动自身领域的发展。国家之间的交流与合作也是同样的道理，国家的发展也越来越需要具备综合素质能力的人才，所以，选修课程在设置上应注重多元化。学生通过基础课程的学习达到课程要求后，学校应引导学生选修对自己专业有帮助的跨领域学科课程。既能通过理工学科提高实践能力，又可以通过人文学科培养逻辑思维的能力，多学科课程的学习有利于提高学生的综合能力，为培养创新思维奠定基础。具体来说，文科学生选修符合自身发展需求的理工科课程，锻炼自身的实践能力。理工科学生选修适当的文科课程，增加社会科学的知识储备，提高自身的文学水平。除此之外，学校还要引导学生选修其他学校的课程，不仅能增加学生获取知识的渠道，也能提高各学校教育资源利用效率。当今社会各行各业都在不断发展变化中，高校要围绕社会发展需求开设相关课程，也要随时根据行业变化更新课程内容，以符合社会的发展要求。因此，学校与企业的沟通层面下移，让双方能够清楚彼此的想法和需求，这样可以减少课程设置的误差。此外，学校要对所开课程相关领域保持高度的关注，时刻掌握行业的变化动态，及时对课程方向进行调整，既让学生学到最前沿的行业知识，也能积极满足社会发展的变化需求。

2. 实践课程体系建设

为了提高学生的实践能力和创造能力，学校与企业应积极协作，在课程设置上为学生提供能够把学习到的理论知识转化为实践的平台。从企业的角度来讲，让学生参与与企业发展相关的研究项目和课题，在学校教师和企业相关人员的指导下对项目或课题进行研究，在这个过程中，学生的专业技能能够得到快速提升。在与企业项目有关的课程设置上，学校应制定合理的学分标准，提高学生参与积极性。此外，学校还要注重培养学生的实践能力，通过设置相关以社会服务为导向的课程，帮助学生所学专业与社会需求相匹配。

开设第三学期。通过设置第三学期的课程形式指导学生实习，让学生有机会将学到的理论知转化为实践。开设第三学期是在国内高校采用"3＋1""3＋2"教学方式的基础上开创的新的教学模式。当前国内只有少数民办高校设置有第三学期，公立高校对开设第三学期投入不足。第三学期的设置不影响第一、第二学期的课程计划，它是在前两个学期课程周数不受较大影响的基础上，将第一、第二学期的部分课时整合为第三学期。第三学期的课程有别于第一、第二学期，包括课程设计、综合实验以及专业实习等实践内容。学生通过第三学期的学习，能够将前两个学期所学理论转化为实践，并在实践中总结之前学习存在的问题，并在接下来的学习过程中积极解决，发挥第三学期的过渡作用。经济社会发展需求变化较快，因此第三课程的设置也要不断更新，更需建立与第一、第二学期的教学联动机制。规范的课程设置和充足的资金支持是第三学期正常开展的重要条件。在课程上主要有实习地点、实习内容、考核标准等设置。首先，指导教师在第三学期的教学过程中发挥着重要作用，教师的教学时间和教学难度增加，所以应合理增加教师的收入水平。其次，实践课程是第三学期的主要内容，学校的设备损耗增加，为了确保课程任务的顺利进行，学校应加大对设备维护的投入力度。第三，和学生学习生活相关的图书馆、专业教室、宿舍、食堂工作时间也要根据学生的课程活动进行合理规划。第四，学校对于学生在实习过程中的安全问题都要做好全面、细致的管理。由于不同于第一、第二学期的教学模式，学校需要科学制定第三学期的考评体系。每个学校都有各自不同的特点，因此第三学期的开设没有统一标准，学校应根据条件的不同制定符合自身发展的运行模式。

3. 实施双师型教学

加强高校与企业之间的人员交流是增进双方了解、提高合作水平的重要途径。部分学校和企业建立研究所，学校教师应在研究所的课题研究人员中占一定比例，聘任专家要对学校和企业有足够的了解，搭建教师、专家和企业人员沟通交流平台，发挥各方长处，提高工作效率。教师在研究所中能够接触到社会经济发展的前沿问题，可以将最新的知识教授给学生，拓宽课堂内容的来源渠道，让学生所学理论更好地与应用相结合。学生在对前沿问题的了解和学习的过程中，锻炼了发现问题、解决问题的能力，最重要的是学生的创新意识也大大增强，以大连理工大学为例，学校和企业通过人才协同培养机制建立研究院。学校派出骨干教师参与到研究院的研究工作中，并开展双师型教学，研究院聘任的专家进驻企业一个半月对其进行考察调研。通过这个过程高校能够及时掌握相关领域发展的变化动态，推动高校科研工作持续发展，也能帮助企业提高经济效益。高校可以在派出骨干教师进驻企业的同时，聘请专家进校教授相关课程，通过双师型教学模式推动校企协同培养人才机制的建设。

（三）校企共同实施培养过程

1. 订单式培养

订单式培养是指高校和企业签订用人合同，以高校教学资源和企业社会资源为基础，双方共同参与人才培养计划的制定以及人才培养落实的过程，学生通过考核达到培养标准，企业按照合同规定安排学生就业的协作办学模式。订单式培养的最大优点在于高校、学生、企业之间的关系是平等的，三方都能在人才培养中发挥各自的主体作用。企业应把握好行业发展的方向，根据企业发展的需求制定培养标准和数量，以订单形式交由学校对学生进行培养管理。在培养人才过程中，学校和企业应加强沟通，把握企业和社会发展的需要，协同制定培养方案和目标。企业将行业最新的动向提供给高校，高校则以校企协同制定培养方案对学生进行定向培养，学生达到考核标准，毕业后由委培单位安排就业。"一班一单"和"一班多单"是订单式培养的两种形式。"一班一单"是指一个企业的职位需求都为同一个专业，而且企业对该职位的需求数量能够组建一个班级。而"一班多单"指的是企业缺少某一领域的专业人才，但是对该类人才的需求量不足以组建班级，为了提高人才培养的效率，多个企业共同下订单，高校则将职能相近的岗位整合在一起，培养学生的职业岗位能力，即一个班级和专业与多个企业订单相对应。为了保证订单式人才培养的质量，学生可自愿报名，通过初审的学生组建班级，并在企业的实训基地接受培训，通过严格规范的考核提高学生专业技能，满足企业的需求，使学生素质更好地与企业发展相匹配。学校和企业之间良好的互动交流是订单式人才培养顺利开展的重要条件，包括招生、专业设置、岗位要求、教学内容与企业生产经营相匹配等问题，这些都需要双方在确定订单前达成一致。企业应将长期发展规划和需求明确向学校传达，避免培养过程出现偏差，提高培养效率，降低培养成本。

2. 校企教育资源共享

校企协同的培养模式还在不断发展中，学校和企业应同心协力，探索构建校企的沟通交流机制，双方应整合共享人才培养资源，提高人才培养的资源利用效率。企业竞争力的增强与高校科研水平的提升以及创新创业机制的构建都有赖于校企协同及教育资源的共享。实习平台由企业搭建，高校则给予企业技术研发支持，以人才协同培养机制为基础为企业输送专业人才，形成合作共赢的良性互动机制。整合高校的教育资源和企业的社会资源，为学生的培养提供优质资源，不仅有利于创新创业协同机制的建设，也有利于为社会发展提供所需人才。企业的创新能力、人才队伍的建设都能从校企教育资源共享中受益。学校和企业共同建立实验室是资源共享的另一种形式。实验及实习所需的设备由企业提供，学校则提供教学设施和师资力量，通过资源的整合与共享，提高资源利用效率。将人才的培养和员工的培训相融合是协作共建实验室的特点，能够实现校企的优势互补，降低培训成本。实验室的建设要以教学内容和学生能力为基础，建设满足多样化需求的实验室，包括基础实验平台、综合应用实验室以及创新研究实验室。基础实验室主要为大一新生设立，将课程教学与实验相结合，培养学生的基础知识和实验技能。综合应用实验室则面向二年级以上的学生，通过创新型和开放型创新实验内容提升学生对知识的实践应用能力。创新研究实验室则为理论知识掌握牢固、实践能力出众的学生提供科研和创新实践的平台。创新研究实验室的实验环境和设备水平较高，在企业项目的引导下，有利于学生创新意识的培养。实验室及实践基地的硬件条件对学生的培训发挥着至关重要的作用，但是设备的维护与更新需要较大的投入，仅仅依靠高校自身的力量难以满足教学发展的速度，导致人才培养达不到企业的要求。建立完善的实验、实践基地对于大多数高校来说还较为困难，实训设备若跟不上教学内容的变化，会造成学生的实践能力与企业的需求不相匹配。因此，借助企业力量有利于减轻高校负担。具体来说，高校向企业提供技术服务和有偿服务，企业则给予高校实验设备资源，这对双方来说是互利共赢的。技术是企业发展的核心要素，高水平的员工培训既能够减少设备养护的成本，又能帮助企业提高生产效率，降低生产成本。所以，设备维护与员工培训等问题通过与高校合作，用实训设备置换技术支持和员工培训能够得到有效解决。

3. 学校冠名企业

除了与企业合作的模式，高校还可以通过冠名企业的方式培养人才，这样有利于减少学生将理论知识转化为实践过程中的约束，提高学生的实践能力和创造能力。在挑选冠名企业的过程中，高校应注意企业的生产经营活动是否与学校的专业方向相符，企业的技术是否成熟，这些都会影响冠名后人才培养的成效。确定冠名企业后，高校应给予企业科研和资金支持，使其成为学校发展的一部分。准确合理定位冠名企业的地位是发挥校企协作建立教学基地最大效用的前提。合作机构的确定也是高校冠名企业发挥作用的重要条件。由企业、行业协会、劳动局、教育局、高校等选派代表组成培训委员会。此外，制定合理的教学标准，在实训基地设置教学经理岗位，理论教师和实训教师的配备应与学生、实验设备的数量相匹配。理论教师和实训教师应注重沟通协作，加强双师型教师教育模式的建设。若学生人数充足，则需设置教学经理助手岗位。通过精细化的管理模式，要积极推动校企实践基地的教学内容、标准与企业发展相适应。将企业真实的生产环境与教学环境相融合是高校冠名企业最重要的特点。实训基地整合了高校和企业资源，为学生提供了真实的生产环境平台，也是构建创新创业教育校企协同机制的载体。实践基地即将教学内容带进了工厂，也让学生在企业环境中得到了锻炼。企业通过实训工厂提高了生产效率，降低了生产成本，学校通过实训工厂为企业培养实用型人才，实现了教育目标。

（四）建立校企双方有效协同的机制

1. 建立校企协同的引导机制

高校和企业应共同参与到校企协同引导机制的构建中。校企协同工作委员会是首先要建立起来的，成员包括企业、行业以及高校的管理人员。委员会的主要工作任务是审议培养模式、培养目标、师资队伍建设以及招生就业等问题，此外还应随时掌握行业发展变化，及时对人才培养课程设置和校企协同发展方向作出科学调整。技术合作开发委员会也是校企协同引导机制的重要组成部分。该委员会主要由学校骨干教师和企业技术人员构成，主要职责是根据市场需求的变动，对企业生产升级换代提供科研支持以及将高校的理论成果应用到实际生产。为了保证校企人员的研究方向始终符合社会发展需求，委员会还应承担起校企人员培训以及传达行业动态的职责。

2. 建立校企协同的管理与反馈机制

校企协同的管理机制包括统筹规划、相互协调、自主发展等内容，这些都需要以协调理论为基础建立。通过协同管理机制，有效加强校企的合作关系，提高资源的整合度，形成互惠互利的合作基础，充分提升校企资源的利用效率，保障人才质量符合企业生产经营需求。校企协同反馈机制的建立需要与管理机制相结合，管理过程中出现的问题要及时通过反馈机制向校企双方反映并予以解决，维护协同机制的运转秩序。

（五）改变校企双方传统的观念与文化

1. 转变校企双方的传统观念

高校和企业虽然承担着不同的社会责任，但是从功能和作用上看，双方也有着良好的合作基础。高校为社会经济发展输送人才，企业作为经济活动的参与主体，直接受益于学校的人才培养，企业通过人才提高生产效率，获得更多的利润，为社会创造出更多的价值。可以看出，高校和企业都承担了服务社会的责任。因此，企业在生产经营活动中理应与高校协作培养人才。企业应认识到校企协同不仅仅能够培养人才，还能在高校的支持下获得科研支持。高校也要更新观念，依靠社会力量拓宽人才培养的渠道。在校企协作中，高校应依托科研资源为企业发展提供技术研发支持。企业将高校提供的理论转化为生产实践，也有利于高校科研水平的提升。高校为企业提供人才培养和技术支持，企业为高校提供设备支持，既能降低培养成本，又能提高学生的专业技能，所以，校企双方都应更新传统观念，积极参与协同机制的建设。

2. 融合校企文化

高校发展不仅要有良好的硬件条件，还需培养具有自身特点、被社会广泛认同的高校文化。优秀的高校文化不仅能够培养出优秀的人才，还能极大地提升学校综合实力，高校文化越来越成为学校发展的核心推动力。作为社会文化的一部分，企业文化与高校文化有着相同的文化属性，两者既存在联系，也有各自发展的独特性。企业是市场竞争的参与主体，所以企业文化建设服务于企业生产经营活动中。优秀的企业文化能够影响员工的思想和行为，帮助员工解决工作中遇到的问题，为企业发展提供文化动力。高校文化和企业文化在内涵上存在联系，不少企业文化的内容都能从高校文化中找到相同的部分。企业的发展和行业的变化对高校文化的影响也十分明显，特别是与社会服务联系紧密的应用型专业和学科。随着社会竞争日趋激烈，终身学习已经被人们普遍接受。学生在学校接受专业知识和技能的培训，进入企业后并不意味着学习生涯的结束，仍然需要学习掌握在企业环境中所必备的能力。因此，将高校文化与企业文化相融合，让学生在校学习期间感受到企业文化，引导学生找出高校文化与企业文化的契合点，帮助学生在认同高校文化的基础上更好地接受企业文化，适应企业的竞争环境，提高自身的抗压能力，促进从校园学生到企业人才的定位转换，锻炼学生的职业能力和社会适应能力。

(六) 校企协同人才培养的评价标准

校企协同培养人才的评价包括三个方面，即知识、素质和能力。评价标准要科学合理，最重要的是要与人才发展的规律相适应，高校和企业加强沟通协作，共同参与评价标准的制定。学生是人才培养的主体，高校和企业还应共同承担人才培养的责任。

1. 知识方面的评价标准

知识方面的评价包括基础知识和专业知识两个部分。首先，在基础知识上，要掌握本专业涉及的自然科学和经济管理类知识。其次，在专业知识方面，要具备良好的理论应用基础和工程实训基础，了解专业和行业的发展变化，熟练应用与专业相关的法律法规政策以及行业技术标准。

2. 能力方面的评价标准

能力方面的评价主要包括学习能力、发现并解决问题的能力、创新能力和实践能力。学习能力包含学习的方法与技巧，方法指的是获得知识的能力，技巧指的是对新知识的探究与应用能力。发现并解决问题的能力是以所学理论知识为基础发现并解决问题的方式和途径。创新能力是指具备创新思维以及研发新产品的科研能力。实践能力指的是将掌握的理论知识转化为生产实践，并在实践中发现问题、解决问题的能力。

3. 素质方面的评价标准

良好的职业道德素养要求对所在行业充满热情、敢为人先、吃苦耐劳，始终保持学习的态度，具备优秀的个人品质，敢于承担责任，善于沟通，能够与他人建立良好的合作关系，注重工作质量和安全，保持良好的职业习惯和态度，以上都是素质评价所应具备的标准。

三、"三课堂"时空协作构建

培育具备创新意识和创业精神的人才是高校推动创新创业教育的最重要意义。学生是创新创业教育的核心，是构建创新创业教育体系的主体。建立科学合理有效的创新创业教育体系，必须覆盖所有学生群体，以第一课堂为平台，教授学生创新创业的理论知识。在此基础上，在第二课堂加入实践化的教学内容，通过校企协同创建的实训基地，帮助学生将理论知识落实到应用与实践中，更加贴近真实的社会环境，提高学生综合能力，满足社会发展需求，构建"第一课堂、第二课堂、基地实践"的创新创业教育体系。

创新创业教育体系的建立涉及不同领域和多元主体，需要各方面协调合作，在理念内涵、理论构建以及实践模式的选择上合理规划，建立起教学内容科学规范、培养目标设置明确、评价标准合理有效、保障制度完善的"第一课堂、第二课堂、第三课堂"创新创业教育体系。

（一）"三课堂"创新创业教育体系基本目标

"第一课堂、第二课堂、实践基地"创新创业教育是一个综合性概念，它是在探究创新创业教育内涵的过程中形成的。以第一课堂、第二课堂和实践基地为基础，为所有学生提供结合专业、分类施教以及实践培训的创新创业教育平台是创新创业教育的基本目标。

（二）"三课堂"创新创业教育体系内容构成

创新创业教育在"第一课堂、第二课堂、实践基地"的教学内容上是逐级深入的，第一课堂主要对学生进行创新创业的基础知识教育，第二课堂将实践活动融入课堂教学，基地实践则从课堂走向实训教学。具体概括为通识类教育、融入类教育、活动类教育、实践类教育和职业类教育，形成"三轨并行、五类教育、相互扶助"的创新创业教育体系。

以研究为导向的高校建立创新创业教育体系必须改革现有教育模式，在培养学生的过程中要始终注重学生综合素质的提高，改变传统灌输式的教学方式，引导学生树立问题意识，锻炼学生主动探究问题并解决问题的能力。在教授理论知识的同时鼓励学生将自己的想法应用于实践，并在实践中不断提升综合能力。将理论知识与实践培训相结合，加强与学生的互动，给学生创造更加自由的实践环境，鼓励学生将自己的想法转化为行动并予以实施。整合教学资源和校外资源，提高学生的创新创业的实践能力。教学内容要紧贴社会发展的方向，将最前沿的知识、理念和技术传授给学生，启发学生主动探究问题的意识，为学生创新创业奠定扎实的理论和实践基础。

1. 第一课堂课程化创新创业教育

创新创业教育的关键是课程体系的建设，课程形式包括第一课堂、第二课堂、基地实践。创新创业教育的原则包含三个方面，一是教育对象为全体学生；二是教学内容要与不同专业相匹配；三是培养目标要与人才培养模式改革方向一致。创新创业教育包括"通识型"和"融入型"两种教育形式。在这当中，针对所有学生开展创新创业必修类课程教育和选修类课程教育是"通识型"创新创业教育的形式。具体来说，一是针对本专业学生开设的是必修类课程，设有固定的学分，可以实现对本专业学生有效的"通识型"创新创业教育；二是创新创业类选修类课程对本专业及其他专业学生开放，将专业课程中的创新性课程设置成为任选课的形式，创新创业类选修课在创新创业教育中发挥着重要的作用，是必修类课程的补充与延伸。高校可以通过创新创业必修类课程和选修类课程这两个重要的工具，再结合传统的培养模式，根据学生的多样化需求，选择适合学生发展的课程形式和内容。

从学生的角度出发，尽力设计出与现实企业运行环境相一致的学习系统，在这样的学习系统之下，可以提高学生的创新、创造能力以及自主决策能力。这样不仅可以使学生学到更多的创业知识，而且可以更好地激发学生的创新创业意识。"融入型"创新创业教育需要满足社会和行业发展的多样化需求，它面向各专业学生开展相应的创新创业教育，与不同学科和专业相结合，将创新创业教育的内容融入教学过程中，对学生创新精神和创业技能的培养需要与专业教育相结合进行。需要提醒的是，创新创业教育并不是自成体系，它与专业教育的结合是一个互补的过程，这个过程对创新创业教育和专业教育的发展来说具有十分重要的作用。二者是优势互补的关系，是可以相互交叉渗透的，因此。进行相关教育时要科学和辩证地处理好二者之间的关系，既不能过分地进行创新创业教育而影响正常的专业知识传授，又不能使创新创业教育完全依附于专业教育，从而失去自身的主体地位。

在进行相关教育时一是可以对学生开展基于专业的创新思维训练，合理引导学生对相关知识点进行创新性想象和创新式解决，创新性思维训练可以有效地培养学生的创新思维。但这是建立在学生对专业知识充分掌握的基础之上的；二是分析本行业、专业创业的前景以及具体实施过程，夯实创新创业教育的发展平台，这是建立在学生对专业知识进行创新性想象和创新式问题解决的基础之上的。

2. 第二课堂活动化创新创业教育

第二课堂活动化创新创业教育相对于第一课堂课程化创新创业教育而言，内容和表现形式更加丰富，且容易被学生接受。它指的是以开展各式各样的主题活动对学生开展创新创业教育，它的原则主要包括三个方面，一是教育对象为全体学生；二是重视培育学生自身特色；三是活动与教育相结合。第二课堂创新创业活动按照项目内容包括三种类型，分别是"普及型""项目型"和"竞赛型"。"普及型"创新创业活动指的是在普通学生中开展各类普及性创新创业活动，通过活动的形式开展创新创业教育，包括创业沙龙、创业讲坛、科技制作与创意大赛、创业征集大赛、流动科技馆进校园活动赛和学校、社会等各类创新创业活动。服务机构是"普及型"创新创业活动成功举办和顺利开展的坚实依托。

"项目型"创新创业活动相对于"普及型"创新创业活动而言更为正式，针对部分学生开展项目化的创新创业活动是"项目型"创新创业活动的重要内容，通过相关活动来培养和锻炼学生的创新能力、协作能力以及决策能力等。大学生创新创业训练计划项目是"项目型"创新创业教育开展的载体，引导学生根据自身的特点参加符合自身发展需求的学术学科竞赛是"竞赛型"创新创业活动的主要目标。这些竞赛活动可以分为四个层次，一是国家学会主办比赛、二是省级学会主办比赛、三是重点专项学科竞赛、四是综合类比赛。"竞赛型"创新创业活动可以通过建设学院、学校、省级、国家级科技比赛平台从而大幅提升学生创新创业能力，同时有效激发学生创新创业参与热情。第二课堂创新创业活动发挥着至关重要的作用，它是第一课堂创新创业活动的有效延伸和课外补充，通过开展包括"普及型""项目型"和"竞赛型"在内的第二课堂创新创业活动，有效推动学生创新创业教育。

3. 大学生创新创业基地实践教育

仅仅开展第一课堂课程化教育和第二课堂活动化教育是达不到对学生进行充分创新创业教育目标的，还需依托包括学生所在高校和社会各类创新创业服务机构在内的主体建设创新创业教育实践基地和平台，对有创新创业意识倾向或者是正在创业的目标大学生群体开展不同于传统教学方式的创新创业教育。与此同时，为提升学生的创新创业实战能力并促使新企业孵化、成活，需为大学生提供各类创新创业的咨询与服务。具体来说"实践型"创新创业教育指的是依托创新创业培训班、挑选优质创新创业项目入驻实践基地等实践性创新创业教育活动。面向有创业可能性和意愿的学生开展的创新创业教育活动，目的是通过教授目标群体开办企业所必备的知识和经验来提升其创业能力避免创业失败。"职业型"创新创业教育指的是发挥学校创新创业职能部门的作用，整合提高学校对不同资源的利用效率，为创业初期的大学生提供包括场地、设备在内的硬件保障以及包括教育、咨询和服务在内的软件保障，目的是提高大学生的创新创业能力，使其在走出校门之前就可以对创新创业有较为充分的了解，通过大力建设创新创业教育实践基地来提升目标群体的创业实战技能，帮助新企业健康成长。

创业教育的教学模式有以下几种：①课堂教学。课堂教学模式主要是传授给学生基本理论知识，使其了解国内外的创新创业现状，创新创业所需具备的基础知识以及创新创业的注意事项。②案例研究。现实生活的创新创业案例是珍贵的教学素材，通过对这些素材的剖析可以提高学生发现问题、剖析问题和具体问题具体分析的能力，帮助学生培养和锻炼创新精神、创业能力、决策能力和执行能力，为学生创新创业提供充足的案例保障。③混合讨论。混合讨论指的是邀请企业家、创业园区或孵化基地管理人员以及政府部门专家等共同进行创新创业讨论，是对案例研究的进一步深化和发展，通过各个主体的讨论使学生了解创新创业的相关政策以及具体实施过程，可以使学生对创新创业进行全方位、多角度的认识和把握，通过不同主体的相关讨论进一步促进学生对创新创业方法、技能以及过程的吸收理解。④活动开展。对学生创新创业知识和技能考核的最有效途径是开展多样的创新创业活动，通过活动的开展，能够提高学生参与创新创业学习的意愿，提升学生创新的创业的素质和实践能力，培养学生的团队精神。在这当中，创新创业规划设计是创新创业教育最重要的活动。将学生在课堂上所学的创新创业知识和技能与实践相结合是创新创业规划设计的核心内容，它包括对人、财、物的规划，通过自身创造性的独立思考，提出自己的新设想，将自身的创新思维表现出来进而创造出新的事物，学生可以通过各类创新创业活动实现知识的经济社会价值，完成自身知识资本向物质资本的转化。采取评优与表彰制度是高校加强创新创业活动组织工作，激励大学生群体参与各类创新创业活动，让大学生在参与创新创业活动的过程中挖掘出自身潜在的创新创业潜能，是进一步促进创新创业教育发展的一个长远策略。创新创业教育评优表彰制度的实施方式多种多样，评优与表彰既可以在课堂上进行，也可以在"创业设计"的比赛进行。在课堂上进行评优与表彰实施起来相对较为简单方便、成本低，并不影响大学生思维与理论知识更加紧密地结合，在"创业设计"的比赛中进行评优与表彰可以在某种程度上激发学生创新创业的激情和热情。⑤商业实战。商业实战指的是在创新创业导师的指导下，通过创新创业计划，充分利用现有的创新创业虚拟环境和实战训练系统进行创新创业模拟和实验设计，实验需要经过自己独立、创造性的思考而不是简单地模仿他人的创业计划。商业实战相对于普通的各类创新创业活动而言可以让学生体验更加真实的全程创新创业操作实践。这项商业实战模拟系统主要由大学生自己来操作，大大开发了学生创新思维，它是一个思维的聚焦仪，商业实战模拟系统是将理论知识和创新创业知识连接起来的衔接器，为大学生创新创业实践提供了全程性指导和参考，强化学生对创新创业知识和技能的掌握，提高学生创新创业综合能力。商业实战是检验学生创新创业知识和技能的重要途径。

以研究为导向的大学第一课堂以理论学习为主，第二课堂以业务技能学习为主，第三课堂以实践运用为主。在这当中，第一课堂教育即理论知识教学是按照人才培养规划精心设计的，具有的严密体系和计划，需要不折不扣地完成教学大纲所规定时间内的创新创业课堂教学内容。

（三）"三课堂"创新创业教育体系评价方式

要想使"第一课堂、第二课堂、基地实践"创新创业教育体系能够合理有效地组织实施，充分发挥各自的优点和长处，切实提升本校目标全体的创新创业意识和能力，高校需要建立科学合理的创新创业教育评价体系。无规矩不成方圆，合理的创新创业教育评价体系可以有效规范创新创业的绩效评价和奖惩行为，评价指标因素的筛选和确定是该评价体系建设的关键，在该指标体系建立时要强调单项评价又要注重综合评价，不仅要创建与创新创业教育理念和原则相匹配的单项模块化评价标准，还要将评价标准融入整体绩效综合评价体系。

1. 单项评价

建设创新创业模块化评价体系。加强创新创业单项评价体系建设，创建与创新创业教育内容及特征相匹配的可操作的创新创业模块化评价体系是不断提高创新创业教育质量的关键。要根据创新创业人才培养目标、现实需求、自身学校的特点来研究制定创新创业教育效果的评估体系，创新创业模块化评价指标体系要涵盖学生、教师、二级学院三个维度，不仅要包括数量统计，还应包括质量评估。除此之外，还需与时俱进，根据时代和现实的要求积极改革过时或不合理的创新创业教育评价方式，在评价和考核过程中不能只重视结果考核而忽视过程考核，考核方式不能过于单一，可以考虑将积极推动多样化的考核方式与网络考核相结合。提倡第一课堂、第二课堂以及实践教育采用项目选择、案例剖析、作品质量、软件开发等方式进行综合考量，努力实现全方位和全过程科学有效的考核。

2. 综合评价

纳入高校整体绩效考核评价体系。仅仅对创新创业教育进行单项评价远达不到考核的标准和要求，还需对单项考核进行有效补充，应将创新创业教育作为综合考核的一部分纳入学校整体绩效考核评价体系。具体措施包括以下两个部分，一是创新创业教育应作为高校年度绩效考核体系的子模块之一，对于二级学院亦是如此，创新创业教育质量可视为判定学院人才培养质量和办学水平的参考标准，与此同时高校需要对相关工作突出的院系予以一定程度的奖励；二是改进和完善本校二级学院的创新创业绩激励办法和措施，高校相关教师的创新创业教育业绩、成果和质量应该纳入津贴发放体系、教职工绩效考核和岗位聘任体系，甚至可以纳入高校职称评价体系。目的在于进一步提高教师进行创新创业教育、普及创新创业知识技能、带领学生开展创新创业活动的积极性。由此进一步加大了相关教育质量评价力度，有助于高校全员重视并积极参与的良性局面的形成，推动创新创业教育进一步发展。

（四）"三课堂"创新创业教育体系基本保障

创新创业教育不是"封闭式"教育，而是典型的"开放式"教育，仅仅依赖高校的力量远远不够，需要政府、高校和社会三方协调推进。只有建立起政府、高校和社会三位一体的、互帮互助、工作高效的创新创业教育运行体系，我国的创新创业教育才能得以飞速发展并取得长足的进步。因此，要搞好创新创业教育眼光不能狭窄，视野要开阔，实现政府、高校和社会三方协调推进需要做好协调工作，一方面需要促进校内各部门的协调，另一方面需要整合校内校外各方资源。

1. 校内协同

着力完善创新创业教育管理机制。实施大学生创新创业教育，各高校是义不容辞的责任主体，校内协同的开展首先需要将创新创业教育制定为学校发展目标之一，其次高校需要积极搭建创新创业教育实践平台，不断改善自身创新创业教育活动开展的硬件设施，最后是高校需要营造出浓厚的创新创业教育氛围，培养更多富有创新精神、掌握创新创业知识并积极投身实践的高质量应用型创新创业人才。高校需要结合本校发展的实际情况建设创新创业教育中心或成立专门的创新创业学院。

2. 社会协同

大力优化创新创业教育社会环境。高校是孕育创新创业人才的摇篮和沃土，但是社会的环境也会对创新创业起到潜移默化的作用。从社会大环境的角度来讲，有利于大学生创新创业的社会大环境是非常重要的，需要积极推进政产学研合作，集聚相关要素与资源，搭建各级政府、高校、创客空间、孵化基地以及其他企事业单位等多方联合的创新创业平台，加大对创新创业教育支撑与服务体系的建设，这样可以实现资源整合、资源共享、信息交换和服务优化，最终目的在于为创新创业创造一个良好的局面和氛围，进一步促进大学生创新创业环境的形成，以带动创新创业教育机制的完善和发展。

第二节　创新创业教育协同机制的运行

"机制"一词来源于希腊文，其内涵是指事物内在的规律与原理自发地对事物作用，它具有自发性、系统性及长效性等特征。在社会科学的领域中，"机制"是指在正视事物各部分存在的前提下，协调事物间的关系以更好发挥作用的运行方式。近几十年来，"机制"一词被广泛地应用于竞争、合作及创新等机制中。将机制的本义引申入社会教育领域，便可形成教育机制。因此，教育机制可以指代教育现象中的各部分之间相互的关系以及运行方式。按照不同的标准，可以将教育机制划分为多种类型，例如从功能角度考察教育现象间相互关系以及运行方式，包括保障与激励机制。而创新创业教育机制则可理解为创新创业教育各部分间的相互关系及运行方式。

其实，可将高校创新创业教育看作是一个系统，其中的政府、企业及高校等利益主体会根据其共同目标表现出协同意愿，为了获取教育增值及培养较为出色的创业者，他们会调动一切资源配置，产生全方位的有机作用，从而实现协同效应。高校创新创业教育协同机制的运行若想取得理想状态，形成一种协同式发展，则必须考虑各方利益主体的诉求，在市场化发展的原则下，建立有效的运行机制，从而促进各方主体相互适应，达到系统增值的效果。

高校创新创业教育具有全新的育人思想及教育理念，它所涉及的领域几乎贯穿人才培养的全过程，因此不仅要兼顾理论与实践的综合教学，更要在教学方式上做到灵活多变。本章结合其他学者对于高校创新创业教育的运行机制分析，认为高校创新创业教育协同机制的运行，关键在于管理决策、激励动力和调控三大机制。

一、管理决策机制

高校创新创业教育是一种全新的教育类型，其实践过程并不成熟，需要根据运行实施的具体情况而定，并且要对运行过程中所涉及的各个方面进行不断完善与调整，因此其运行过程与其他较为成熟的教育相比，会面临更多的选择，相应地产生更多决策。为了保证创新创业教育的实施与推广始终围绕共同的总体目标，确保运行保障、育人内容等各方面始终适应实效育人这一标准，必须建立高效的创新创业管理决策机制，这是高校创新创业教育运行的核心与关键。

（一）管理决策主体关系分析

高校创新创业教育管理决策机制的主体包括高校创新创业教育工作领导机构以及创新创业教育专家委员会，前者多由高校的行政管理者构成，而后者多由创新创业教育研究以及教学专家构成。如何定位领导机构与专家委员会，以及如何分配高校创新创业教育工作领导机构与专家委员会的决策权力，都是管理决策机制构建的重点。

高校创新创业教育工作领导机构与创新创业教育专家委员会作为高校创新创业教育管理决策机制的两个主体，两者间分工不同且相对独立。创新创业教育的发展方向由领导机构把控，负责对高校创新创业教育的总体规划，全方位把握着创业资源及经费等，其主要决策范围包括整体的规划发展、经费的投入使用以及资源的整合分配等；而专家委员会则是创新创业教育研究的整体管理者，不仅负责教学内容与方法的制定，还负责科研教学及师资培训等任务。总体而言，领导机构侧重于创新创业教育的发展规划与资源供给等宏观决策，而专家委员会则更侧重于创新创业教育的理论研究与课程培训等微观决策。

高校创新创业教育工作领导机构与创新创业教育专家委员会虽然分工有所侧重、职能相对独立，但是两者间更有着紧密联系与持续作用。领导机构为专家委员会确定教研与理论的研究方向，提供支持作用，而专家委员会根据高校创新创业教育的理论教学研究为领导机构提供策略建议；领导机构通过对高校创新创业教育的整体规划管理提高专家委员会的科研教学成效，而专家委员会则会通过研究方向的决策与教学课程的设计将领导机构的思路设想实现到位。要想确保高校创新创业教育工作领导机构的决策更具有效性、合理性及专业性，就离不开专家委员会的科学建议与理论支撑；同样，要想使得专家委员会找准正确的决策方向，也离不开领导机构的认同与支持。

高校创新创业教育决策过程中包含了党委行政与学术教学决策，明晰两个主体间各自的决策对象、范围、程序及权力边界可以促进高校创新创业教育管理决策机制的建立，要确保领导机构能够承担起全局把控者的角色，可以在整体规划与运行方向中提供正确的策略建议。同时也要确保专家委员会能够在教学、学术等具体事务的整体规划中承担起建议咨询者的角色，在决策的过程中，以制度化的方式达到两个主体合理分工、协同推进的效果。

（二）管理决策机制的运行程序

高校创新创业教育管理决策机制必须具有规范的运行程序与步骤才能确保工作的高效性。领导机构与专家委员会作为高校创新创业教育管理决策机制的两个主体，其管理决策的运行程序也是构成管理决策机制的重要因素。

对于领导机构而言，其管理决策的运行程序应当是富有条理与逻辑性的。针对高校创新创业教育现有规划和资源分配等问题，领导机构会进行分析，从而明确其完善发展的目标。其次，领导机构将提供至少一种决策方案，由民主程序确定最终方案，最后推动方案的实施。当然，在此过程中，领导机构需要根据具体运行的情况进行结果反馈，从而对决策方案进行评估，来确定是否继续执行该方案或是调整改进。在领导机构的管理决策运行过程中，专家委员会主要承担着调研及提供对策建议的工作，两者的相互配合才能促使运行达到高效的目的。

对于专家委员会而言，其管理决策运行的第一步骤便是对高校创新创业教育实际运行实施过程中存在的问题进行分析，明确完善发展的目标。其次，在一定的科学研究理论基础下，提出至少一种决策方案，对于拟采用的决策方案由民主程序确定并向领导机构请示备案，最终推动决策方案的实施。当然，专家委员会也应根据实际决策运行的情况进行反馈评估，从而确定是否继续执行或是调整该方案。在专家委员会决策运行程序的各个环节中，领导机构都可进行对总体规划与方向的把控，它在管理决策的过程中承担着整体把控的角色，并对专家委员会的决策范围进行管理调控，这便可以将学校党政对高校创新创业教育的整体规划精神在教学管理与学术研究的过程中贯彻到位、落到实处。

总体而言，加强高校创新创业教育工作领导机构的管理决策，在宏观上可以确保高校创新创业的教育内容的发展方向符合学生自由全面的发展需求、符合学校总体规划发展的需求、符合政府社会的高度需求；而加强专家委员会的管理决策则在微观层面更易形成合理的教学内容、方法与体系，从而确保高校创新创业教育的有效实施及科学发展。

（三）管理决策机制构建的基本原则

为了更好地服务创新创业教育的运行、实施与推广以及推动创新创业教育的科学发展，构建高校创新创业教育的管理决策机制是必不可少的举措。由于创新创业教育的实施运行与教育发展都有着明确的特定目标，因此两者间必然有着相适应的特定价值内涵，对于高校创新创业教育的构建来说，必须遵循特定的价值规律与基本原则。高校创新创业教育的宏观目标是：结合国家的政治、经济与文化的发展，联系中国特色社会主义教育实际情况与高校学生全面自由发展的需要，通过教育的实践帮助学生了解创业过程、培养其创业意识及创业能力，这不仅可以让学生以正确的目标导向与价值取向了解认识并参与到各个领域的创业中，而且将会更好地服务于中国特色社会主义教育事业的科学发展。而从微观层面角度考虑，其发展目标是树立正确的创新创业价值理念、明晰创业主体意识、完善创业能力结构以及提升创新创业的实践水平。高校创新创业教育的管理决策的价值内涵应紧紧围绕这一宏观与微观相结合的目标体系。因此，本节提出了构建高校创新创业教育的管理决策机制所应遵循的四项基本原则，具体而言，可分为以下几个方面。

1. 把握中国特色社会主义的发展方向

高校创新创业教育的最终目标是培养能够从事服务于中国特色社会主义事业的先进创业者，因此创新创业教育的管理决策运行过程应当是正确的，在创新创业课程的内容与理论研究中，不仅要保障教学和理论研究成果，而且要使其更好地适应服务于中国特色社会主义事业的发展。

2. 明确面向广泛学生群体的发展思路

创新创业教育应当适应国家社会发展的各个领域，无论对于何种专业、背景或是职业发展的学生，都应当认识到创新创业教育对他们的能力提升是有价值的。创新创业教育不应仅仅局限于小众教育，受益于少量的精英学生，而是应当面向广泛的学生群体，开展普适性的科学教育，以树立创新创业意识，提升创业能力。

3. 遵循面向社会的实际导向

我国正处于经济转型发展阶段，经济社会的转型升级与发展需求要求创新创业教育的调整与改进，因此需要对创新创业制定高标准、严要求，以此来更加适应社会的转型升级。在高校创新创业教育管理决策的过程中，要注重理论与实践的紧密结合，将更多资金进行适度整合与调配以投入到实践性的教学任务与科研环节中，促使广泛的学生群体能够知行合一，真正推动社会转型升级以顺应时代发展的要求。

4．坚定全面发展的育人目标

马克思主义的最高命题与根本价值是"人的自由全面发展"，这同时也是中国高等教育所追求的至高目标。对于创新创业教育来说，其综合性较强，可以从价值取向、理念运作及社会管理等多个层面锻炼和培养学生的综合能力。应坚定全面发展的育人目标，将其作为高校创新创业教育管理决策过程中的核心任务，只有这样才能实现学生的全面发展与创新创业教育改革发展的至高目标。

（四）改善管理决策机制的对策建议

1．转变创业教育观念，树立正确的创新创业教育课程理念

高校的管理者要用前瞻性的眼光来设定创新创业课程的理念目标，创新创业的核心是完成素质教育的要求，培养创新思维能力，为受教育者创造条件，使其认识到知识重组的力量。因此，高校既要培养适应目前就业发展需要的普通型应用人才，也要为国家未来的经济发展输送顶尖的创新型人才。明确创新创业教育的课程理念，立足于现实需求与长远发展角度，是开展创新创业教育的指导思想。

2．加强创新创业学科建设，明确创新驱动发展的新要求

当今社会的发展战略对于我国高校创新创业教育的人才培养路径设定了新的要求。高校是大学生创新创业教育的核心阵地，它担任着教学科研培训、创业资金支持以及人才培养的多项任务。因此高校应当正确认识自身在创新创业教育协同机制中的地位，并在教育的实践探索中表现出来。大学生创新创业教育工作的合理有效将在一定程度上影响我国的经济发展方向，因此构建完善的协同机制对于高校大学生的创新创业教育来说具有重要的指导意义。大学生和企业作为高校创新创业教育的两个方面，只有合理处理好两者间的内外联系，才能充分发挥两者间的协同作用。首先，对于人才的培养，要制定出完整的科学规划，转变以往的教育观念，将创新创业教育贯穿在教育工作运行过程中，将理论与实践相结合，通过两者的优化整合与合理配置，激发创业者的热情与积极性。其次，应当整合各方资源，在政府、企业及高校的保障体系下，实现理论与实践的高效衔接，在激发学生创新创业潜能的基础上，积极推动教学课程与科研规划的改革。最后，应当设立多层次的教研课程，引进先进的高质量师资队伍，积极鼓励师生参与到创新创业的实践活动中。在资源合理整合的过程中，既要鼓励学生参与创新创业竞赛，还要打造创业导师的科研系统，通过运用双向选择导师的制度，将创业项目与创业者进行合理匹配，最终使得创业者

可以寻找到心仪的创业团队。高校应当加强对创新创业教育理论与实践的深入研究，充实教育课程体系内容，设定多层次的目标以吸引更多的学生参与到运行过程中。

3．设计多样化的创新创业课程，开展循序渐进式的教育模式

在运行实施过程中，要正确认识创新创业教育内涵，将其与专业教育相结合，在专业教育的教学中培养学生的自主创新意识，增强创新创业教育的实效性与互动性。创新创业教育的教材除了纸质课本外，还应包括课程的政策性资料及其他文件，根据这一特点，高校可以精编课程教材，丰富教学资源。同时，由于高校的学习情境不同，教材也具有灵活性的特点。由于"宽口径"培养条件下的课程教学课时有限，因此，高校可将相关性较强的实验操作安排在一定的时间段内，这样既有利于拓宽知识渠道，也有利于在最大限度内获取教育资源。教材应当具备较强的操作性，这对于实验的准备以及分组安排来说，更易提供合理化的建议，便于师资人员的参考。同时，为了使教学效率得到提高，可将实践中的操作技巧拍摄成视频，以 ppt 的形式展示给更多的受教者，这样不仅可以作为教材刊登在相关网站上，而且更有利于学生的自我预习及学习回顾，使课程时间得到最大化的利用。

4．丰富课外创业活动，鼓励参与学生社团

学生社团是高校的自由活动主体，在创业活动方面，学生社团可以用多样化的方式将兴趣相投的校内外认识集结起来，形成良性的交流沟通氛围，迸发出创业激情和创意。

5．构建专业的师资队伍，实现多样化的教学方案

高校可以坚持引进校外的师资力量，激发学生的学习兴趣，也可以提供资金支持校内的师资团队走出去，学习其他成功学者的创业经验及教学方法，同时对课程的教学设计采取灵活多样的方式，满足学生的实践需求，不断提高其创业能力与综合素质。

6．充分利用校外资源

高校是一个开放性的系统，因此，在推动创新创业人才培养方面，可以联系各方外力相互作用，以促进目标的实现。可以校企结合办学，达成合作意向，为大学生提供创新创业的实践机会，提升其创新意识、能力及综合素质的培养。

7．完善教师激励机制，激发对创新创业事业的激情

高校应以各种表彰手段来满足高度自尊与荣誉的教师需求，为他们提供良好的空间以满足其精神需要；对于价值需求处于优先阶段的教师，他们会追求更好的人生价值，更加渴望得到领导及社会的认可，因此高校应当设立荣誉性的职位满足其价值取向。由于创新创业教育正处于新兴发展阶段，高校对于师资的选择应遵循择优录取的原则，同时还应完善激励机制，鼓励教师尽最大可能全身心地投入到创新创业教育事业中。

8．规范创新创业教育主体活动，建立有效的监督机制

高校教学活动的正常运行离不开有效的监督机制。对于高校管理者而言，其承担着高校教学课程规划设计及管理教辅人员的责任，以避免他们在工作中出现主观臆断的不端行为。高校传教者承担着创新创业教育的传播工作，监督工作有利于确保教师教学行为的规范性。高校的受教者作为创新创业教育的接受者，应监督其学风端正，防止在创新创业教育活动中误入歧途，给个人、家庭及社会带来负面效应。高校同时也应对监督者进行监督，从而营造民主、开放及自由的文化氛围，鼓励师生等相关主体培养治理理念，做到人人参与到高校建设中。

二、激励动力机制

推动事物发展的作用力称为"动力"，因此高校创新创业教育动力可以概括为推动高校创新创业教育发展的作用力。在我国，高校开展的创新创业教育多为政府驱动，但是在教学环节的设置及企业参与的内在利益诉求方面，市场也发挥着重要作用。因此，高校创新创业教育既源于政府的驱动，更需要市场导向的延伸。

高校的角色在创新创业教育系统中的作用也尤为重要，它具有显著的教学科研资源及人才优势，不仅传授学生知识，更承担着全面育人的责任。高校可以培养学生的思修品行，树立社会责任与担当意识，同时还能够提升其分析解决问题与创新创业的能力，这些都是学生群体适应社会需求所必备的综合素质。因此，对于高校创新创业教育而言，其动力既有内生也有外生。高校创新创业教育激励动力机制可以将其看作是推动高校创新创业教育良性运行与实施推广的各内外要素间相互联系与作用的互动机理。

从宏观角度考虑，高校的内生动力是追求自由全面的育人理念；而外生动力则是政府对于经济转型升级的需求及创新创业机会的识别，政府可以将有效的政治、经济资源合理地调配到高校创新创业教育领域，从而推动理论教学课程及科研实践的发展。从微观角度考虑，以教师和学生的内生动力而言，教师参与到创新创业领域中，既是对职业发展的需要，也是理想事业的追求；而学生参与创新创业教育既是对自我未来职业生涯的规划，也是对自身全面发展的追求。以教师和学生的外生动力而言，政府和社会作为高等教育的外部推动力，可以使参与到创新创业教育领域的师生获取充分的资源与成就感。内外动力的作用与性质虽然不同，但是两者相互影响、互为支持，对高校创新创业教育的发展与价值取向有着共同的决定作用。

（一）激励动力机制的运作机理

从宏观角度而言，高校创新创业教育在外部受到政府与社会机构的共同作用。政府由于社会转型升级及经济持续发展的迫切要求会进行全面改革，而在这一阶段势必会加大政

府对创新创业活动的需求。在此深化改革的背景条件下，政府会对创新创业教育的研究与培养提出更高的要求，需要通过资源调配供给以及适当的政策引导推进高校创新创业教育的发展，扩大人才的供给。而对于社会机构而言，由于处在发展中国家，新兴领域及亟待转型的成熟领域为社会机构提供了充足的创业机会，在社会责任及自身经济利益的驱动力下，社会机构会更加富有创业意愿，因此创新创业领域的人才需求就越发强烈，这便加强了社会机构与高校教育领域的合作，在这样一种合作方式下，一方面可以通过资源的供给推动高校开展创新创业教育工作，另一方面可以通过旺盛的人才招聘需求调整高校的育人导向，可谓一举两得。在内部，高校创新创业领域中全面自由发展的教育理念得到了广泛的认同，高校将培养全面发展及提升综合素质的社会主义接班人作为育人的至高目标，而创新创业教育是独立于高校专业知识教育之外的一种功能，它是以学生的全面自由发展为核心任务的教育，有助于提升学生在价值重塑、人际关系及权力把握控制等方面的能力，推动高校创新创业教育的实施发展。

从微观角度而言，高校创新创业教育的运行实施离不开教师与学生这两个主体，因此分析教师与学生参与创新创业教育的内外生动力对于从微观层面研究高校创新创业教育激励动力机制有着至关重要的作用。教师是创新创业教育的传授者，高校对于其工作量的约束及工作表现的激励举措都将会推动其从事创新创业的教学研究工作的进行。从教师自身角度而言，他们对于创新创业教育的理论教授兴趣及目标认同都将由内而外地促进创新创业的教育研究。同时，良好的校园文化氛围对于提升创新创业的认识与兴趣以及教职工的行为心理都有一定的促进作用。对于学生而言，他们作为创新创业的受教育者，高校可以利用其学分约束与激励举措推动其参与创新创业活动，同时他们自身的兴趣及周围群体的良好影响也将促使他们提升对创新创业教育课程的接受与感知认同。高校创新创业教育微观层面的两个重要主体间互为动力支持，学生参与的创新创业需求将推动教师的教学研究，而教师的科研理论研究也会影响着学生积极参与创新创业教育课程的训练，两者互为支持，共同促进高校创新创业教育的运行发展。

高校创新创业教育的有效推动离不开激励机制的作用，它可以激发教师的创新创业教学科研激情与积极性，进而鼓励学生创新创业。高校为了提升教师的教研积极性可以将创新创业教学的实践指导考核指标划入绩效考评之中，将考核结果与教师职称晋升评定联系在一起，同时对指导学生开展创新创业实践项目活动取得一定成绩的导师进行奖励，从而调动其教学积极性，同时高校还应注重对学生的创新创业激励，有关部门应当优化政策，建立良性的自主创业政策环境。高校应改革学籍管理决策制度，推行弹性学分制，让学生可以在较大弹性的学籍时间内安排学习与创业项目活动，实现学工交替，分阶段完成课程学业。同时要发挥学生创新创业的主观能动性，给予其自主发展的机会，对于那些在创新创业竞赛中获奖的学生给予一定的奖励补贴。

对于高校而言，传统的笔纸考核方式已经无法适应创新创业教育的考核方式。传统的笔试考试是为了考查学生的记忆辨析能力，并不能对其创新意识与能力进行评价。因此这就需要建立以素质为导向的考核激励机制。首先，可以对学生的创新创业项目参与度与贡献度进行评定，然后运用综合答辩的考核方式进行综合评议；其次，可以将创新创业项目的阶段性成果作为考核标准，这既对学生的综合素质提出了更高的指标要求，同时也体现了创新创业项目的特色目标。高校可以设置创新创业教育基金以此来健全激励机制，要科学评估教育质量与水平，对表现突出的学生给予奖励。同时，可以将学生参与的课题研究、科研项目实验及创新创业项目等成果转化为相应学分。高校与学生的协同一方面要求高校的统一领导、开放融合及全员参与，另一方面要将创新创业教育的改革推进放在教育发展的突出位置，落实其主体责任，成立工作领导小组，由校长担任组长，主管副校长担任副组长。同时，高校应呼吁全体师生积极参与到创新创业项目中，加强各主体间对创新创业教育的沟通交流，形成一种浓厚的创业氛围；各高校面对当今严峻的就业形势，应积极响应国家政府的号召，组织和培养学生参与创新创业竞赛，鼓励成功的知名企业家进入校园分享成功的创业经验。高校在推行创新创业教育运行的过程中，应建立完备的激励机制，保持与国家政策导向相一致，同时要遵循企业的人才需求目标，培养社会所需的高质量应用技术型人才。

政策激励的协同是激励动力机制中的一部分，它注重创新创业政策的可操作性及各政策间的关联性作用。推动高校创新创业教育需要调动各方积极性，在政策方面给予有力支持。同时，各级政府部门应当通过构建经济、教育及文化等多部门协同的工作机制，对现有的政策进行梳理总结，做到信息的及时反馈，为保障创新创业教育提供强有力的政策支持。高校应出台相应的协同政策，如构建激励机制，加强创新创业师资队伍的建设，组织参与创新创业竞赛；鼓励师生协作创业，将校内校外的创新创业资源进行整合汇聚，从而为创新创业教育工作的开展提供政策支持。创新创业政策在高校毕业生的创新创业指导服务中具有重要的激励引导作用与制度保障的功能，政策激励的协同包含了不同主体间的政策协同及政策先后协同，通过协同可以充分实现政策的有效作用。另外，政府在制定政策时应充分考虑高校毕业生与其他社会群体间的创业行为差异，要针对性地为其提供指导建议。

企业在激励机制的作用下，会根据自身需求融入高校的创新创业活动项目中。它将利用自身的技术、资金及渠道参与到高校人才方案的规划制定中，在高校内为学生举办创新创业分享交流会，为即将进行创业的大学生进行思想上的宣传引导，以确保创新创业教育能够朝着合理科学的方向发展。企业或许还能为热爱创业的学生提供岗位实习的机会，从而为其创新创业打下坚实的基础，也为其创业梦想的实现提供更多的动力支持。

（二）激励动力机制构建的基本原则

高校创新创业教育的动力来源是多元化的，受到师生、高校及政府等多方的综合影响，因此，在构建激励动力机制时应遵循一定的原则，确保各方管理决策主体可以相互配合、方向一致，将高校创新创业教育的力量发挥到极致。本节从高校创新创业教育的内涵及要素特点入手，提出高校创新创业激励动力机制构建的三个基本原则，维护各方动力的动态平衡。其中包含了两个层面，一是各方对于推动创新创业教育程度的相互适应，另一方面是推动的方向要相互一致。总而言之，遵循高校创新创业教育的发展规律，走科学发展的道路是维持创新创业教育过程中各方动力动态平衡的重要保障。无论是宏观还是微观角度，师生、高校及政府间都应形成一种良性协调的关系，纵使各方主体的出发点、关注点有所不同，但是只要确保各方能够在推动创新创业教育的力量与方向上适度并保持一致，便可达到一种动态平衡的理想状态。

1. 协调各方动力间的培育转化

高校创新创业教育的运行离不开各方的共同努力，各方动力的重视发展离不开精心地培育与转化。从宏观角度来说，培养学生全面发展的路径有很多，但是若想使得以政府转型升级为导向的动力融入高校创新创业教育中，就必须对其进行政策引导与资源的合理配置。而从微观角度而言，学生针对自身综合素质的提升和能力开发的方式有很多，但若要使得高校推动创新创业教育的动力通过特定途径转化为学生自身的动力因素，则必须开发培育出合适的动力载体，这种动力载体既有显性也有隐性。对于高校创新创业教育来说，显性的动力载体有政府的鼓励政策、高校的奖惩规定及政府与社会机构提供的经费物质支持等；隐性的动力载体包括大众对创新创业行为的认同与尊重以及鼓励参与学生参与创新创业的校内文化活动等。只要能够注重各方动力且有层次地与各层面主体参与到创新创业教育工作中，对其动力进行合理地引导、强化与推进，便可使高校创新创业教育的运行实施达到最优的状态。

2. 防止各方动力的异化发展

高校在坚定创新创业教育发展目标时，要始终牢记自由全面育人的教育理念，在此基础上形成特色的课程理论教学与科研方式培养，高校还可结合各方动力主体的建议策略，进行沟通交流，深刻总结认识创新创业教育的发展规律及本质特点。

（三）激励动力机制的完善策略

在高校创新创业教育协同机制的运行过程中，其决策主体方可以制定科学合理的管理规划、明确自身的工作任务，以此确保各参与主体方可以共同协作，拥有高度统一的思想意识与发展目标，从整体利益最大化的角度出发，发挥最大效能。同时，还应制定相应的行为规范与工作流程，要求各方严格按照规章准则进行工作任务的开展推行，在所制定的标准体系内高效率地完成工作。并且还应制定奖励机制，此机制应以协作参与、信息透明共享作为行动准则，以此更好地协调各方代表高效完成项目决策，增加之间的沟通、交流与了解，培养各方代表间的合作默契能力，确保运行过程的公平、公正与公开。通过奖励机制可以有效地提高促进各方的竞争协同意识，从而提高高校创新创业教育机制整体的协同工作效率。

提升高校创新创业教育协同作用的关键在于完善利益分配制度，激励企业及行业单位参与高校创新创业合作教育，就应完善利益分配与实施机制。首先，高校应当建立创新创业教育专项资金，用于支持校企协调培养机制，改善高校教学条件及设施建设。其次，高校还应对协同培养的企业及导师付出的指导工作进行激励补偿，以提高参与创新创业教育协同培养学生的兴趣与积极性。再次，高校要优化校企合作教育指导教师的考评标准，切实有效地对其教学质量与工作量进行评价，建立高效的晋升机制，以此激励指导教师重视学生能力的培养。最后，在分配利益时，要明确高校、企业等主体间的责任，建立健全责任追究机制，以此激励高校创新创业教育的协同发展。

高校创新创业教育激励动力机制的高效运行离不开政府、企业及高校等的共同努力。营造良好的创业环境需要国家和政府在资金与政策方面给予全方位支持与政策扶持。政府在高校创新创业教育协同机制中发挥着主导作用，可以从以下方面完善高校创新创业教育激励动力机制。

从国家层面角度制定高校各项创新创业协同运行的新政策。政府主导着制定计划及政策资源，可以积极引导企业和高校参与到创新创业教育活动中。以政府为主导，制定多维协同的创新创业教育模式的激励制度，在多维协同创新创业教育的运行过程中，高校是实现创新路径的主体，而政府则是创新制度的主体，制度的创新可以推动路径的创新，政府作为资源的调配者，应制定有利于学生创新创业发展的激励政策，以此减少创业风险，提供一定的资金保障。例如，政府可以制定多维协同的育人制度，促进人才培养体系的建立，也可以设计规划创新创业课程，调动各方主体参与创新创业的积极性。同时，政府还应重视通过管理及资源配置等手段，积极协调处理好高校、企业和政府三方主体间的关系，促使创新创业教育合作的顺利进行。

建立健全创新创业的法律法规及政策，鼓励高校毕业生自主创业。政府可以协助高校创办创业竞赛，为学生提供沟通交流的平台，为一些优秀的创业项目提供资金支持，以完善社会创业环境。政府可以设立创新创业项目资金。创新创业教育的运行过程离不开外部环境的支持，因此政府需要优化创业环境，设立创业基金，利用财力、技术等资源优势助力高校人才的创业培养，拓宽创业渠道，扶持高校毕业生创新创业企业的健康成长。从国家层面角度考虑，要重点对学生创业项目进行扶持，设立创新创业专项基金作为创业活动的启动资金，同时也可设置学生创业培训资金补贴。

加大对创新创业知识产权的保护力度，保障创业学生群体的合法权益。对于企业而言，可以让企业导师进入高校为创新创业的学生提供指导性意见，将产业部门的人才需求反馈到教学科研的规划中，有针对性地对高校创新创业人才进行培养。高校应当与企业积极合作，完善校企协同人才培养的模式。在前期产学研结合的基础上，推进全面协同育人工作，将服务于经济社会发展作为培养的目标方向。同时，校企联合培养的创新创业人才可以充分利用高校与企业的教学资源与环境，发挥各方优势，加强高校与社会政府间的沟通联系，激发产学研合作教育的主体动力机制。企业与高校合作的最直接外部动力便是市场需求及通过产学研产生的合作收益。由于创新创业与产学研合作会给企业带来相应收益，从而刺激了企业对其合作的意愿，进而增加了合作经费、人资及物力成本的投入。通过产学研合作教育可以培养出具有实践能力的高素质型创业人才；科学有效的教学课程规划也促使了高质量师资队伍的产生；在产学研的合作教育下，师生们都得到了宝贵的实践机会与经验。强化高校学科与产业发展协同机制。高校的学科建设与产业的协同发展不仅是单一学科和企业的对接，更是跨区域学科集合的对接联动。这种合作形式在一定程度上可以促进产业的转型升级，有利于提高高校集群服务的能力水平。发展实体型的产学研教育合作创新模式。产学研结合是企业与高校共同构建的联合创新实体，它是一种由松散到紧密发展的创新模式。高校通过此创新模式的合作途径，不仅可以充分利用智力资源，而且可以提高解决问题的能力，为科研创新开发团队提供强有力的载体。企业在高校创新创业教育协同机制中也发挥着支撑作用。企业是技术的应用者、追求利益的最大化者及创新成果转化的推动者。企业可以通过发挥创新创业教育的作用，达到获取人才、财力及技术的目的，从而降低了成本，增加了企业的收益成效。企业可以配合高校开展参与创新创业项目，形成主次分明的特点。同时，企业也可通过高校资助人才培养体系计划，以高收益回报的形式反馈参与信息。企业责任具体表现为市场技术的拓展、科研成果的转化及技术供给的需要等。

对于高校而言，可以从以下方面完善高校创新创业教育的激励动力机制。首先，健全创新创业教育课程体系，使课程更加体系化与系统化。高校学生的创业素质与意识的培养离不开创新创业课程的指导，因此高校应当健全创新创业教育课程体系，使课程更加体系化与系统化。对教学环节及方式的提升，有助于学生创新意识和创业技能的培养。为了解决创新创业教育超越专业教育界限的这一问题，高校要对教学理念进行调整改革，注重基础性的教育培养，将创新创业教育的基础性教育与学科专业教育紧密联系起来，高校要积极开展教学科研实践研究活动，制定教学进度与步骤，通过创业导师的经验传授，让创新创业的学生能够增强自身创业的决心与信念。同时，可以为学生创造良好的创新创业环境，激发学生的创业潜能，产生一定的创业动机，并投入到创新创业的实践活动中。

其次，按照国际规范，应将创新创业教育纳入人才培养计划中。创新创业的人才培养是一项系统复杂的工作，其构建需要政府、企业及中介机构多方协同配合，其合理高效的运行不仅有利于大学生创业知识及技能的提高，而且有助于创新创业教育的深化发展，更有利于提升大学生创业的核心竞争力，对于创新型人才的培养也起到一定的促进作用，为国家"一带一路"的发展战略提供了人力与智力资源支持，有助于推进社会主义和谐社会的发展进程。

再次，构建科学合理的组织机构。构建科学合理的组织机构是高校创新创业教育的组织保障。该组织机构应遵循全面覆盖、统一指挥的原则。校级应当设置高校创新创业调控中心，统筹创新创业教育的指挥工作，同时负责全校创新创业师资力量的培训、分配与调度，实现各方主体间的合理有效沟通；在二级学院设立创新创业办公室，作为师生与高校间的联络中转站，在其下属机构设立创新创业发展中心及实践部，强化创业实践能力，加强专业实验室与训练中心的设施建设，通过多形式的教学活动激发学生的创业激情，提升自我的认识水平。

最后，培养高质量的创新创业师资队伍。创新创业教育的推广与过硬的师资队伍建设密不可分，创新创业课程应当作为一种指导服务，为其行动提供导向。高质量的师资队伍建设需要引进创新创业教育方面的人才，加强师资队伍的创新能力培训，在条件成熟的情况下聘请校外创新创业教育专家开设教学课程，构建一支专职与兼职相结合的高质量创新创业师资队伍。对于创新创业的学生而言，应当转变就业观念，为创业做好充分准备。创业是一种自我价值的体现，是一种高质量的就业形式。同时，创业的过程充满未知与艰辛，创业学生应当具备较高的管理决策与人际交往能力，对自身拥有充分认识和科学评价，从而激发潜在的创业能力。

三、调控机制

由于高校创新创业教育在运行的过程中有多个行为主体的参与，各行为主体会因自身利益、情感及认知的不同导致运行过程中的行为冲突，这便会阻碍高校创新创业教育的发展进程，产生难以解决的问题与矛盾，若要保证其正常的运行实施就必须进行合理调控。高校创新创业教育调控机制可以理解为其内外各要素通过制定目标、合理定位及发挥作用等调节化解运行过程中出现的矛盾问题的机理。运行情况的调查与目标调整是高校创新创业教育调控机制的核心任务，对于运行状态进行合理地评估可以确保及时发现运行中存在的矛盾问题，保证问题可以在第一时间内得到快速解决。本节将针对高校创新创业教育调控机制的运行进行科学研究，以此重点分析高校创新创业教育调控机制的调查评估及目标规划调整环节。

（一）调控机制调查评估环节

对于高校创新创业教育运行情况进行科学调研及矛盾问题的准确判断都是创新创业教育运行工作调控的重要组成部分，而建立调控机制的重要前提便是制定科学合理的运行情况调查环节。对于构建调查评估环节而言，重点在于明确"调查评估环节的主体""调查评估环节的对象及内容"以及"调查评估环节的途径及方式"这三大问题。

在建立运行情况调查的环节时，涉及的学校部门以及实践教学活动较为繁多，因此必须明确调查评估的主体，明晰其责任，从本质上对高校领导机构的决策进行干预、指导和管理，这都是为资源合理配置打下良好基础，以促进创新创业教育水平的高效发展。同时，为了提高化解矛盾问题的效率，在工作领导机构和专家委员会的两个决策主体内部应分别设立运行调查评估的部门，这样不仅可以提高反馈效率而且能够保证评估机构的威严性，有利于两个决策主体间的思想价值和理念导向贯彻到工作中去。同时，为了保证评估反馈信息的客观性，还可以引入校外的第三方调查评估机构，这是对评估工作的一大补充。三方的工作性质在一定程度上较为相似，但是侧重点却各不相同。领导机构负责的调查部门主要是从创新创业教育的宏观层面着手，负责整体投资与资源调配；专家委员会负责的评估部门则更侧重于微观角度，例如师生的建议策略及教学科研的设计运行；校外第三方专业评估机构则侧重于创新创业教育的整体运行情况，使其达到高效理想的目标。

评估环节同时也可对学生的创业项目进行全面综合划分，应从长远发展来看待创业选择的方向，对近些年创新创业领域的发展状况及存在数量进行细致盘点，倘若发现市场中的领域已经出现饱和状态，那么就要用建设性的眼光对项目未来的发展趋势进行估测研究，从而评价出其发展潜力。这些举措都可为创业学生提供有利的参考性建议，以确保其创新创业项目不会随波逐流，失去独创价值。

完善的评价环节需要对主体进行定期的综合评价，既包括了政府是否能够充分利用自身职能协调各方利益，推行政策的实施，也包括了企业是否可以为创新创业的学生提供成熟的实践基地，以及中介机构是否为学生制定了完善的创业服务体系，这些都是评价环节的内容。只有对各主体进行定期核查，才能端正其工作态度，对各参与主体方起到监督促进的作用。

创新创业协同评价机制是调控机制中的一个方面，它有助于提高创新创业教育机制运行效率。首先，高校在实践教学科研效果评价的机制下建立创新创业教学效果评价机制可以有效地评价校内师生，务实教学科研成效，逐步完善专业实践教学的质量。其次，企业与高校可以协同推进创新创业教学评价，将教学质量与教学报酬、评优及职务晋升联系起来，以此激励企业单位重视创新创业教育的推行。

创新创业教育质量考核评估机制是调控机制的另一方面，它可以通过对创新创业教育的实施水平与效果进行及时反馈，对教育活动作出价值评估，提高学生的创业技能与素质，对于优化创新创业教育以达到价值增值的目标具有推动作用。有助于约束和规范各方主体的协同关系，是促进协同关系的制度保证。构建新型的考评机制有利于激发企业参与高校创新创业教育的积极性。一方面，是外部考评，上级政府部门将创新创业教育的质量作为衡量教育水平质量的重要指标，同时要求第三方机构对其进行绩效评估，接受舆论的监督。另一方面，是内部考评，协同双方应立足资源调配和项目执行等方面进行绩效评估，明确各方的权力职责，逐渐健全跨界协同关系下创新创业教育体系的管理制度。科学有效的评价体系对于协同育人的运行过程及环境具有重要意义。创新创业教育协同育人环境的考核评价内容包括高校毕业生创新创业法律法规、创业扶持制度政策及创业咨询机构的数量；是否设置创业教育基金或是进行风险投资，这将为创新创业教育提供资金的支持；协同育人的教学水平评估包含课堂与实践的教学评估。课堂教学评估可以从核心课程规划设计及多元教学方法展开，而实践教学包括校内和校外实践，可以表现在创新创业竞赛、实践活动及论坛的举办成效中。评价考核的内容要全面有效，不仅应对创新创业教育活动的结果进行评估，也要对活动的过程进行细致监测。定性与定量研究相结合的方法可以作为评价的一项绩效指标。

在高校创新创业教育体系中，可以分为参与主体、育人载体、投入状况以及整体效果四个层面。当然，对于研究调查教育的运行情况也可从这四个层面进行细致分析与总结。通过访谈交流的形式了解师生对于创新创业教育情况的个人态度，对于人力、物力以及财力资源的调配情况，要进行深刻地投入情况分析；了解参与创新创业培训的学生在综合素质与创业意愿上的能力是了解整体效果必不可少的因素，同时师资力量的增强也是工作成效的一大体现。总之，这四个层面对于建立高校创新创业调控机制具有举足轻重的作用，建立四位一体的多元评估体系对于调查评估环节也尤为重要，这不仅可以及时获取评估运行的具体信息，而且可以为决策系统提供高效的反馈信息。

在调查评估的环节中，若要了解参与主体的主观感受则必须制定合理的访谈纲要，可以通过合理性的访谈形式了解参与主体的意愿感受，对访谈信息进行整理总结。而在育人载体和资源投入层面，由于这些评估对象都是客观存在的，所以其结果具有客观存在性，在此调查环节应当明确调查的标准，具体的课程覆盖范围以及经费投入情况应当纳入评估体系中，从而建立规范的创新创业教育评估体系。在整体成效的评估环节中，可以针对不同的教学阶段对参与主体进行认知测量，从而获取所需的信息数据，在微观角度侧重于对个体现状的调查，而在宏观角度侧重于创新创业教育整体成效的研究。

在高校创新创业教育中，教育与创业主体的分离是导致创新创业教育问题不断发生的重要影响因素。若想化解这种矛盾问题，就必须从学生的立场角度来推进创新创业教育的改革进程，将师生间的单向传输转变为两者的双向互动，将二元分离的教学创业主体转变为多元主体的协同发展。应努力分析各方利益诉求和特点，从创新创业教育属性的角度出发，打造利益发展共同体，尤其是以师生、高校与政府构成的创新创业教育发展共同体，最终实现多元主体的协同发展。在高校创新创业教育的运行过程中，政府应当为创新创业教育提供政策制度保障，负责政策的供给落实；而高校则应不断推进人才培养模式的升级，力求在课程教学体系与方式方面满足学生的个性需求，为创新创业教育提供动力支持和机制保障。教师应当在创新创业教学领域中，充分发挥学生的主观能动性，实现师生的共同发展与进步。同时，学生应当树立正确的创新创业价值观，积极参加创新创业竞赛，在比赛中获取经验，提高自身的创业综合素质。企业则应当构建合作贡献的利益机制，参与创新创业活动，充分发挥创业教育共同体的职能，化解各方参与度与积极性低下的矛盾问题。

（二）调控机制的协调完善环节

对于高校创新创业教育调查评估主体所得到的反馈信息，调控机制可以利用这些信息协调各方主体对工作的规划与行动制定的完善，这有利于创新创业教育运行的优化升级。由于调控机构的调查评估环节所涉及的部门众多，在此过程中会涉及跨部门合作的理念，因此可以从组织和制度这两个层面对高校创新创业教育进行推进。

结合我国高校的实际情况，需要成立一个富有权威性的管理组织来对跨部门协作过程进行完善管理，其职能便是打破部门合作壁垒，加强部门间的交流沟通，最终实现行动的统一性。同时，高校领导及相关职能部门的加入，不但可以提高协同合作管理机构的权威性，而且有利于对教育资源的争取以及部门间的沟通交流，更能使得领导机构与各部门院系间达成共识，促使工作的贯彻落实。

为了消除这种模糊工作职责带来的合作障碍，一是要明确各部门在协作过程中的职责权限，可以利用协商性的工作文件与会议将分工制度化；二是可以明确职责主体的工作，加强职责权限难以划分的部门间信息交流的联系及拓宽信息反馈渠道。

科学合理的组织框架对于高校创新创业教育调控机制的协调完善有着推动作用，同时，在制度方面，还可将工作更加稳固化。高校创新创业教育的跨部门协作若想达到可持续、规范化，既要有规章制度的刚性需求，也要有文化交流的柔性保障。

只有构建出协作部门认同的规章制度，加以强有力的手段进行规范，那么再遇到矛盾问题时，就更能确保协作的可靠与可持续性。高校创新创业教育跨部门的正式制度需要强制力加以保障，因此首先应明确制定机构，高校创新创业教育工作领导机构与专家委员会作为两大决策主体，可以根据相应的决策范围和侧重领域对合作制度进行制定划分。其次是要形成相一致的制度体系，由于决策主体的不唯一性，在制度标准方面或许会产生矛盾与冲突，因此就必须在制定协作制度方案时充分了解双方意愿，加强沟通交流，形成一致的制度目标体系。最后是在充分了解和调研各职能部门及科研教学机构的基础上，建立制度执行的监督机制，通过预警等强有力的手段将协作制度落实到位。

从跨部门的柔性保障角度考虑，一方面文化交流的构建应当以共同的价值取向和理论信念作为基础，不同部门间建立的理念共识应以相同的价值取向为联系，从整体利益最大化的角度出发，制定设计自身的行为目标；另一方面，可以构建更多的良性沟通平台和协作机制，拓宽交流沟通渠道，制造更多的常态化对话机会，做到资源共享，信息互助，营造一种良性和谐的文化合作氛围，以此培养部门间的默契。在此过程中，也可加强各部门的合作意识，建立长期有效的互动信任感，这有助于构建协作文化生态，满足共同的价值理念与目标追求，通过部门协作的交流互助，可以提高其向心力与凝聚力，对于高校创新创业教育的未来发展具有重要意义。

第三节　创新创业教育协同机制的保障

建立一个完善的高校创新创业教育协同机制保障体系能够保证创业有关教学活动的顺利开展。不同于其他形式的教育，创新创业教育旨在促进人的全方位发展并符合经济社会发展的需求，是一种崭新的形式，其实施也比较复杂，需要建立一套成熟的保障体系。高校创新创业教育协同机制能不能顺利开展，必须聚焦于三个关键点：第一是教学者，组建高水平的教育队伍；第二是教学质量管理，保证优质的教学质量；第三是制度环境，创造良好的教育环境。结合高效创新创业教育协同机制这三个关键点，本书认为创新创业教育协同机制保障体系应包含三个部分，一是教育队伍保障体系，二是质量管理保障体系，三是制度环境保障体系。本章将围绕教育队伍、质量管理及制度环境体系的建设，对创新创业教育协同机制保障体系展开透彻研究。

一、教育队伍保障

教师是创新创业教育知识的传播者和实施者，学生创新创业理论知识和实践训练离不开专业教师的指引，要完成创新创业教育相关的目标离不开教师的教学实践，组建完备的教育队伍保障体系才能保证创新创业教育协同机制的成功运作。优秀的创新创业型教学队伍是高校创业教育的重要力量，促进优秀教师队伍建设是创业教育协同机制的根本保证。教师是促进创新创业教育的中坚力量，对教学方式的采用，教育质量的完成等各方面都发挥着重要作用。教育队伍建设是开展创业教育的关键所在，高质量、优秀的创业型教师队伍，对于转化教育观念和形式，对于高校学生创新创业能力的提高，发挥着举足轻重的作用。开展创新创业教育需要一批专业化的教师队伍，组建一支钻研创新创业教学、具有足够经验或兼具经验和科研的教育团队是创新创业教育协同机制的重要保障。

关于教育队伍建设，创新创业教育有两方面特征，一方面是创新创业教育由于开展较晚，该观念和形式在初期推行过程中会出现教师缺乏的情况；另一方面是创新创业教育必须理论联系实际，必须要有理论授课教师和具有丰富创业经验的教师。鉴于这两个特征，本书认为创新创业教育队伍保障体系建设应该包括构建一支结构合理的专职和兼职队伍、加强创新创业教育师资建设机制。

（一）构建一支结构科学合理的专兼职师资队伍

高水平、高质量的教育团队是顺利开展创新创业教育的关键点，推动优秀的创新创业教育团队建设是发展创新创业教育的前提，教师是促进该教育发展的主要力量，在课程研究、教学方式采用、教学成效等方面起着至关重要的作用。新时代教师必须满足创新创业教育新的要求，参与教学的教师必须掌握一定程度的创新创业理论、经历和能力。通常专职教师的数量是依据专业需求确定的，另外，聘请企业里有丰富创业实践经验并兼有理论知识的专家作为兼职教师，并邀请成功的创业者来学校开展创业讲座。所以，为了推动创新创业教育的发展，要招聘高质量的创新创业教育人才，构建一支与时俱进的专兼职创新创业教育教师团队。在组建一支高水平的专职教师队伍的同时，还需要聘请一些创业实践型教师力量，从国内外企业邀请兼具实践经历和理论认识的全面人才，例如成功的创业者、经管行业专家、投资专家等作为兼职教师，他们通过开展专题讲座等形式，不仅能让本校教师更新其理论知识，还能传授有用的实践经验给大学生，提高学生对创新创业的兴趣和积极性。高校可以和一些国内外企业建立合作联系，合作企业提供一些先进的创业理念和实践项目，利用企业职员讲课、开展讲座、指导实践等形式，培养大学生的创新创业思维能力，提升大学生的创新创业热情，只有这种全面的教师团队才能推动创新创业教育的发展。专职教师主要包括本校专门研究创新创业或与其密切相关的教师；兼职教师主要包括其他学校创新创业专职教师以及有创业经验的企业职员和政府职员等。专职教师和兼职教师中其他学校专职教师主要承担创新创业理论教育方面的职责，兼职教师中有创业经验的企业职员和政府职员主要承担创新创业实践教育方面的事务。

1. 专职教师队伍建设

高校需要一支专门钻研创新创业教育的师资团队，来对教学理论深入研究，探究学校开展创新创业教育的现状、问题以及解决对策，探究大学创新创业教育进展的规律和趋势，为高校创新创业教育变革、进展和实施提出科学的、权威的、有效的理论依据。该团队需要分析目前的就业形势和创新创业形势，探究就业规律和创业政策，总结有效的创新创业办法和技巧，从成功案例中总结创业者的必备素质，加快构建创新创业教育理论体系，编写出实用的学科教材，也必须组织负责课程教学的师资团队。高等学校创新创业教育专职的教师队伍主要包含两类人，一是专门探究创新创业教育的职员，二是探究与创业教学密切相关范畴的职员，专职教师团队建设可以对其进行深入研究。

（1）促进创新创业教育学科发展，构建师资培训平台

创新创业教育的目标、教学内容和形式是独立的，因此专职教师团队培训也是单独的。有创新创业教育研究经验的专家成立创新创业教育学科，不仅可以逐步促进创业教育的发展，提出利于创新创业教育实行的探讨结果，而且可以培养出理论知识渊博的博士和具有创业实践本领的硕士，利用强化创新创业教育研究和培训的专门教学人员来组织高水平的创新创业教师队伍。借鉴国外高等学校生命教育、创业教育等发展过程，全新教育形式广泛发展的前提是构建独立学科，美国1980年创业有关学科的兴盛，促使了近20年美国高等学校创新创业教育的普遍、快速发展。

（2）搭建创新创业教育教师进修培训平台

创业所需要的知识包含社会学、政治学、经济学、管理学等多范畴，大学创新创业教育与社会学、政治学、经济学、管理学等学科以及思想道德教育都相关联。优秀的教师队伍对大学生创新创业能力的培养，起着关键的作用。所以，提升创新创业教育教师质量、组建优秀的教师团队是目前迫切要解决的问题。在开展创新创业教育的初期，可以为教师提供进修培训的机会，让他们参加一定的基础知识理论培训，以充分适应创新创业有关科目的教学要求。为了提高师资研究能力，可以鼓励教师参加国家级的创新创业培训会、地区论坛会、研讨会，选择优秀的教师出国访问学习，感受其教育观念和教育方法与国内的不同点；为了丰富教师的创业经历，实施"产学研一体化"模式，将探究结果带入到实际创业过程中，还包括建立学校公司合作项目，使教师参与到经营治理企业中去。

2．兼职教师队伍建设

除了组建一支知识广博的专职师资团队外，还需要一支实践经验丰富的兼职教师队伍。兼职教师队伍建设需要具有创新创业能力的教师加入，聘请国内外具备创新创业实践经历和丰富理论知识储备的全能型人才，例如，企业家、创业成功者等。他们作为高校创新创业教育的兼职教师主要以开展专题讲座的形式教育和指导学生，提供直接经验，通过交际和协作，让高校同学能够了解到更多有效的经济管理知识和办法，提高学生创新创业的热情和创新创业的能力，让他们未来创业更加顺利。高等学校创新创业教育兼职教师队伍也主要包含两类人，一是其他学校研究创新创业教育的教师，二是有丰富创业经验的公司和政府职员。

构建区域创新创业教育教师共享体制，高等院校可以联合本区域其他大学建立创新创业教育专业教师资源库，组建师资共享体制，以开放的心态全面机动地运用本地区优秀的教师资源。这不仅可以利用学校之间师资的资源共享来解决教师队伍缺乏的问题，而且可以充分了解到其他高等院校创新创业的优点和特征，提高大学创新创业教育的水平，多种高校创新创业教育形式的交流讨论和相互影响能提高整个地区创新创业的教育水平。构建创新创业校外教师聘请制度，高等学校作为带头人，联合本地区政府和企业，建立创新创业教育校外实践基地，聘请有丰富经验的公司及政府职员来担任实践基地教师，他们用自己的经验引导学生，承担传授学生创新创业实践能力的责任，教学生如何将创新创业理论知识与实践相结合。

（二）加强创新创业教育的师资建设机制

教师是开展学校创新创业教育的主体之一，负担着培育人才和提升大学生创新创业实践能力和创业积极性的责任。一个国家和地区的教育水平，从根本上取决于教师队伍的整体素质，没有一流的教师，就培养不出一流的人才；没有高水平的师资队伍，就办不好人民满意的教育。从这里可以看出，创新创业教育的教师团队质量会对创新创业教育产生重大影响。组建一支具有创新思维、丰富实践经验和专业理论知识的教师团队是确保创新创业教育教学效果的核心。借鉴国内外高等学校创新创业教育教师团队建设的先进经验，并联系我国自身情况，可以从以下几个方面来提升创新创业教育的教师团队质量。

1. 设定严格的创新创业教育教师的聘用条件

为了确保创新创业教育的正常开展，主管大学生就业的部门教师和一些经济管理学院的教师来担负创新创业教育的教学工作。所以在组建创新创业教育队伍时，要挑选高水平教师，可以在学历、专业、创新创业经验等方面设立严格的准入条件，既看重创新创业教育理论知识也看重创新创业实践能力，不仅重点考察教师的创新创业思维能力、教学水平、知识储备和实践能力等方面，还需要考察最基本的思想道德品质方面，提高入选门槛，挑选出一支高质量、优秀的教师团队。

2. 完善创新创业教育教师团队结构

首先组建高质量的专职师资团队，学校应该建立创新创业教育教师培训制度，组织教师参加国内外培训活动并鼓励教师去企业挂职获得实践经验，尽力为创新创业教师提供优质的学习环境。其次充分利用本校各专业教师资源，组建一支拥有不同专业知识的教师队伍来开展教学活动，使创新创业教育师资团队结构更趋于合理化。再次，重视挑选和培养优秀的创新创业教师。依据严格、公平的准入条件，选拔出一支高水平、高质量的优秀年轻教师队伍。最后，组建一支经验丰富的兼职教师队伍，聘请创业成功者、企业职员、风险投资者、经管类专家等来担任高校的兼职教师，来填补高校实践教师的不足，向学生传授创新创业实践经验和技能，给他们提供坚实的支持和帮助。

3. 强化教师培训，构建系统的创新创业教育师资培训制度

优秀的教师团队是创新创业教育的基础，挑选和培训教师是组建高水平师资队伍的唯一办法，创新创业教育对教师设定了更高的条件，教师需具备创业基础知识、创业经历和创业能力。强化创新创业教育教师培训、提高教师的综合素质是促进创新创业教育深化发展的关键。教师团队需要从目前的知识型、传授型向创新型、多样型转变，需要重点训练教师的创新思维和实践技能，让他们探究出提升学生创新意愿和思维能力的办法。教育部部长赵沁平同志说过，要想培养出具有创业素质的学生，教师就必须要有过创业实践经历。为了实现此目的，一方面要鼓励教师走出去。即选拔优秀的教师与企业一同参与创业实践或者独立创业，充分让教师将理论和实践联系起来，提升其教学和实践的综合能力，国外许多高校的教师都亲身体验过创业的全过程，有些教师从事过或者目前仍留在企业，他们更加清楚在目前的创业形势、发展趋向和实际创业过程中会遇到的问题。另一方面要尽力探寻多种创业实践活动，强化国内外创新创业的交流和探讨，组建一支优秀的、高质量的创新创业教育教师团队。教师需要接受专业化的全面培训，具备创新创业知识是基础，另外还需要参加各种研讨交流会、成功案例分析会和创业经验会，提升全方面能力。

4. 构建系统化的创新创业教育培训制度

一方面，要扩展创新创业教育教师的培训途径。各个学校可以定期邀请国内外专家学者在学校开展创新创业教育专题讲座，为本校教师和外校教师更好地进行交流学习提供更多的机会，让本校教师学到更先进的教育理念和经验；每年选派优秀骨干教师参加国内外举办的创业研讨会和培训会，让他们学习到目前最新的创新创业教育理论知识和创业有关的一线动态。另外，挑选优秀教师并让他们到企业挂职工作，坚持理论和实际要结合的原则，利用具体实践项目、企业运作管理等工作，获得创新创业实践经验，然后将其在企业实践中学到的知识传授给学生，不断丰富教学内容。另一方面，增大培训强度，提升师资队伍的整体质量。首先，要与时俱进，定期更新创新创业有关理论知识，并扩展教师多方面的专业知识，如经济、管理、法律等方面，要提高其综合素质，培养教师综合运用各知识的能力。其次，鼓励教师研究创新创业教育理论，例如，当前就业形势、创业的现状与难点、如何将理论与实践相结合的研究等。在探索过程中，逐步健全创新创业理论，培养教师创新思维能力。最后，提高教师的创新创业实践能力。为了丰富教师创新创业实践经验，高等学校应该为教师们创造更多的实践条件，尽力解决他们在创新创业实践过程中碰到的问题，提高教师创业积极性，让所有的创新创业教学教师都敢于创业和实践。

5. 做好教育队伍管理形式的激励机制建设，完善教师考评和激励体制

对教师进行职业品德教育，提高创新创业教学的积极性、主动性和责任意识。不但要多开展教师培训会，强调创新创业教育对国家未来发展的重要性，强调此工作需要很明确的责任态度。而且要借助网络、校报期刊、横幅、微信推送等宣传形式，创造一种积极的创业氛围，由此增强大家对创新创业教育的肯定，提升教师工作的成就感。高校领导高度重视创新创业教育工作能带领并提高教师的教学积极性。

对于创新创业教师的工作量，依据其教学特点，需要把创业讲座、创新创业实践指导、解答创业咨询等工作换算成教学工作量。在绩效考核中，要清楚教育质量管理组织结构，制订重要教育环节质量管理标准与教学管理制度，健全教育质量保障分析系统与质量反馈信息处理系统，构建人才培养质量控制模式。教师作为高校创新创业教育中的主导者和引导者，必须要提高其综合素质和改变实践能力，并把教学质量和创新创业实践相结合；要加大对创新创业教育的考评，教育考评综合考虑教学水平和创业教学能力，在某种意义上消除"纯学术学者"，让教育团队从如今的知识型、传授型向创新型、多样型转变。

6. 完善教师考评和激励制度，提高教师创新创业教育工作的积极性

绩效考评要依据创新创业教育的特点，综合运用定性与定量的办法考察教师的创业意识、研究能力和教学水平等，教师参加创新创业教学与探究是绩效考核最基本的要求。高等院校制定明晰的激励制度，向取得优异成绩的教师提供一些物质奖赏和精神表扬；并提供实践基地和资金支持给从事创新创业教育研究和创业实践的教师，这些物质保障有利于吸引高质量的师资力量和确保创新创业教育的顺利开展。

二、质量管理保障体系

《国家中长期教育改革和发展规划纲要（2010—2020）》中谈到，教育改革的关键任务是提升教学质量，树立以提高教育质量为中心的教育发展观，构建以提高教育质量为方向的管理体制和工作制度。针对高等院校，教育改革发展的关键任务也是努力提高教育质量。高等院校可以组织创新创业质量保证领导负责小组和专家小组，利用行政力量和学术权威，协同保证创新创业教育质量。要建立行政和学术体系下的教育质量保障体系就需要对大学创新创业教育质量进行深入评价和剖析。构建高等院校创新创业教育质量评估制度，是大学创新创业教育质量管理保障体系的重中之重。教育质量保障不仅包括创新创业教育师资、物资等保障，还包括创新创业教育的教学成效保障。在此基础上，本书认为要建立以加强创新创业教育评估为焦点的创新创业教育质量管理保障体系，按期考评高等院校创新创业教学组织状况与教学成效，随时监测并对其实施情况进行考评，为提高教学质量提供科学依据并充分利用各资源。

（一）创新创业教育教学组织评估

高等院校创新创业教学组织状况的评价主要集中于考评学校对创新创业教育的重视程度和各方面投入情况，评价学校创新创业教育教学组织情况是完善教育改革和提高教育质量的前提。创新创业教育教学组织情况评价的关键是选择科学的评价指标，一般来说选择考评标准可以参考投入、过程和效果。对投入的考评标准是主要涉及创新创业教育的各方面投入状况，包含政策保障、教师队伍投入、资金投入、管理人员投入、基地建设投入等方面；对过程的考评标准主要涉及创新创业教育具体课程安排、教学方式、教学服务保障、组织管理等方面；对成果的考评标准主要涉及学生理论学习成绩、能力状况、实践技能等方面。鉴于对高等学校创新创业教育组织状况的评估主要根据考评高校对创新创业教育的重视程度和投入，所以本书选择以下几个评估指标，具体来说有以下几方面。

1. 政策保障方面

政策保障现状不仅表现在高校对创新创业教育的行政支持，例如是否组织由学校领导带头的创新创业教育任务领导小组，及时处理与创新创业教育有关的各项工作；而且还表现在高校对此类教育的学术支持，例如，是否构建创新创业教育学术研究的激励制度，是否组建创新创业教育专家小组，为创业教学质量的提高提供坚实的政策基础。

2. 教师队伍投入

教师队伍情况不仅表现在本校创新创业教育专职教师和兼职教师的人数，教师人数的多少可以看出高校开设创新创业课程的多少，而且表现在优秀教师占全部教师的比例，包括博士学位教师比例和正、副教授比例。

3. 资金投入

创新创业教育能否顺利开展的核心是资金的投入。高等院校创新创业教育资金投入由两部分组成，一是基础资金投入即创新创业教育研究资金的投入，二是重点资金投入即创新创业开展教学活动的资金投入。其中开展教学活动的经费主要包括显性课程和隐性课程管理运行的资金投入，也包含对优秀人才投资的花费，例如，补贴优秀学生参加创业实践比赛所需的花费、创业项目研究经费等。

4. 管理人员投入

创新创业教育管理人员范围很广，即创新创业教育体制中除了教学教师以外的所有人员。他们主要从事创业教育的隐性课程的相关工作，对组织管理人员投入情况的考评例如是否建立专门的创新创业教育管理机构，管理创新创业教育的职员数目等。

5. 基地建设投入

基地建设包括创新创业教育理论研究基地和创新创业教育实践锻炼基地。理论研究基地是建立在校内，学生在场所学习理论知识，是学生研究理论的主要地点。实践锻炼基地提供给有创业意愿学生实践锻炼的重要场地，该基地一般在校外主要由高校结合政府和公司建立的。基地建设投入的考评标准包括软件标准和硬件标准，软件标准包含基地配有的理论教学教师和实践引导教师，硬件标准包括创业教育基地的个数和基地能容纳的学生人数等。

6. 教育课程安排方面

高等学校创新创业教育的显性课程即包括大学必修课、选修课或者辅修课，这些课程能让学生获得创新创业教育的基础理论知识，另外也包含专业课程、思想道德教育、通识课程等课程，有利于提高大学生创新创业的能力。应该制定科学合理的创新创业教育显性课程，课程内容应涉及创新创业理论知识、创业技能要求、目前创业形势等，从传授基础的理论知识到提高学生创新创业的能力再到让学生了解到创业的价值所在，最后培养创造性思维和激发大学生创新创业的积极性。隐性课程并不是传统的课程规划中的大学课程，它培养学生借助学校文化和学习环境来产生影响，事关学生综合素质的提升和身心健康的发展。高校创新创业教育隐性课程是在课外开展的，需要学生从本校学习氛围中学到相关创新创业理论知识。创新创业教育隐性课程不同于显性课程，具有两个特征：一是形式更加多样，显性课程主要采取传统的教室教学方式，而隐性课程要借助于一些课外活动，参加这些活动能学到有关创新创业知识和提高创新创业实践能力，隐性课程的形式非常丰富，如创新实践比赛、参与社团组织、课外实践锻炼等；二是学习过程更加轻松，创新创业隐性课程把有用的创新创业知识、实践能力等放入到具体场景中，通过活动展现出来，大学生能够在轻松快乐的环境中获得知识，并能提高学生创新创业学习的积极性。

7. 教学方式方面

高等学校创新创业教育教学方法是指高校为了培养出具备较高创新创业意愿、熟知创新创业理论知识和掌握实践能力的学生，在教学中采用各种办法将教学目标转变为教学成效。本书认为创新创业教学应采用传授与启发研究相结合、理论与实践相结合，也可采用实践教学、理论传授法、案例教学法、研究型教学、启发教学法等教学方法。

8. 服务保障方面

良好的创新创业教育质量离不开完善的创新创业教育服务保障体制。完善创新创业教育服务保障体系需要做到以下三点：

第一，创建大学生创新创业引导服务中心。指导服务中心一方面可以向创业实践队伍提供经费、场所和人才等支持，另一方面搭建可以强化大学生与企业之间的联系。所以，各学校应结合本校具体情况，设立专门的创新创业引导服务机构，对创业的学生和创新项目提供一对一的帮助服务并给予及时指导，时刻关心他们的未来发展趋势，对于创业失败的学生要帮忙分析问题找出对策，鼓励他们继续努力。

第二，强调创建创新创业教育实践基地的重要性。高等院校应该为学生提供一个将想法转为实际的场所，构建完善的、设施齐全的创新创业教育实践基地。建立好创新创业教育实践平台后，要充分利用其实践功能，向全校师生宣传，扩大受益群体数量并进一步规范其管理制度。

第三，创建创新创业教育信息化服务平台。学校应充分利用好网络和图书馆强大的宣传信息的作用。可以在图书馆设置一个为同学们提供创新创业教育系列书籍的专门书架，书架上面摆放整理好的有关创新创业方面的书籍和期刊，而且实时更新有关创新创业类的文献资源，让师生享受到各方面的信息服务。此外，当前是"互联网＋"的时代，人们获取信息的重要途径也是通过网络，构建网络化的信息服务平台，让高校师生更加方便快捷地获取到更多和更加准确的最新创新创业政策、相关讲座、典型案例、实践企业等资源，充分发挥图书馆和网络的学习功能。

要想充分了解到高校创新创业教育目前开展的现状，就必须设定创新创业教育组织情况考评标准，这不仅有利于完善需要加强的方面，促进高校创新创业教育的健康发展，还能促进创新创业教育理论研究和创新创业实践的发展。借助创新创业教育评估标准，对其进行纵向比较，可以看出高校对创新创业教育的投入和重视的变化情况；对其进行横向比较，通过对比不同高等院校的开展教育情况，借鉴其好的办法，为领导制定创新创业教育政策提供有关宝贵建议，也能为全省市甚至全国制定教育有关政策提供现实依据。

（二）创新创业教育教学效果评估

开展创新创业教育是为了帮助高校学生增强创新创业意识和提高学生创新创业能力，让他们树立正确的价值观并积极主动地尝试多种行业的创新创业，增强学生的创新创业意识、提高学生创新创业能力是实现教育目的的关键所在。开展的所有教学活动是否达到教育的目的、能达到何种程度即为大学创新创业教育的教学效果。简单地说，评估教学效果即判定参加过创新创业教育的学生他们的创新创业的意识、积极性和能力是否强于未参加培训的学生。所以，大学生创新创业教育教学效果必须和创新创业教育目标相对应。

鉴于直接评估大学生创新创业意识和创新创业能力比较困难，为了更加科学合理地评估大学生的创新创业意识和创新创业能力，本书提出创新创业意愿和创新创业自我效能感两个概念。创新创业意愿指的是学生是否有创新创业的想法和主观态度，反映了大学生对创新创业的积极性的高低。与目前的高等教育系统中的专业教育不同，高等学校创新创业教育是帮助学生树立正确的价值观、增强他们创新创业的积极性并让他们有信心参与实践创业活动，是培养大学生创新性、独立自主创业意识的教育。高等学校创新创业教育在讲授创新创业理论知识的基础上，还要丰富教学形式和更新教学方法，开阔学生的思维，增强大学生创新创业意愿，培养大学生的创新性思维和主动性意识。对每个学生来说，培养他们创新创业独立主动的意识是为了使他们形成独立、创新的思维，帮助大学生明确自己的主体角色，激励他们充分发挥个人主动性和潜力去提升自己的价值，获得显著的进步和发展。

创新创业自我效能感是基于美国心理学家班杜拉在 1977 年提到的自我效能感而产生的。班杜拉认为自我效能感是个人对自己是否可以完成这件事情的估计和判断，对于很多领域都同样适用，不同领域的含义各不相同。创新创业自我效能感是它在创新创业领域的运用，它的具体含义是个人对自我是否可以实现创新创业目标的判断，反映了个人对自我创新创业能力的肯定程度。可以设计问卷，测量个人创新创业意愿，反映个人对自我创新创业能力肯定程度的创新创业自我效能感，反映大学生的创新创业积极性和创新创业能力，从而可以看出创新创业教育教学的成效。并对参加过创新创业教育有关课程学生的测量结果进行性别、年龄等基本变量的差异分析，探究不同年级、年龄、家庭环境和背景、专业、性别等大学生在创新创业教育课程中的学习状况，根据这些数据分析，针对不同学生制定不同的创新创业教育形式，提高创新创业教学质量。

三、制度环境保障

尽管教育环境对教育的影响是潜在的、间接的，但它对教学效果产生的影响是不可小觑的，是高校创新创业教育协同机制保障体系中必不可少的一部分。日本学者细谷俊夫在 20 世纪 30 年代著述的《教育环境学》中具体阐述了自然环境、社会环境和精神环境对教育产生的影响。创新创业教育环境是指营造良好的学校创新创业氛围和支持创新创业教育发展的制度环境，是全校师生身处校园中可以感受到的有关创新创业的意识形态和价值规范。教育环境包含学校基础设施，例如教学楼、图书馆、食堂、宿舍楼等；学校环境构造，例如：绿化设计、建筑风格、校园规划等；学校规章制度，例如：管理制度、发展规划等；精神文化，例如：校史、校训、学习风气等。高校创新创业教育制度环境保障体系是指创造一个有利于开展创新创业教育环境的一套保障体系。

（一）高校创新创业教育环境的作用分析

简单地说，营造良好的高校创新创业教育环境的作用是推动高校创新创业教育顺利开展，保证全校师生在校园中感受到利于其创新创业能力提升的教育意识形态，提高创新创业教育管理效率和教学质量，提升大学生参加创新创业教育的学习成效。本书认为教育环境的三个作用对高校创新创业教育环境中的全校师生产生着巨大影响。

1. 教育环境的价值引导作用

新一代的大学生更倾向于关注具有新时代特点的新颖观念和事物，不同于其他年龄阶段群体，能更快接受新颖观点和事物；针对有此特点的大学生群体，应充分发挥教育环境的价值引导作用，在学生身处的环境宣传创新创业的价值观念和意识形态，有利于培养其创新创业意识和精神，有助于提升大学生对创新创业的积极性，从而间接影响创新创业教育教学的成效。教师们重视自身的发展，并能认真遵守学校管理制度和贯彻学校有关政策，能帮助营造一个支持创新创业教育的制度环境，对开展创新创业教育教学活动产生积极影响。另外，将创新创业有关要素融入学校学习氛围中，也可以增强教师创新创业教学工作的责任感，为教师开展创新创业教学活动形成价值引导。

2. 教育环境的目标引导作用

教育环境的影响一般是通过学校宣传、学校活动、规章制度、校风校训等方面表现出来的，这些都由高校主动组织，体现了本校的教学和培养目标，所以教育环境具有明确的目标引导性，能够对全校师生起引导功能，教师和学生更加偏向将高校发展目标和学生教育目标紧密结合，所以教育环境中高校的目标引导作用会使个人的意识形态发生变化。一旦把创新创业教育的思想观念等利用校园的目标引导功能融入高校教育环境中，将会逐步使全校师生转变目标直到与高校目标一致，进一步提高创新创业教育中学生学习和教师教学的热情。

3. 教育环境的资源集合作用

教育环境不仅具有价值引导和目标引导的作用，还可以汇聚潜在的校园共识，提升教师对创新创业教育教学与学生创新创业教育学习的成就感和认可感，在学校中形成一股强大的凝聚力，指引身处教育环境中的领导者、管理者、教师和学生全部投身到创新创业教育中，为创新创业教育的顺利开展提供重要的物质和人力资源，保证创新创业教育各个环节稳定开展。

（二）高校创新创业教育的生态学分析

鉴于高等学校创新创业教育环境不仅包括物质方面也包括精神方面，并且它能影响教师和学生，还能影响到创新创业教育的教学内容、教学形式、教学方法、教学过程和教育观念等，涉及范围广泛，相互之间关系复杂。为了防止以单视角和孤立地看待和探究高校创新创业教育环境保障体系，本书借鉴环境生态学的有关概念把高等学校创新创业教育环境看作是内外要素相互影响的生态系统，关注此系统中的物质和精神各方面，用生态学的角度来分析高等学校创新创业教育环境。

高等学校创新创业教育生态系统是由创新创业教育主体和创新创业教育生态环境两大部分组成。创新创业教育主体即为创新创业生态系统中的实施者和接受者，实施者是指高校开展创新创业教育中的负责部门、教学机构、研究部门和师资队伍，实施者的行为活动在创新创业教育生态环境中的具体载体为创新创业教育课程、活动、教学计划等；接受者是指参加创新创业教育培训的学生，他们从实施者提供的所有教学服务中选择自己所需要的不同形式的教育服务。创新创业生态环境不仅包含物质方面的环境，例如：校园环境、基础设施、建筑风格、教学设施等，还包含精神方面的环境，例如：学校文化、学术氛围、校训校风等。高校创新创业主体之间关系密切，创新创业教育中的实施者和接受者通过教学活动、教育管理制度等结合在一起，这种联系不仅包含实施者对接受者提供教育服务，还包含接受者对实施者的效果反馈。创新创业教育生态环境是通过和主体密切相关的敏感因子（美国学者里格斯第一次提出）来影响主体，该影响会导致实施者提供的教育服务的质量和数量发生相应的变化，也会造成接受者对实施者所提供的服务的效果评价的变化，创新创业教育主体可以利用实践的办法逐步健全其创新创业生态环境。

（三）高校创新创业教育环境保障体系的构建

良好的创新创业教育环境会对教师和学生的意识形态产生积极的影响，只要教师和学生身处在此环境中，该影响会不断发生作用，所以高校创新创业教育环境对创新创业教学的成效有着至关重要的作用。依据创新创业教育的特征，全方面理解创新创业教育环境的生态学概念，本书认为构建创新创业教育环境保障体系必须保障其体系的协调性。高等学校创新创业教育涉及很多方面和很多要素，是一个复杂且综合的系统。创新创业教育环境与其环境中的实施者和接受者之间存在相互影响和相互作用的关系，要保证高校创新创业教育的顺利开展，就需要保证整个教育环境的协调和稳定发展。构建高等学校创新创业教育环境保障体系，要协调好物质方面和精神方面环境建设，注重合理配置资源，保证双方共同进步。根据协调性的要求，本书提出以相关政策为方向、以环境监测为方法、以资源配置为重点、以教学研究为基础，构建双向发展的创新创业教育环境保障体系，分别从物质方面和精神方面共同推动高等学校创新创业教育环境保障体系的建立，构建创新创业物质环境是为了保证创新创业教育的顺利实施，构建创新创业精神环境可以提升创新创业教育的成效。具体措施如下：

制定创新创业教育激励政策，提出卓有成效的激励策略，对创新创业教育体系中的管理人员、教师等人出台相应的鼓励政策。例如，从职称评定、职位晋升、绩效奖金等方面提高其积极性，构建对创新创业教育体系中的管理人员、教师等人的鼓励政策可以从考评其对创新创业教育物质方面和精神方面环境的功劳入手；对创新创业教育体系中的学生通过记录学分、奖学金、荣誉奖励等方式调动学生的热情。通过鼓励创新创业教育生态系统中的实施者和接受者，加大和增强对创新创业教育服务的供给数量与质量以达到接受双方的需求，坚持供需平衡的原则，创新创业教育生态环境供需双方共同努力使其向更好的方向发展。

加大对创新创业教育环境监管和检测，实时了解教育环境现状。创新创业教育并不是一项短期工作，而是一项贯穿整个培养过程的任务。针对此项工作高校必须构建物质方面和精神方面环境的监管和检测制度，组建一支专业的教育环境监测团队，利用实地访问、问卷调查、个别访谈等方式，多方面地了解物质和精神环境的现状，实时告知创新创业教育管理部门和研究部门，并针对不同的情况提出相应的解决办法，保证该教育环境能长期有效地促进教学活动的实施。创新创业教育环境的监管和监测工作不仅要包括物质方面环境还要包括精神方面环境，物质方面的测评主要通过实地访问和调查的办法，精神方面环境的测评主要通过分析问卷调查数据和个别访谈的办法。

合理配置创新创业教育资源，合理设计环境建设投入，创新创业教育的资源分配要遵循合理、科学的原则，应该防止不科学、整体协调性不足的资源配置形式，要做好统筹规划，对创新创业物质方面和精神方面环境建设的投入做出合理的考评和估计，避免出现资源分配中的资源浪费和资源不足的现象，重视创新创业教育环境的稳定协调发展。对于具体的创新创业教育资源分配需要专门的管理机制，要构建配置资源的事先计划、事中调整、事后评价这三方面保障体系，事先计划主要是提前估算资源投入和具体配置情况，事中调整主要是指依据对物质和精神方面的资源投入的实际情况做出适当的调整，事后评价主要是利用相关数学统计方法剖析和评价创新创业教育物质和精神方面的投入资源和产出效果。

加强创新创业教育科研工作，事先预估教育环境风险，不同于其他的教育，创新创业教育是现代才兴起的一种教育类型，目前国内对创新创业教育的探索还不足够。强化对创新创业教育的研究，更加深入认识到创新创业教育环境中影响创新创业教育中的实施者和接受者的因素，剖析出这些因素分别对创新创业教育实施者和接受者产生何种作用，从而可以事先了解到创新创业教育环境中会对教学成果产生不利影响的因素，然后提出具体的风险防范措施和解决对策，为营造良好的教育环境建立一个专业的智囊库。加强创新创业教育科研工作主要利用课题招标与成效考评两种办法，课题招标即为根据本校创新创业教育开展实际情况和发展方向等策划科研课题，然后向所有有关创新创业的教师公开招标，积极为教师们提供创新创业方面的科研资源；成效考评即是公平科学地考评从事创新创业教育的管理工作人员和教学教师在构建良好的创新创业教育环境中所做的贡献和科研成绩，鼓励管理人员和教师们注重构建创新创业教育体系。不管是公开招标还是成效考评都一定要协调物质和精神两个方面。

（四）高校创新创业教育环境保障体系的其他要素

为了保证创新创业教育成功实施和顺利开展，就需要构建一个能促进社会发展和学生自身进步的科学、合理的保障体系。保障体系的构建不仅能推动创新创业科研的发展，还可以为创新创业教育指明发展的方向和改进的方法，保证其可持续性发展，并充分运用到社会上，将其付诸实践，促进社会的发展。本书分别从政府、社会、企业和家庭这四个角度，以高校创新创业教育的特征为基础，来阐述他们应该如何帮助构建良好的教育环境，完善创新创业教育环境保障体系。

1. 政府对高校创新创业教育保障体系的政策支撑

政府是出台政策的部门，政府在高校创新创业教育保障体系中起着引导、扶持和鼓励的作用，高等学校创新创业教育活动的实施和学生的创新创业实践都需要政府的政策、资源、经费与社会服务部门的支持。

第一，政策法规支持。政府有关机构在出台政策法规时，要多方位地了解高校创新创业教育，不能仅从促进学生就业这一方面来理解此教育，应该满足市场经济的需要，并为大学生提供有利于其创新创业发展的环境，出台相关的鼓励支持政策。具体而言，首先需要进一步强化有关法律法规政策的制定，为创新创业教育的顺利开展提供法律支持，相关机构可以精简大学生创新创业批准手续从而提高其审批效率并出台相关的免减税收等优惠政策。安排有关机构负责创新创业培训指导、政策咨询、后续指导等服务工作。高等学校创新创业教育的成功开展离不开政府在政策法规上的大力支持。所以，健全创新创业政策法规支持体系必须要充分利用政府宏观调控的作用，为创新创业教育提供适应其发展的政策环境。具体来说，首先，制定有关创新创业教育的政策，政策应具有针对性、具体性和实践性。其次，整理已经出台的有关创新创业教育的政策并将其归为一类，公布在统一平台，确保政策的完整性和连续性。依据目前的创新创业现状，需要政府在已颁布政策的基础上进一步更新创新创业教育政策法规和具体内容，例如，健全创新创业教育开展的目标和具体措施等，推动创新创业的发展。最后，构建创新创业教育政策的监督体系。一方面，通过多媒体等媒介向人们宣传创新创业教育政策。充分发挥网络、电视、广播、报纸等媒体来公布和推广最新的创新创业教育政策，利用多种媒体可以扩大其宣传范围，另外还聘请专家学者为大家具体讲解和深入剖析创新创业教育有关政策的内涵，使相关受益者可以迅速、精准、全方位地掌握到政策内容。另一方面，高等学校、政府、企业之间要构建协调运行体系，明确政策的领导机构，领导机构主要负责各机构之间的联系工作和协调他们之间的关系，实时监督创新创业教育政策的开展现状并按时反馈信息，有利于不断健全创新创业教育政策。

第二，经费支持。剖析限制大学生创新创业的因素，可以看出启动经费和后续经费的不足是限制创新创业教育活动顺利发展的最重要的原因，经费是实施创新创业教育实践的关键因素，所以，政府要加强创新创业教育的经费投入，创建更多的创业基金，以此来帮助大学生创新创业。政府率先投入资金，为大学生提供贷款金额，加大对大学生创新创业小额贷款资金的扶持力度，扩展贷款的影响人数范围，鼓励大学生创新创业，为他们解决资金的后顾之忧。另外还要加强对高新技术产业的支持力度，要对其给予特殊的和优先的扶持。

第三，免费培训指导。政府要加强对大学生创新创业能力的培训，组织相关机构责任培训工作，提供学习场所、能力培训、政策及技术咨询等免费服务。邀请国内外成功企业家、高校经验丰富的教授、政府相关部门经验丰富的职员等担任大学生创新创业指导教师，利用教学、咨询、答疑、案例分析等方法向他们传授相关的创新创业知识和技能，旨在扩展他们的创新创业理论知识和提高他们的创新创业实践能力。

第四，建立创业教育中介组织。政府应大力支持多种模式的非营利机构，加强对大学生灌输创新创业教育的理论知识和进行实践引导，营造良好的创业环境，鼓励大学生创新创业。例如，规划专门的创新创业实践基地，由政府有关机构和相关教育科研机构组建权威的创新创业教育科研机构，大范围地展开创新创业教育研究，构建我国创新创业教育基础理论机制，在全国各高等学校开展创新创业教学活动。动员社会力量构建独立的创新创业民办教育机构或与高等院校合作实施创新创业教育。大力支持大学生教育中介组织，建设大学生创新创业实践场所和基地，使其成为大学生在创新创业过程中寻找有关企业支持、经费赞助和政策法规咨询的沟通纽带。构建纽带同时，评估大学生创业所需要的资金，帮助其申请政府小额贷款，负责大学生创业贷款担保减轻政府的代价，既能为高校的创新创业教育给予一定的帮助，分担教学压力，有效监督教育的实施状况，又能公平的考评创新创业教育的开展情况。

2. 社会的舆论支持

营造一个良好的社会环境才能保证创新创业教育的顺利开展。我国历史悠久的传统文化对培育创新创业人才起着至关重要的影响。在继承和弘扬优秀传统文化的时候，要取其精华去其糟粕，营造一个积极主动、激励人们创新创业的社会氛围。并且运用一定的舆论手段指引全体社会树立人才评估指标，强调创新创业社会风气的重要性。利用政策法规的出台鼓励大学生的创新创业积极性和保护创新成果，出台创新创业鼓励政策和人才培育政策等，全方面促进良好的创新创业风气的形成。当前只有高等学校和教育部门比较了解创新创业教育，社会人士对创新创业教育的了解还不够，此类教育尚未在全社会引起强烈反应，影响范围还很狭窄，只有高等学校的努力，明显独木难支。再加上目前创新创业教育的发展呈现出不平衡的趋势，某些地区发展较好，而某些地区还没有推行创新创业教育。所以，要向全社会推广创新创业教育，就必须要构建一个以政府为核心，高校为主体，社会各界宣传和推广的创新创业教育新局面。可以利用网络、电视、报纸等宣传媒介，充分调动大家的创新创业积极性，让创新创业成为全社会的广泛共识，让创新创业教育成为社会的义务、高校的职责、家庭和个体的自发行为，营造一个利于创新创业教育发展的环境和气氛，促进创新创业教育的实施。在社会方面，充分利用好全体社会的关键力量，收集优秀的社会资源，营造一个利于创新创业教育发展的社会环境。此项工作的顺利开展也离不开中介组织、企业的共同参与，在政府贯彻执行相关政策时帮助其完成具体事务，例如政策指导、咨询等工作。

3．企业与高校的合作及其支持政策

创新创业教育不单单指学校提供就业服务，其目标不仅只是提高大学生自主创业的积极性，提高学生创新创业的能力，企业在创新创业教育过程中也起着举足轻重的作用。高校创新创业教育包含理论知识培训和创业实践指导，实践指导是必不可少的步骤，这一步骤离不开企业的支持。企业可以为大学生创新创业教育的实施提供方法指导、实践场地、经费资助、项目等支持。假设企业不仅提供经费支持，还提供实践场地并对大学生进行项目指导，全面支持创新创业教育，这样会促进创新创业教育的开展，也有利于企业自身的长久发展，互利互赢。所以，高等学校应该和企业保持长久稳固的合作联系，企业可以安排一些经验丰富的职员担任高校的兼职教师，为开展创新创业教育提供更多的机会，大学生可以在企业里实际操作一些创新项目，学习到创新创业实践经验。另外，企业可以发挥其宣传作用，运用其社会影响力，来改变社会和家庭对大学生创新创业的不看好态度，帮助大家重新认识创新创业教育，肯定其带来的积极作用，进而为创新创业教育的实施创造良好的气氛。

4．家庭的支持

在我国，家庭对大学生成长起着重要的作用，深刻影响着他们的世界观、价值观和人生观，是大学生的经济和精神支柱。学生的创新创业活动不仅需要具备理论知识、创新思维、实践能力等，还离不开家庭的积极支持。大学生的就业观、创新创业素质、个人性格会受家庭背景的影响。父母对创新创业的态度会深刻影响到孩子的就业态度，假如家庭看好创新创业，并给予其鼓励，学生的创新创业积极性就会很高，相反学生的信心不足甚至有放弃创业的想法，遇到困难就会退缩。所以，高校要努力做好家庭沟通工作，让家庭积极配合学校的创新创业教育活动，充分利用家庭教育的功能。考虑到家长的这些观念，高校要组织有关部门安排具体教师与学生家长进行沟通，向他们解释政府相关创新创业政策和宣传创新创业的好处，使家长改变其传统保守思想、传统的就业观等，意识到大学生既是应聘者又是就业岗位的创造者，慢慢认可并积极配合学校的创新创业教育，尽力创造一个与时俱进的家庭氛围，帮助高校共同培养出大学生勇敢、不怕困难、勇于进取的性格特征，全力支持孩子做自己想做的事情，让他们自由选择未来的发展方向。此外政府和学校要多和学生家长交流联系，开展家长培训会，可以向他们传授有用的教育方式，使高校创新创业教育和家庭教育紧密结合，还可以帮助大学生和其家长办理创业小额贷款，尽力得到大学生家长的认可和支持，来促进创新创业教育的顺利实施。

　　综上所述，应该构建以政府为指导，高校为主体，社会积极参与，企业合作支持，家庭全力支持的创新创业教育保障体系，利用网络、电视、报纸等媒介广为宣传，通过社会各方力量的努力，促进创新创业教育新的发展，把我国创新创业教育提高到一个新的水平，进一步健全和完善社会主义市场经济。

第八章　高校创新创业教育的发展趋势

第一节　大学生创新创业素质培养的教育供给侧改革

经济活动的两大基本因素是供给与需求。供给主要是指资源（土地）、资本、劳动力（企业家才能）及技术等生产要素之间的相互配合；需求通常是指经济增长的"三驾马车"，包括消费、投资和出口。供给和需求互为条件，没有供给的需求和没有需求的供给将导致通货膨胀或产能过剩。二百多年前，经济学家萨伊提出供给创造需求的定律，在"凯恩斯主义"的盛行下，供给学派的观念被否定，但仍然得到螺旋式上升发展。目前，我国经济存在有供给和无需求、有需求无供给和供给的低效率三个方面的供需失衡。经济发展的主要问题出现在"供给侧"，资源配置低效率无法满足当前经济新常态发展的要求。因此，2015 年年底，中央提出要去产能、去库存、去杠杆、降成本、补短板等任务；2016 年初，在中央财经委员会会议上，习近平总书记首次提出要加强"供给侧"结构性改革，在扩大社会总需求的同时，提高"供给侧"的质量和效率。所谓"供给侧"改革是相对于"需求侧"改革而言，从供给方面入手进行的改革，通过生产要素的重新组合，推动生产力水平跨越发展。生产要素重新组合不是依靠行政因素，而是充分发挥市场的调节作用，由市场来决定供求，破除生产要素体制障碍，由企业根据市场变化来决定生产运行项目。但"供给侧"改革需要政府通过政策引导、监管约束和提供公共服务进行。政府通过财政方面的税收减免引导企业行为，如开征环境污染税，减免企业和个人所得税，将生产要素从落后、过剩的产业中剥离出来，提高生产要素供给总量；通过监管，规范市场行为，解决市场失灵现象，弱化政府对劳动力市场的监督行为，将劳动力归还给市场；政府需通过提供公共服务来解决企业无法做到的事情，为生产要素的合理配置提供公共服务保障，为企业提供决策支撑①。

一、教育供给侧改革的提出

"教育供给侧改革"的核心是扩大优质教育资源供给，优化教育资源配置，为受教育者提供更多、更好的教育选择，为其未来发展奠定最雄厚的基础，创造最丰富的可能性。

---

① 张晓华. 大学生创新创业教育路径探究 [M]. 北京：北京航空航天大学出版社，2021.

围绕当前人才培养供需之间的结构性矛盾，推动高校教育的供给侧结构性改革是主要的举措。教育供给侧结构性改革正因互联网的发展而发生深刻变化，高校也将面临前所未有的战略机遇和挑战。教育领域被以互联网为代表的信息技术跨界渗透，呈现的系统化、规模化、数字化、个性化等都是教育变革应具有的特征。随着教育供给侧结构性改革发生前所未有的结构性变化，教育的效率随之提高，教育的质量也随之提升。教育其实就是人才的供给和教育资源的供给，加强教育的供给侧结构性改革才能够满足不同的教育需求。

在新的历史条件下，"供给侧"改革需要从规模、数量上转向注重教育质量、效益和创新能力的提升。首先，优化教育结构，从专业设置入手，优化高校内部结构；从宏观上合理布局高校资源，使高校人才培养符合市场和地方经济发展需求。其次，注重内涵式发展，提高教育质量，改进教育教学方法，改革重心从传统模式转向人才培养模式，把人才培养质量作为教学的主要目标，改变对教师的单一评价制度，实现教学与科研并重，注重培养学生的动手实践能力和创新能力。再次，注重对高校办学效益的评价，建立相应的评价体系，把有限的资源运用到效益较高的学校，引入市场资源，扩大办学资源的渠道，提高资源的利用效益。最后，走创新发展的道路。习近平总书记提出坚定不移贯彻创新、协调、绿色、开放、共享的新发展理念，其中，创新处于首要地位，创新是"供给侧"改革的必由之路。高校作为创新的主要阵地，应主动承担创新使命，加强机制体制创新，建立创新创业文化，引导大学生树立创新思维，实现高校整体变革。

二、"高等教育供给侧改革"核心与内涵

从经济学的角度来看"供给侧经济性改革"就是指从供给、生产端入手，通过解放生产力，提升竞争力，促进经济发展。其核心在于提高全要素生产率，政策手段包括简政放权、放管结合、优化服务、金融改革、国企改革、提高创新能力等。其核心方法是提高生产函数中的全要素生产率，具体手段包括制度改革、调整资源配置结构及提高劳动者素质等。经济改革必然引领高等教育的改革，教育部原部长袁贵仁也指出"未来中国的发展，离不开高等教育提供的人才和智力支撑，离不开根植于高等教育的知识创新和技术应用"。高等教育的改革应从高等教育供给的一侧进行结构性改革，"高等教育供给侧改革"一词随中国经济的供给侧结构性改革应运而生，"高等教育供给侧改革"在"十三五"时期，甚至更长的时间将处在一个突出位置上，将对中国经济未来的行稳致远、劳动力素质的提高发挥重要作用。因此，有必要了解"高等教育供给侧改革"的核心和内涵，做到有的放矢，卓有成效。"十四五"时期建设高质量教育体系，要以深化供给侧结构性改革为主线。以服务国家发展为导向，重点提升人才供给水平，构建高校科技创新体系，全面提升高校原始创新能力，推动产学研用深度融合，实施乡村教育振兴计划，优化教育对外开放全球布局，深化中外人文交流，深入参与全球教育治理。

三、创新型人才培养的供给侧结构性改革

2015 年 5 月 13 日，国务院办公厅发布《关于深化高等学校创新创业教育改革的实施意见》（以下简称《意见》），《意见》指出，深化高等学校创新创业教育改革是国家实施创新驱动发展战略、促进经济提质增效升级的迫切需要，是推进高等教育综合改革、促进高校毕业生更高质量创业就业的更高举措。人才作为高等教育供给侧中的重要因素在新时期应具备更高的创新水平，对实现"供给侧"改革与创新创业的对接要做到以下几点。

第一，根据经济社会发展需要，对某些学科专业数量进行控制，根据需要增设新专业，发展交叉学科，坚持学科专业有侧重性发展。设立有特色、有内涵的专业学科。对学校现有的学科专业布好局，做好顶层设计，集中建设与学校办学定位和办学特色相匹配的学科专业群，重点建设一批优势、特色、品牌专业，将学科优势与专业建设紧密结合，使二者互相支撑，推动高等教育内涵式发展。世界上一流大学中没有哪一所大学能够覆盖所有的学科专业，要避免所谓的"综合性""全科式"发展，避免高校学科专业上的盲目布点、重复设置、"多而散"的功利行为，建立学科专业设置的预警机制，把就业状况反馈到人才培养环节中来，科学合理设置学科专业，通过教育教学改革，确定专业教学的内容和人才培养的方式。

第二，坚持学生为教育主体，围绕学生特点创新教学模式。结合传统的知识结构与现代化信息技术教育方式，不断调整课堂教学方法，采用互动交流式与课堂辩论式等方法培养学生的批判性思维与创新性思维。充分利用现代信息技术，广泛借鉴国内外高校创新创业教育模式，如美国百森商学院的"强化意识"模式、斯坦福大学的"系统思考"模式与哈佛大学的"注重经验"模式。借探索供给侧结构性改革的东风提升自身创新实力，将我国在创业创新教育的体系方面已有的经验做法推广出去，同时，在借鉴国外的教育模式的基础上结合自身情况形成提升创新能力的特色化道路。改变考核机制，完成从注重提高学生考试分数到提高学生解决问题能力的思想转变，着重考察和考核学生发现问题、提出问题、分析问题和解决问题的能力。

第三，促进教学与科研同步发展。深入思考和把握研究型大学的建设逻辑，深刻领会研究型大学在创造知识的过程中培养创造性人才的辩证关系，有效控制"科研漂移"现象；开展教育思想大讨论，进一步巩固本科教学的基础地位和人才培养的中心地位，努力营造教学文化氛围；加大投入，不断改善教学条件，进一步加强课程群与教学组织建设，着力增强学生的实践能力。李克强总理在《政府工作报告》中提出，要培育"工匠精神"。"工匠精神"也是增强学生创新实践能力不可或缺的重要品质，通过教育和引导，使学生养成精益求精、追求卓越的行为自觉。注重增强学生实践能力，践行知行合一，提高解决实际问题的能力。

高校要多为学生提供动手机会，与企业、科研院所和政府部门等密切合作，形成社会协同育人的格局。第一，改变高校的课程体系与人才培养策略，将专业教育与创新创业教育结合起来进行教学。高校的课程教育不能只局限于基础理论知识的传授，更要将培养学生创新意识放在重要的位置上。课程体系设置要在夯实专业知识的基础上，将理论与实践相结合，注重创新意识与能力的培养。第二，充分利用社会公共平台，激活高校创新创业动力。在各大高校内部设置创业基地、大学生创业实践园等创业交流平台，开设创业辅导课程，营造大学生创新创业的学习实践氛围。第三，积极开展高校间创新创业交流合作。2015 年 6 月 11 日，清华大学发起并联合 137 所高校和 50 余家企事业单位及社会团体组成中国高校创新创业联盟，旨在整合社会资源，激发高校创新创业动力，让企业与高校实现对接，完善企业为主体的产业技术创新机制，同时带动高校综合创新能力的提升。

第二节 "互联网＋"形势下的创新创业素质教育

近年来，大学生整体数量呈明显上涨的趋势，在高校毕业生就业辅导教育体系中开设专门的创业教育课程，教授学生关于创业相关的技能，使学生在毕业后能够自主就业，成了解决社会人才供需矛盾的不二之选。同时，近年来互联网发展十分迅猛，网上购物、订餐、共享单车等一系列服务行业逐渐盛行并发展起来。以淘宝、微商等为代表的电子商务创业平台，凭借自身低门槛、易宣传、范围广等特点受到了许多创业者的青睐，为广大的创业者提供了一个很好的创业平台。如今，随着网络经济的迅速发展，网络创业由于其对社会经验及资金需求低等特点，已逐渐成为大学生在就业选择当中一条较为重要的途径，且现已成为大学生创业的首选。高校创业教育要想取得良好的效果，就必须紧跟社会时代发展的脚步，将互联网创业引入教学中来，利用"互联网＋"的优势作用，使高校创业教育取得创新式发展，为学生谋得更好的发展方向，使其有更好的就业前景。

所谓的"互联网＋"即为两化融合的升级版，将互联网作为当前信息化发展的核心特征提取出来，并与工业、商业、金融业等服务业全面融合。其中的关键就是创新，只有创新才能让"互联网＋"有价值、有意义。正因如此，"互联网＋"被认为是创新 2.0 下的互联网发展新形态、新业态，是知识社会创新 2.0 推动下的经济社会发展新形态演进。通俗地说，"互联网＋"就是互联网加各个传统行业，但这并不是简单的两者相加，而是利用信息通信技术以及互联网平台，让互联网与传统行业进行深度融合，创造新的发展生态。

如今我们正处于"互联网＋"的时代，在"互联网＋"创新创业的时代大潮中，如何对高校学生进行创新创业培养，如何让学生获得更多的实践能力，已成为高校教育改革发展的重心，各高校更应该关注"互联网＋"对高校创新创业教育所产生的影响，才能更好地改革高校的创新创业教育，培养出优秀的人才。

一、"互联网＋"形式对创新创业教育的影响

（一）使高校对"互联网＋"时代下的创新创业教育更重视

2017 年应届大学毕业生高达 795 万，各高校就业创业任务将会更加艰巨。教育部明确指出"高校毕业生就业创业工作是教育领域重要的民生工程，要求强化就业创业服务体系建设，提升大学生就业创业比例"。大学生自身接受新事物快，利用互联网创业资金门槛低，自由时间支配度高，不受时间地点限制，运用电商等专业知识，利用互联网进行创业具有绝对优势。"互联网＋"创新创业的诸多案例如雨后春笋般不断出现，这些成功更应引起高校的重视。

我国融合"互联网＋"之后的创新创业教育正处于起步阶段，目前，部分高校受国家政策、市场经济的发展影响，已经开始转变其教育办学理念，更加注重创新创业教育，认为创新创业教育应从教学计划、教学方案、人才培养、教学评估等方面进行改革，从而为学生的创业提供更好的知识技能基础。

（二）使创新创业教育与"互联网＋"更加融合

在创新创业教育过程中，"创新创业精神＋专业技能理论＋实践经验"缺一不可。目前，"互联网＋"对国家经济及教育的影响巨大。首先，部分高校已开始打造电商校园创业大赛，使学生可以置身创业的实战场景，从而提升创新意识，激发创业动力，为创业成功奠定基础；其次，部分高校还成立了电商创业协会，将创新创业教育与学生社团活动结合；最后，有的学校还实行校企联合办学，共同促进"互联网＋"时代下的创新创业教育发展。

（三）对教师师资队伍提出了更高要求

在"互联网＋"的时代背景下，对当代大学生的创新创业教育的要求会越来越高。那么，对于教师队伍的要求也会相应提高，教师不仅要跟上时代潮流，多接受新鲜事物，还应提高自身的素养、专业知识和创新创业意识等。这也就要求教师要和学生一起学习新知识，共同推动"互联网＋"形势下的创新创业教育发展。

二、"互联网＋"创新创业教育的价值特征

"互联网＋"无形中逐渐渗透到了我们的生活中，在我们的生活中每时每刻都可以看到它的身影。它不仅影响和改变了我们的生活与生产方式，而且还产生了大量新的市场需求。这些不仅为我们的创新创业活动提供了巨大的动力，也引发了新一轮的创业高潮，对创新创业教育而言，它为创新创业教育的改革提供了很大空间。在"互联网＋"时代，创新创业教育的价值特征可解释为："互联网＋"创新创业教育的价值目标应该顺应"坚定不移贯彻创新、协调、绿色、开放、共享"的新发展理念，让大学生们在课堂知识基础上

实现全面自由的发展，成为具有创新精神和竞争能力的创业者。

（一）夯实专业能力是"互联网＋"创新创业教育的基础

专业能力是劳动者从事所在职业或岗位工作所必需的能力，是个体赖以生存的核心本领。在"互联网＋"时代的创新创业教育中，要更加注重对学生的智能软硬件、互联网应用、大数据处理等技术手段和工具的培养与实践，增加学生的专业知识，使其能满足学生自身未来的职业发展和社会的需要。同时，这还能提高学生应对专业上的困难的能力，缓解自身的部分社会压力，使学生能够真正有效地激发自己或团队的发展潜力以及提高运用个人或集体智慧破解各种发展"瓶颈"的能力。也就是说，要让学生在创新创业教育中真正夯实专业能力，并将专业能力运用到专业实践、资源获取、跨界融合、创业行动中去，从而在实践中得到更好的锻炼。

（二）具有工匠精神是"互联网＋"创新创业教育的核心

为适应经济新常态下我国经济社会发展与产业转型升级带来的新人才观，"工匠精神"被重新提出。"工匠精神"指的是工人对生产、制造、加工的产品精雕细琢、精益求精，追求更完美的工作理念。工匠精神以"打造本行业最优质的、其他同行无法匹敌的卓越产品"为目标。当前，在"互联网＋"时代，无论是德国版的"工业4.0"还是中国版的"中国制造2025"，都趋向智能化制造、服务型制造、柔性化生产、个性化定制、参与式创新等，深刻反映了这个时代的特征，激发出整个社会的创新、创业激情，促进了传统的生产方式向互联网生产方式的转型。因此，"工匠精神"在更大程度上代表着新的生产理念、创新创业理念、社会共识与社会心理表达。因此，在"互联网＋"创新创业教育中，必须注重让学生动手参与创新、创造，树立起对职业敬畏，对工作执着，对产品负责的态度，只有将一丝不苟、精益求精的"工匠精神"融入每一个环节，才能做出打动人心的产品，使"工匠精神"真正刻在学生的心上。

（三）增强开放协同是"互联网＋"创新创业教育的关键

"互联网＋"及其所推动的产业变革，将会为未来经济带来新的增长点，而且会直接或间接地推动就业、创业、创新方式的变革。这是因为：一方面，"互联网＋"其实就是"创新2.0时代"，以其用户创新、大众创新、开放创新、协同创新等特点促使经济发展模式朝着开放经济、共享经济、创新经济加速迈进，推动新业态、新模式、新技能不断涌现；另一方面，"互联网＋"时代我国教育的改革发展方向必然会呈现这样一种价值取向，即通过"互联网＋"驱动人才培养，使信息技术利用的"工具"成为教育与社会联通的"道路"，而且"开放化"与"协同化"也将成为教育发展的显著外部特征。这也意味着，"互联网＋"时代的创新创业将是一种全新的开放式创新创业模式，增强开放协同意识和能力也就成为关键。为此，各类学校应主动适应科技创新、社会发展和产业升级的需要，更加注重开放协同，更加注重培养学生的能力，使其能够将不同人群、不同机构、不同资源整合到自己的创新创业过程中，从而形成协同效应。

（四）促进全面发展是"互联网＋"创新创业教育的目标

各类院校的新使命是为社会培养创新创业者，虽然学术界和实务界对创新创业教育目的有不同的认识，但是培养具有社会责任感、创业精神、实践能力的社会公民是创新创业教育的基本功能。"互联网＋"时代创新创业教育的终极目标应为促进"全人发展"，充分激发潜能、培养完整个体。一方面，"互联网＋"对创新创业教育所产生的影响，不仅是教育理念革新、教育形式重构、教育内容和学习方法的变革，更主要的是对具有"跨界、融合、开放、共享"思维的未来劳动者提出了明确要求，要求学生应具有包括良好的协作沟通、诚实守信、批判思维、竞争意识、风险承担、职业规划以及专业技能等在内的综合素质和能力；另一方面，"互联网＋"为学习者提供了更大的个人发展舞台，也提供了自我实现的综合杠杆。因此，以"全人发展"作为"互联网＋"时代创新创业教育的根本目标，既符合学生自身发展的需要，又体现了"互联网＋"时代对人才的诉求，还顺应了未来社会发展的要求，直接凸显了创新创业教育的内在价值，与"互联网＋"所蕴含的逻辑内涵具有内在的一致性。

三、"互联网＋"时代下大学生创新创业教育新模式

（一）"立体式"的创新创业教育新模式

从我国创新教育工作的开展情况来看，"立体式"的创新创业教育新模式的主体主要指的是以下三个方面：一是年级；二是学生；三是高校。"立体式"的创新创业教育新模式需要从以下几个方面入手：一是从不同阶段的学生具有的专业特点、成长特点等入手；二是从不同层次学生具有专业特点、成长特点等入手，以因材施教为目的，促进教育效果不断提高。

首先，根据年级特点来开设不同课程。一般同一个年级的学生具有的特点基本相似，思维模式、思想等也大部分相同。因此，在初级阶段设置一些非常基础的课程，如"职业生涯规划""创业基础"等，并有效开展各种课外创业活动，如"小发明""创意比赛"等，有利于增强低年级学生的自信心和热情。在中等年级设置一些激发学生能力的课程，为他们提供创新创业方面的指导，并让他们了解公共关系、社交活动等，如营销类的课程、管理类的课程等，对于增强学生的创新思维能力、创新素质等有极大作用。在高年级开设一些实习、观摩的课程，如创业实习、就业指导等，可以大大提高他们的实践积极性，并在教师的辅助作用下增强自身的创业能力，对于全面提升他们的创新创业能力有着重要影响。

其次，根据学生的特点来实施个性化教育。不同的学生有自己的个性特点，因此，在"互联网＋"时代下实施创新创业教育，可以利用学生的个性特点来增强他们的创新意识，

并提升创业素质，从而在挖掘学生兴趣、爱好等的基础上，促进学生实践能力进一步提高。

最后，根据高校特点来开设课程。我国当前的高校主要分为以下几种：一是研究型；二是综合型；三是应用型。同时，有重点高校和普通高校、理科类型与文科类型两个类型的区分。因此，根据高校的特点来进行课程开设的考虑，选择最合适的教育方法，采用不同的创新创业教育模式，培养各方面能力较强的优秀人才。

（二）"三位一体式"的创新创业教育新模式

目前，"互联网＋"时代下的创新创业教育新模式，对"三位一体式"比较看重，其主要由以下三个部分组成：一是理论基础；二是模拟实践；三是实践练习。采用这种新模式，不仅能让学生掌握扎实的基础知识，还能通过模拟公司开办流程、上班流程等方式，激发学生的创新创业热情，从而在学生参与各种社会实践和加强校企合作的基础上，真正为高校学生未来良好发展提供大力支持。

实施以创新创业教育观引领的"三位一体"（创新思维培养，创业精神塑造，创业能力提升）的创新创业教育模式，培育"三师引领"（专业导师，创业导师，企业导师）的师资队伍，构建"三教融合"（通识教育，专创融合教育，创新创业教育）的课程体系，打造"三级递进"（校赛，省赛，国赛）的赛培体系，"三环相扣"的双创服务。"五三式"创新创业教育体系即创新思维培养，创业精神塑造，创业能力提升"三位一体"的教育理念；构建通识教育，专创融合教育，创新创业教育"三教融合"的课程体系；搭建校、省、国家"三级递进"的赛训平台；组建专业导师，创业导师，企业导师"三师引领"的师资队伍；强化信息发布、过程指导、成果转化"三环相扣"的双创服务。

（三）"网络式"的创新创业教育新模式

在网络非常普遍的现代社会中，创新创业教育者已经对"网络式"的新模式有了新的认识，在一定程度上可以缓解学生因资金不足带来的创新创业压力。目前，"网络式"的创新创业教育新模式主要包括以下几种：一是网络购物；二是"威客"类型；三是网络写手类型；四是网络推手类型，等等。以网络购物类型为例，根据相关调查和研究发现，网络购物类型的创新创业教育新模式主要包括以下几种：一是自营网店；二是淘宝客服；三是网络模特；四是网购砍价人员；五是淘宝设计师；六是淘客。在不同学生根据自己的实际情况、爱好、兴趣等选择创新创业项目的情况下，他们可以大胆的实践，并且不需要考虑高成本带来的压力和负债等，如某些学生具有 Photoshop、Javascript、PHP 和 DW 等方面的专业知识，并有较强的想象能力、创新意识等，则可以应聘到淘宝做设计师，不但能发挥学生的专长，还能促进学生社会实践能力的进一步提高。

（四）"在线课堂"的创新创业教育新模式

在"在线课堂"的教育模式下，上万人可以同时进行学习，并以学生自身的兴趣为主要教学内容，通过网络平台的方式听课，因在线课堂大部分都是在网上进行的，不会受时间、地点和空间等的限制，只要有网络就可以学习。同时，还可以回顾以前没听过的内容，十分快捷。

"互联网＋"的实施，无疑将为我国传统产业的转型升级注入根本性的变革力量，促进产业的数字化、网络化、智能化，这正是我国实施"中国制造 2025"战略的核心所在。在我国深入推进经济结构转型、全力构建创新型国家的关键阶段，各高校只有坚定不移地贯彻党和政府对新时期大学生创新创业教育工作的要求，才能为中华民族伟大复兴的稳步推进输送更多的优秀人才。

第三节　基于生态系统角度的创新创业教育研究

在发展心理学中，布朗芬布伦纳提出了生态系统理论，即个体发展模型。他从社会价值角度思考，生态系统理论其实是一种共生共存的组织系统，该理论将影响人类行为的环境分为四个层级，从内到外分别为微观系统、中观系统、外观系统和宏观系统。

微观系统直接影响个人的发展，是包容个人的中间组织，中观影响微观系统间的互动关系；外观系统是微观系统的一种延伸，间接地影响个人；宏观系统是一种较大的环境系统，如经济、社会、教育、法律及政治系统等。生态系统理论强调多重环境对人类行为及其发展的影响，试图通过改善人与环境之间的相互作用，使人的需要与其所处的微观、中观、外观与宏观环境之间更好地协调互动。

在剖析国家、区域和企业三个层面的生态模型的基础上，实行一种新的创新创业教育模式，实践证明，这种模式对创新创业型人才的培养有良好的效果。

一、创业生态系统理论

（一）国家层面的创业生态系统

早在 20 世纪 90 年代，产业、政府和大学三者在知识经济时代就存在新的关系。产业作为进行生产的场所，承担最终产品问世的重任；政府作为契约关系的来源，应确保稳定的相互作用与交换；大学则作为新知识、新技能的来源，是知识经济的生产力要素。大学、产业和政府在保留自身原有作用和独特身份的同时，每一个又表现出另两个的一些能力。三者交叉结合，角色互换多样，多边沟通灵活，由此形成持续的创新流。

创新创业教育不仅仅是知识的转移，国家层面的创新创业生态系统必须重视技能和态度的重要性。在任何领域，成功的关键都是专注于在一次次失败中获得的经验和教训，而政府的作用就在于鼓励和帮助不敢面对创业失败的大学生寻找经验和教训，保护知识产权，从而在"政府—产业—大学"的合作中发挥重要作用。

（二）区域层面的创业生态系统

当前欧盟各国创新创业教育主要有三种不同的发展路径：

第一，国家制定专门的创业教育发展战略，从政策层面支持创业教育发展。

第二，政府不制定专门的创业教育战略，通过将创业教育理念、内容、目的、手段等嵌入某一国家战略之中，如教育改革与发展战略、终身学习体系构建战略、经济发展战略等，体现了更加注重创业教育与社会经济发展战略的融合。

第三，既不设定专门的创业教育战略，也不将创业教育融入其他发展战略，而是由政府相关的职能部门通过单独或合作的方式推动具体创业教育项目、计划的实施更加充分地调动全社会积极性，从微观层面自下而上地形成关注创业、参与创业的社会氛围，推动创业教育的发展。

2013年，欧盟通过《2020创业行动计划》，提出了系统的创业教育行动战略，强调终身创业能力的培育，从欧盟与成员国层面制定基础教育与高等教育两阶段的创业教育规划，提出为不同人群制定创业教育服务，为欧盟成员国创业教育体系建设指明了方向。我国的创新创业教育始于1999年1月，教育部出台《面向21世纪教育振兴行动计划》，其指出要加强对教师和学生的创业教育，鼓励自主创办高新技术企业。1998年，清华大学举办了"首届创业计划大赛"，开创了高校创新创业教育的先河。1999年，教育部在"面向21世纪教育振兴行动计划"中明确指出要"加强对教师和学生的创业教育，鼓励他们自主创办高新技术企业"。2002年，清华大学、中国人民大学等9所院校被确定为实施创新创业教育的试点院校，教育部提出给予政策及经费支持，标志着我国高校创业教育的正式启动。此后，从创新创业课程体系建设、师资队伍建设、实践基地建设等内容对省级教育行政机构、部属高校和国家级大学科技园区提出纲领性的创新创业教育建设意见。2010年，教育部颁布《关于大力推进高等学校创新创业教育和大学生自主创业工作的意见》，成为我国教育行政部门指导下高校创新创业教育进入全面推进阶段的标志。2014年12月10日，教育部下发《关于做好2015年全国普通高等学校毕业生就业创业工作的通知》，要求全面推进创新创业教育和自主创业工作。创新创业教育在高校得到了不同程度的实施，逐步形成了具有特色的创业教育模式。

二、协同视角下创新创业教育生态系统的构建

（一）搭建创新创业教育的协同培养平台

创新人才全面协同培养平台的构建既涉及高校内部协同，也涉及强调政校企联动的高校外部协同。

1. 搭建校内教育平台

包括创新创业教育课程平台、校内创业实践活动平台、校内预创业平台、师资建设平

台、跨学科协同育人等，通过理工结合、文理交融，实施"双学位、双专业、主辅修"制，夯实基础，拓宽口径，全方位、多渠道创建良好的协同育人环境，不断提高学生的社会适应能力。

2. 开展院校协同培养

通过与教育技术学科有影响的国内外高校进行校际合作，搭建院校创新创业协同培养平台，通过学生交换、师资建设、科研合作及教材开发等方式充分实现学术资源共享，实现联合办学模式。

3. 引企入校协同育人

利用企业和高校双方各自的优势，以"融汇资源，搭建平台，策划指导，扶助成长"为指导方针，致力于汇聚社会、行业、企业、学校的各方资源，通过企业对创业团队和创业项目的扶持和指导，开展预就业模式的点面协同育人，实现学生创业项目与市场的真实对接。

4. 校政合作协同育人

"卓越计划"的实施对"校政合作"的广度和深度提出了更高要求。按照"卓越计划"模式的要求，在既定的体制框架内，"校政合作"要在目标机制、动力机制、运行机制、评价机制四个方面进行机制创新，从而发挥政府的指导作用。

5. 强化科教协同育人

提高学生创新研究能力。开展科教资源平台共建共享协同育人，实施以研究型、探究式为主的培养模式，鼓励大师、学术水平高的教师参与本科教学和本科生创新能力培养。

6. 扩大国际交流协作

拓展学生的专业学术视野。通过专家讲学、师资进修、学习交换、双语授课等多元渠道汲取国外高校的先进经验，提高专业办学水平和质量。

（二）构建"八个四结合"的创新创业协同育人生态系统

为实现各个平台的深度合作和有效联动，系统制定卓越创新型人才培养方案和培养模式，在良好的创业环境和文化氛围下，拟构建"八个四结合"的协同育人生态系统。

"创新精神、创业文化、创业链条、知识创业"四结合，建设先进创业理念，创业教育理念关系到创业教育的发展方向。现阶段创业教育的核心是创业精神培养，包括创业需求、风险承担、抗挫折能力等心理素质的培养。创业教育要培养激情勃发的创业者，首先要培养创新精神。创业教育是个系统工程，传统的创业教育处于相互割裂的、狭隘的封闭状态，迫切需要形成相互沟通、良性循环的创业链。知识在经济社会发展中发挥至关重要的作用，需要将知识创业作为创业的重要因素。

"思维创新、技术创新、自主创业、岗位创业"四结合，明确创业教育原则，创业教育的广泛性与持续性决定了创业教育需要坚持思维创新、技术创新、自主创新和岗位创业结合的原则，创新思维是开展创业活动的先导，创业教育的根本要素归结于培养创新主体的创新思维能力；创业需要技术的支持，创新创业教育的核心价值在于引领创新技术增加社会价值，将知识转化为生产力；高校创新创业教育迫于就业压力普遍强调自主创业，培养新企业的创办者，但从长远发展规划来看，高校创新创业教育应该重视"岗位内创业者"，在现行公司体制内发挥创业精神和技能，促成新事物产生，从培养自主创新者为主向到培养岗位创业为主转化，以更好满足岗位职业要求。因此，"四结合"的创新创业教育原则兼顾思维创新和技术创新、自主创业和岗位创新。

三、将生态学的分析视角引入创新创业领域的可行性分析

从创业的生态学研究视角来说，创业活动的发展就像一个刚出生的婴儿，经历孕育、出生、成长和成熟等各个阶段，因此，创业活动就和人生一样，在每个阶段都需要其特定的成长环境和资源，创业活动自始至终都与外部要素存在相互依存的关系。同时，创业活动的发展过程遵循优胜劣汰的竞争原则，创业活动的广泛推进也依托于具体的创业环境。因此，创业生态系统是由创业企业及周围的环境组成的一个动态平衡系统，两者之间相互影响、共同发展。

（一）创新创业活动是有生命力的组织活动

基于生态学原理理解创业活动的起点，创业活动的发展过程好似一个从孕育到诞生，并且逐渐成长、成熟的生命体。创业始于对创业机会的识别。在机遇与挑战并存的市场经济环境中，各种信息、各类资源纷扰交错，创业者在创业活动的孕育期必须从复杂的环境中寻找到对自身创业活动有价值的资源和信息。创业者在创业活动的种子期需要确定创业方向和目标市场，寻找合作伙伴，将更多相关资源引入创业项目中，建立企业作为创业基地。创业者在创业活动的发展期必须根据创业方向为企业设定一个总体战略目标和经营模式。当企业经营活动步入正轨后，随着经营规模的扩大，企业逐步进入成熟期，其主打产品已占有相当一部分市场份额，并且为企业创造了可观的经济效益，使企业资金逐渐充裕并稳步运作。从孕育到企业发展成熟，在整个创业过程中企业必须不断汲取资源，同时，与外部支持要素保持密切的交流，与之相互依存。

（二）创新创业活动具备自我调控调节机制

在整个系统中，一个创业群落的发展会影响另一个创业群落的发展，影响并改变创业环境，一旦创业环境改变，系统中不适应现有环境的生态系统就又会进行自我调节，整个生态系统都在不停地重复这个过程，这种调控特性促使整个创业生态系统稳定在一个动态平衡的状态。创业群落与创业环境经过长久以来的适应共存，逐渐形成了一套相互协调控制的机制，主要表现在以下两个方面：一是对创业群落结构间的调控；二是对创业群落与周围创业环境之间的相互调控。创业环境能影响创业群落的成长，创业群落也能改善创业

环境。这些调控机制使群落与群落间、群落与环境间达到协调的动态平衡。

（三）创新创业活动拥有开放系统系列特质

创业系统与生态系统一样也是一个开放的系统，从创业组织到创业生态系统、创业群落和周围环境都是开放的，从外界输入各种资源，经过创业群落的加工转化，形成最终产品输出给消费群体，从而维持整个系统有序循环的状态。例如，一个功能完备的创业园区系统，也无法脱离整个社会市场系统单独存在，需从周围创业环境中获取各类创业资源，经过创业园区内部的复杂转化过程，最终形成创业成果输送到外部市场。

（四）创新创业活动的开展依托于周围环境

生态环境是以整个生物界为中心，围绕生物界并构成生物生存的必要条件的外部空间，包括大气、水、土壤、阳光及其他无生命物质等，生态环境直接影响生物的生存和发展，进而影响整个生态系统的平衡和稳定。生物的生存和发展有赖于在生态环境中的生物群落，不利的生态环境会阻碍生物生长，甚至会导致其灭亡。从这点来看，创业环境无疑是创业活动生存和可持续发展的必备要素。创业环境就是企业的生存环境和活动空间，它决定企业的生存状况、运行方式及发展方向，不同的创业环境会衍生出不同的创业活动主体，目前许多国家都非常重视创业环境的建设。此外，虽然创业环境对企业的生存和发展起到一定的作用，但并不意味着创业主体只能被动地适应环境，如同生态系统中所存在的生物与生态环境之间的交互作用一样，创业主体可以通过创业环境汲取有价值的资源，并在创业环境中成长、成熟，在这一过程中也通过创业活动改变创业环境，这就形成了创业活动与创业环境之间相互依存的紧密联系。

（五）基于生态系统理论的大学生创新创业影响因素分析

生态系统理论整合了影响教育的各项因素，提出了各要素之间的相互影响关系，是创新创业教育研究分析的全新思考。从生态系统理论的角度来看，课程是创新创业的微观系统，是学生教育中直接接触的部分；导师是中观系统，他们联系学生与课程，影响微观系统之间的相互关系；政策是外观系统，与学生之间并无绝对的直接关联，但政府的政策却影响大学生创新创业教育的发展情况；文化是宏观系统，它抽象、模糊，却反映了社会发展的趋势，也宏观地指挥着创业教育的方向。同时，基于生态系统理论的支撑和数据的分析发现，要使创新创业教育更具有活性，就必须关注资金对于整个系统的影响。

参考文献

[1] 曾绍玮，李应. 高校创新创业教育探索与实践研究 ［M］. 成都：电子科学技术大学出版社，2021.

[2] 王志强，李远煦. 理念结构功能 高校创新创业教育的组织变革 ［M］. 北京：社会科学文献出版社，2021.

[3] 黄兆信. 国家社科基金丛书 经济 中国高校创新创业教育质量评价研究 ［M］. 北京：人民出版社，2021.

[4] 张强，廖成中. 新时代高校创新创业教育理论与实践 ［M］. 北京：科学出版社，2020.

[5] 丁兵. 当代高校教育管理研究 ［M］. 西安：西北工业大学出版社，2019.

[6] 赵英军. 人才培养与教学改革 ［M］. 杭州：浙江工商大学出版社，2020.

[7] 林梅. 校企合作与人才培养 ［M］. 长春：吉林人民出版社，2019.

[8] 曾宇辉，曾保根. 政务人才培养研究 ［M］. 广州：暨南大学出版社，2018.

[9] 严念慈. 社会工作人才培养研究 ［M］. 西安：世界图书出版西安有限公司，2019.

[10] 徐骏. 三位一体的创新人才培养 ［M］. 北京：海洋出版社，2019.

[11] 费洪新，张晓杰，张英博. "三导向"人才培养模式理论研究 ［M］. 长沙：湖南科学技术出版社，2019.

[12] 陈晔. 新时期高校教育管理实践研究 ［M］. 北京：现代出版社，2019.

[13] 樊增广，张国峰，高云. 转型发展高校创新创业教育的层次维度及其监测评价 ［M］. 沈阳：辽宁人民出版社，2020.

[14] 施永川. 美国高校创业教育教学模式研究 ［M］. 上海：上海交通大学出版社，2020.

[15] 任珂. 众创背景下的中国高校创新创业教育 ［M］. 延吉：延边大学出版社，2019.

[16] 沈金荣. 高校创新教育与创业管理 ［M］. 长春：吉林大学出版社，2019.

[17] 徐侠侠. 高校创新创业教育研究 ［M］. 西安：陕西人民教育出版社，2018.

[18] 何军. 创新创业教育丛书 互联网＋时代高校创新创业教育 ［M］. 北京：北京师范大学出版社，2018.

［19］王玉斌，张丽. 全球价值链分工与高校创新创业教育研究［M］. 成都：四川大学出版社，2018.

［20］蒙志明.“互联网＋”背景下地方高校创新创业教育理论与实践［M］. 北京：九州出版社，2018.

［21］李伟，李川，赵强. 学生主体性与高校创新创业教育略论［M］. 长春：吉林文史出版社，2018.

［22］刘祥英，黄领，宋彤. 高校学生创新创业教育研究［M］. 天津：天津科学技术出版社，2018.